● 더 멋진 내일 Tomorrow 을 위한 내일 My Career ●

내일은 1급

장민희 지음

GTQ 포토샵

Ver. CC (CS4/CS6 포함)

KB131535

김앤북
KIM&BOOK

내일은 GTQ 포토샵 1급

초판1쇄 인쇄 2023년 6월 30일
초판1쇄 발행 2023년 7월 7일
지은이 장민희
기획 김응태, 정다운
디자인 서제호, 서진희, 조아현
판매영업 조재훈, 김승규, 문지영

발행처 ㈜아이비김영
펴낸이 김석철
등록번호 제22-3190호
주소 (06728) 서울 서초구 서운로 32, 우진빌딩 5층
전화 (대표전화) 1661-7022
팩스 02)3456-8073

ISBN 978-89-6512-603-4 13000
정가 20,000원

잘못된 책은 바꿔드립니다.

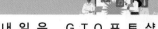

머리말

GTQ 포토샵은 그래픽 디자인 분야의 제일 기본적인 자격증이라 할 수 있습니다. 지금도 매년 많은 수험생들이 자격증 취득을 위해 도전합니다. 다른 자격증에 비해 시험 시간도 짧고 문제 난이도가 높지 않아 보이지만 연습을 충분히 하지 않으면 한 번에 취득하기 어려운 자격이기도 합니다.

GTQ 포토샵 자격증 취득을 위해서 포토샵의 모든 기능을 다 숙지하여야 하는 것은 아닙니다. 15년 이상의 실무 경력자로서 포토샵을 다루기 위한 기초 지식과 GTQ 시험을 위한 기술들을 핵심만 뽑아 집필하였습니다. 출제되는 유형이 정해져 있으므로 본 도서에 설명된 유형들을 익히고 연습한다면 충분히 자격증을 취득할 수 있습니다.

그래픽 디자이너가 되기 위해 자격증이 반드시 있어야만 하는 것은 아니지만, 어떠한 분야에서 '자격'을 인정받는다는 것은 큰 성취감이 될 수 있겠지요. 본 도서는 그러한 여러분의 발걸음에 도움이 되고자 만들어졌습니다. 다년간 그래픽 디자인 강의를 통해 수많은 수강생들을 만나며 수험생분들이 많이 하는 실수가 무엇인지 보았습니다. 실수를 줄이고, 문제를 보다 쉽게 풀기 위한 팁들을 많이 수록하였으니 도서를 꼼꼼히 읽어보고 많이 연습하여 꼭! GTQ 포토샵 자격증 취득이라는 목표에 도달하시기 바랍니다. 응원하겠습니다!

저자 장민희

버전 안내

이 책은 GTQ 포토샵 1급 취득 및 실무 적용을 위하여 Adobe Photoshop CC 영문판을 기준으로 제작되었습니다. 프로그램이 계속 업데이트되므로 같은 CC 버전이라도 본 교재와 차이가 있을 수 있습니다. CS4, CS6 등의 다른 버전과 차이점이 있는 메뉴들은 각 페이지에서 확인할 수 있습니다. CC 버전이 아니더라도 기본적인 사용 방법은 같습니다.

| Mac OS 사용자는 ctrl 키를 Command 키로, alt 키를 Option 키로 대체하여 사용합니다.

| 예제에 사용된 모든 사진과 자료들은 교재 내용 연습 이외의 어떠한 개인적, 상업적 사용이 허가되지 않습니다.

실습파일 다운로드

김앤북(www.kimnbook.co.kr) 사이트 접속

〉 상단 카테고리 중 '자료실'의 자료 다운로드 클릭

〉 도서명 '내일은 GTQ 포토샵' 클릭

〉 첨부파일 다운로드

학습 커리큘럼

계획을 세우고 공부한다면 의지가 더 불타오를 거예요! 중간에 포기하지 말고 끝까지 완주하시길 바랍니다. 김앤북이 여러분의 GTQ 포토샵 합격을 응원합니다.

5일 단기 커리큘럼

1일차	2일차	3일차	4일차	5일차
Chapter 1. Chapter 2.	Chapter 3. 최신 기출유형 1회 최신 기출유형 2회	Chapter 3. 최신 기출유형 3회 최신 기출유형 4회	Chapter 3. 최신 기출유형 5회 Chapter 4. 자율학습 1회	Chapter 4. 자율학습 2회 자율학습 3회

10일 단기 커리큘럼

1일차	2일차	3일차	4일차	5일차
Chapter 1. Chapter 2.	Chapter 2. 복습	Chapter 3. 최신 기출유형 1회	Chapter 3. 최신 기출유형 2회	Chapter 3. 최신 기출유형 3회
6일차	7일차	8일차	9일차	10일차
Chapter 3. 최신 기출유형 4회	Chapter 3. 최신 기출유형 5회	Chapter 4. 자율학습 1회	Chapter 4. 자율학습 2회	Chapter 4. 자율학습 3회

자격증 관련 QnA

디자인 비전공자도 GTQ 자격증 취득이 가능한가요?

GTQ 포토샵은 응시 자격 제한이 없는 자격증입니다. 문제 출제 유형이 비슷하고 필기 없이 실기만 있는 시험이기에 많이 사용되는 기능 위주로 포토샵 프로그램을 성실히 연습한다면 누구나 취득이 가능합니다.

단기간에 GTQ 자격증을 취득할 수 있는 합격 TIP은 무엇인가요?

GTQ 포토샵은 KPC(https://license.kpc.or.kr)에서 기출문제를 제공하므로 시험 전까지 많은 문제를 풀어보는 것이 좋습니다. 90분 안에 작업을 완료하는 것에 중점을 두고 연습하는 것이 중요합니다. 본 도서에 합격을 위한 여러 TIP을 수록하였으니 잘 익혀 연습 시에도 시간 안에 완성할 수 있다면 시험장에서도 수월히 작업할 수 있을 것입니다.

GTQ 자격증 유효기간이 있나요?

자격증의 유효기간은 [KPC자격 https://license.kpc.or.kr] 로그인 〉 [My 자격] 〉 [성적/자격증 관리] 〉 [자격취득현황]에서 확인할 수 있습니다. GTQ 자격증은 보수교육을 받고 갱신해야 유효기간이 연장됩니다. 보수교육을 받지 않는 경우 자격이 취소되는 것은 아니나 일시적으로 정지됩니다. 보수교육의 조건으로는 2019년 1월 1일 이후 취득자는 취득일로부터 5년 이내 보수교육을 받아야 하고, 2018년 12월 31일 이전 취득자는 보수교육 이수 의무가 없습니다.

GTQ 자격증을 취득하면 도전할 수 있는 직종은 무엇인가요?

포토샵을 사용하는 모든 직무에 도전할 수 있습니다. 그래픽 디자인, 웹 디자인, UX/UI 디자인, 편집 디자인, 캐릭터 디자인, 게임 원화, 일러스트레이션, 브랜드 디자인, 디자인 전문 공무원, 디자인 강사 등 다양한 직업군이 있습니다.

1급, 2급, 3급을 차례대로 봐야 하나요?

급수에 상관없이 시험에 응시해도 상관은 없습니다. 다만 1급과 2급은 국가공인 자격이지만 3급은 민간 자격이므로 어렵더라도 1급이나 2급을 응시하는 것을 추천합니다.

※ 그 외 시험에 관한 내용 확인 및 접수 후 환불, 자격증 신청 등은 모두 [KPC자격 https://license.kpc.or.kr]에서 확인할 수 있습니다.

도서 구성

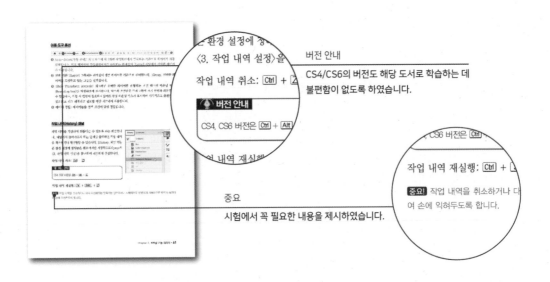

버전 안내

CS4/CS6의 버전도 해당 도서로 학습하는 데
불편함이 없도록 하였습니다.

작업 내역 취소: Ctrl + Z

버전 안내

CS4, CS6 버전은 Ctrl + Alt

, CS6 버전은 Ctrl

작업 내역 재실행: Ctrl + ⬜

중요! 작업 내역을 취소하거나 대
여 손에 익혀두도록 합니다.

중요

시험에서 꼭 필요한 내용을 제시하였습니다.

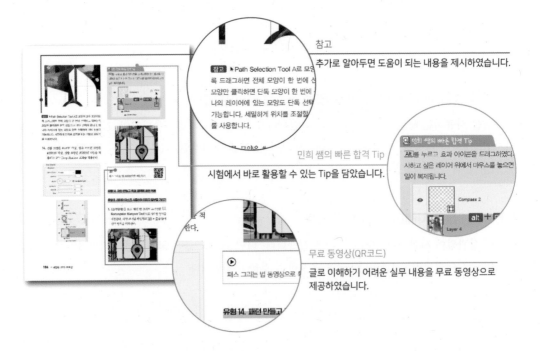

참고

추가로 알아두면 도움이 되는 내용을 제시하였습니다.

참고 ▶ Path Selection Tool A로 모양
록 드래그하면 전체 모양이 한 번에 선
모양만 클릭하면 단독 모양이 한 번에
나의 레이어에 있는 모양도 단독 선택
가능합니다. 세밀하게 위치를 조절할
를 사용합니다.

민희 쌤의 빠른 합격 Tip

Alt 를 누르고 효과 아이콘을 드래그하였다.
시하고 싶은 레이어 위에서 마우스를 놓으면
일이 복제됩니다.

alt + 드

민희 쌤의 빠른 합격 Tip

시험에서 바로 활용할 수 있는 Tip을 담았습니다.

▶ 패스 그리는 법 동영상으로 확

유형 14. 패턴 만들고

무료 동영상(QR코드)

글로 이해하기 어려운 실무 내용을 무료 동영상으로
제공하였습니다.

내 일 은　G T Q 포 토 샵

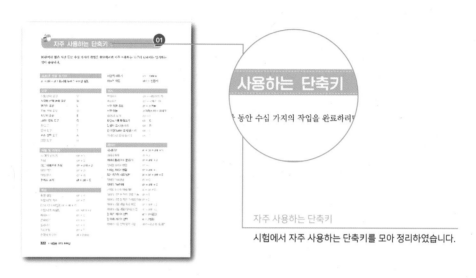

자주 사용하는 단축키

시험에서 자주 사용하는 단축키를 모아 정리하였습니다.

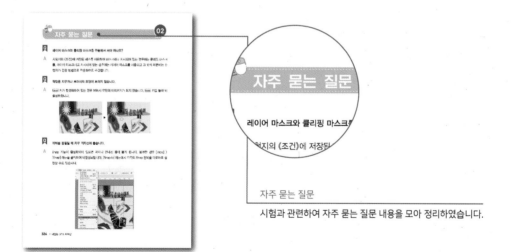

자주 묻는 질문

시험과 관련하여 자주 묻는 질문 내용을 모아 정리하였습니다.

시험 안내

1. GTQ 시험이란?

GTQ(Graphic Technology Qualification)는 컴퓨터그래픽 디자인 능력을 평가하는 국가공인자격 (1급, 2급) 시험으로 자격 제한 없이 남녀노소 누구나 응시 가능하며, 국내 디자인 자격 중 가장 많은 사람이 응시하는 자격입니다. 기초 디자인 역량 강화에 특화되어 사진 및 각종 이미지 편집, 웹 디자인 등 디자인에 있어 가장 기본이 되는 기술을 추출하고 조합해 포토샵 프로그램을 활용하여 평가합니다.

2. GTQ 시험 문항 및 합격 기준

자격 종목	등급	문항 및 시험방법	시험 시간	S/W Version	합격 기준
국가공인	1급	4문항 실무 작업형 실기시험	90분	Adobe Photoshop CS4, CS6, CC(한글, 영문)	100점 만점 70점 이상
	2급	4문항 실무 작업형 실기시험	90분		100점 만점 60점 이상
민간자격	3급	3문항 실무 작업형 실기시험	60분		100점 만점 60점 이상

※ 시험 접수 기간에 고사장별로 응시 가능한 S/W 버전을 확인 및 선택할 수 있습니다.

3. GTQ 원서접수 및 응시료

● **원서접수**

[KPC자격 https://license.kpc.or.kr] 접속 〉[접수/수험표 확인] 〉[시험일정 안내] 및 [원서접수 신청]

● **응시료**

일반 접수		
1급: 31,000원	2급: 22,000원	3급: 15,000원
군장병 접수		
1급: 25,000원	2급: 18,000원	3급: 12,000원

※부가가치세 포함 및 결제대행수수료 1,000원 별도 금액

● **합격 여부 확인**

3주 뒤 [KPC자격 https://license.kpc.or.kr]에서 성적 확인 및 자격증 신청 가능

시험절차

※ 신분증 및 수험표 출력본 미지참 시 응시 불가, 캡처 이미지, 모바일 신분증 불인정

1. 시험장 입실

감독위원의 안내에 따라 수험표 또는 자리 배치표에 지정된 PC에 앉습니다.

2. 컴퓨터 점검

컴퓨터를 켠 후 시스템에 문제가 있는지 확인합니다.

프로그램, 또는 컴퓨터 시스템에 문제가 있다면, 감독위원에게 자리 변경을 요청합니다.

3. 수험번호 입력

- 감독위원의 지시에 따라 바탕화면에 있는 [KOAS 수험자용] 프로그램을 실행합니다.
- 수험번호를 입력하고 [확인]을 클릭합니다.
- 수험번호와 성명, 수험과목 등을 모두 확인한 후 문제가 없으면 [확인]을 클릭합니다.

4. 문제지 수령

감독위원이 배부한 문제지를 받은 후 총 4쪽이 맞는지 확인하고, 인쇄가 잘못된 곳은 없는지 체크합니다.

5. 시험

시험이 시작되면, 포토샵 프로그램을 실행합니다.

혹시 모를 컴퓨터 오류를 대비해 자주 저장하며 작업합니다.

6. 문제풀이

파일명	예
수험번호-성명-1.jpg	G1234567-홍길동-1.jpg
수험번호-성명-1.psd	G1234567-홍길동-1.psd

문제 편집 작업이 모두 완료될 때마다 jpg와 psd 파일을 답안 작성요령에 맞게 저장한 후, [KOAS 수험자용] 프로그램의 [답안 전송하기] 버튼을 눌러 감독관 PC로 전송합니다.

7. 시험 종료

시험이 끝나면 감독위원의 지시에 따라 [수험자 시험 종료] 버튼을 클릭합니다.

8. 시험장 퇴실

포토샵 프로그램 종료 등 주변을 정리 정돈하고 감독위원의 안내에 따라 시험장을 퇴실합니다.

합격자 발표일은 시험일로부터 3주 뒤 [KPC 자격] 〉 [합격 확인/자격증 신청]에서 확인할 수 있습니다.

시험장 환경설정

시험장 입실 후 문제지를 받기 전까지 컴퓨터를 점검할 수 있는데, 이때 연습했던 환경과 동일하게 포토샵을 미리 설정해 두는 것이 좋습니다.

1. 초기화

시험장의 컴퓨터는 많은 사람이 사용했기 때문에 여러 설정값이 다를 수 있으므로 이전 사용자가 설정해 놓은 값을 초기화합니다. 포토샵 프로그램 실행 전 먼저 Ctrl + Alt + Shift 를 누른 채 포토샵 아이콘을 더블클릭하거나 마우스 포인터를 포토샵 아이콘으로 가져가 우클릭하여 [열기(O)]를 선택하고 설정 초기화 여부를 묻는 대화상자가 나타나면 [Yes(예)]를 클릭합니다.

2. 격자 & 눈금자 설정

결과물의 크기, 위치 등을 ≪출력형태≫와 동일하게 지정하기 위해서는 기준선을 표시하는 것이 편리합니다.

❶ 상단 메뉴바 [Edit] 〉 [Preferences(단축키 Ctrl + K)] 〉 [Guides, Grid & Slices]를 선택합니다.

❷ 문제지의 눈금자는 pixels 단위로 표시되어 있고, 작업 파일의 사이즈는 보통 400~600px이므로 100px마다 격자를 표시하기 위하여 [Grid] 항목에서 [Gridline Every(그리드라인 빈도): 100 Pixels, Subdivisions(세분): 1]로 적용합니다. 오른쪽 끝 [Color Picker]를 클릭하여 격자의 색상을 본인이 보기 편한 색상으로 지정합니다. (본 도서에서는 빨간색을 사용하였습니다.)

❸ 작업 화면에서 단축키 Ctrl + R을 눌러 눈금자를 표시하고 눈금자 위에서 우클릭하여 단위를 pixels로 선택합니다.

❹ 단축키 Ctrl + ˝(따옴표)를 누르면 ❷번에서 설정한 격자를 표시할 수 있습니다. 표시하지 않을 때에도 Ctrl + ˝(따옴표)를 누릅니다.

3. 작업 내역 설정

작업 내역을 저장하여 되돌아갈 수 있도록 하는 [History] 기능은 환경 설정에 정해놓은 횟수까지만 저장하므로 적절하게 설정해 놓아야 합니다.

❶ [Edit] 〉 [Preferences] 〉 [Performance]를 선택합니다.

❷ [History & Cache(작업 내역 및 캐시)] 항목의 [History States(작업 내역 상태)]의 값을 100으로 입력합니다. 이전 100단계까지 저장하여 되돌아갈 수 있습니다. 사양이 낮은 컴퓨터라면 값이 높을수록 해당 작업 내용을 모두 저장하느라 오류가 발생할 확률이 높아지므로 본인 소장 PC는 300~400 정도, 시험장에서는 100 이하로 설정합니다.

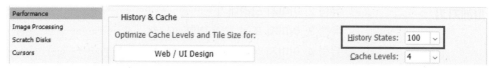

4. 문제지 배부 후 문제 사진에 격자 그리기

❶ 격자 & 눈금자 설정에서 설정한 대로 문제지에도 똑같이 표시하기 위하여 자, 신분증 등을 사용하여 100px마다 한 줄씩 가로, 세로 선을 그려 넣습니다. (시간이 부족하다면 대략 그리거나 생략하여도 무관합니다.)

CON TENTS
차례

내일은 GTQ포토샵

GTQ 포토샵 시험 파헤치기

시험 유형 살펴보기

급수	문제유형	시험시간	수험번호	성명
1급	A	90분		

수험자 유의사항

- 수험자는 문제지를 받는 즉시 응시하고자 하는 과목 및 급수가 맞는지 확인한 후 수험번호와 성명을 작성합니다.
- 파일명은 본인의 "수험번호–성명–문제번호"로 공백 없이 정확히 입력하고 답안폴더(내 PC₩문서₩GTQ)에 jpg 파일과 psd 파일의 2가지 포맷으로 저장해야 하며, jpg 파일과 psd 파일의 내용이 상이할 경우 0점 처리됩니다. 답안문서 파일명이 "수험번호–성명–문제번호"와 일치하지 않거나, 답안 파일을 전송하지 않아 미제출로 처리될 경우 불합격 처리됩니다.
- 문제의 세부조건은 '영문(한글)' 형식으로 표기되어 있으니 유의하시기 바랍니다.
- 수험자 정보와 저장한 파일명, 저장 위치가 다를 경우 전송이 되지 않으므로, 주의하시기 바랍니다.
- 답안 작성 중에도 주기적으로 '저장'과 '답안 전송'을 이용하여 감독위원 PC로 답안을 전송하셔야 합니다. (※ 작업한 내용을 저장하지 않고 전송할 경우 이전의 저장 내용이 전송되오니 이점 반드시 유념하시기 바랍니다.)
- 답안문서는 지정된 경로 외의 다른 보조기억장치에 저장하는 행위, 지정된 시험 시간 외에 작성된 파일을 활용한 행위, 기타 통신수단(이메일, 메신저, 네트워크 등)을 이용하여 타인에게 전달 또는 외부 반출하는 행위는 부정으로 간주되어 자격기본법 제32조에 의거 본 시험 및 국가공인 자격시험을 2년간 응시할 수 없습니다.
- 시험 중 부주의 또는 고의로 시스템을 파손한 경우와 〈수험자 유의사항〉에 기재된 방법대로 이행하지 않아 생기는 불이익은 수험자의 책임임을 알려 드립니다.
- 시험을 완료한 수험자는 최종적으로 저장한 답안파일이 전송되었는지 확인한 후 감독위원의 지시에 따라 문제지를 제출하고 퇴실합니다.

답안 작성요령

- 온라인 답안 작성 절차
  수험자 등록 ⇒ 시험 시작 ⇒ 답안파일 저장 ⇒ 답안 전송 ⇒ 시험 종료
- 내 PC₩문서₩GTQ₩Image 폴더에 있는 그림 원본파일을 사용하여 답안을 작성하시고 최종답안을 답안폴더 (내 PC₩문서₩GTQ)에 저장하여 답안을 전송하시고, 이미지의 크기가 다른 경우 감점 처리됩니다.
- 배점은 총 100점으로 이루어지며, 점수는 각 문제별로 차등 배분됩니다.
- 각 문제는 주어진 〈조건〉에 따라 작성하고, 언급하지 않은 조건은《출력형태》와 같이 작성합니다.
- 배치 등의 편의를 위해 주어진 눈금자의 단위는 '픽셀'입니다.
  그 외는 출력형태(효과, 이미지, 문자, 색상, 레이아웃, 규격 등)와 같이 작업하십시오.
- 문제 조건에 서체의 지정이 없을 경우 한글은 굴림이나 돋움, 영문은 Arial로 작업하십시오.
  (단, 그 외에 제시되지 않은 문자 속성을 기본값으로 작성하지 않은 경우는 감점 처리됩니다.)
- Image Mode(이미지 모드)는 별도의 처리조건이 없을 경우에는 RGB(8비트)로 작업하십시오.
- 모든 답안 파일은 해상도 72 pixels/inch로 작업하십시오.
- Layer(레이어)는 각 기능별로 분할해야 하며, 임의로 합칠 경우나 각 기능에 대한 속성을 해지할 경우 해당 요소는 0점 처리됩니다.

한국생산성본부

문제 1 **[기능평가] 고급 Tool(도구) 활용** 20점

다음의 《조건》에 따라 아래의 《출력형태》와 같이 작업하시오.

조건

원본 이미지		문서₩GTQ₩Image₩1급-1.jpg, 1급-2.jpg, 1급-3.jpg	
파일저장 규칙	JPG	파일명	문서₩GTQ₩수험번호-성명-1.jpg
		크기	400 × 500 pixels
	PSD	파일명	문서₩GTQ₩수험번호-성명-1.psd
		크기	40 × 50 pixels

출력형태

1. 그림 효과
   ① 1급-1.jpg : 필터 – Poster Edges(포스터 가장자리)
   ② Save Path(패스 저장) : 빗자루 모양
   ③ Mask(마스크) : 빗자루 모양, 1급-2.jpg를 이용하여 작성
      레이어 스타일 – Stroke(선/획)(3px, 그라디언트(#ffff00, #0000ff)), Inner Shadow(내부 그림자)
   ④ 1급-3.jpg : 레이어 스타일 – Bevel and Emboss(경사와 엠보스)
   ⑤ Shape Tool(모양 도구) :
      – 세계 모양(#cc66cc, 레이어 스타일 – Inner Shadow(내부 그림자))
      – 재활용 모양(#ccff00, #ff0000, 레이어 스타일 – Drop Shadow(그림자 효과))

2. 문자 효과
   ① Plogging Campaign(Times New Roman, Regular, 42pt, 레이어 스타일 – 그라디언트 오버레이(#ff9900, #ccff00), Drop Shadow(그림자 효과))

문제 2 **[기능평가] 사진편집 응용** 20점

다음의 《조건》에 따라 아래의 《출력형태》와 같이 작업하시오.

조건

원본 이미지		문서₩GTQ₩Image₩1급-4.jpg, 1급-5.jpg, 1급-6.jpg	
파일저장 규칙	JPG	파일명	문서₩GTQ₩수험번호-성명-2.jpg
		크기	400 × 500 pixels
	PSD	파일명	문서₩GTQ₩수험번호-성명-2.psd
		크기	40 × 50 pixels

출력형태

1. 그림 효과
   ① 1급-4.jpg : 필터 – Dry Brush(드라이 브러시)
   ② 색상 보정 : 1급-5.jpg – 파란색, 보라색 계열로 보정
   ③ 1급-5.jpg : 레이어 스타일 – Bevel and Emboss(경사와 엠보스)
   ④ 1급-6.jpg : 레이어 스타일 – Drop Shadow(그림자 효과)
   ⑤ Shape Tool(모양 도구) :
      – 세계 모양(#006699, 레이어 스타일 – Stroke(선/획)(2px, #ffff00), Opacity (불투명도)(50%))
      – 얼룩 모양(#ffffcc, 레이어 스타일 – Inner Shadow(내부 그림자))

2. 문자 효과
   ① 자연과 공존하는 삶(굴림, 40pt, 레이어 스타일 – 그라디언트 오버레이 (#00ccff, #ffffff, #cc66cc), Stroke(선/획)(2px, #000033))

다음의 《조건》에 따라 아래의 《출력형태》와 같이 작업하시오.

조건

원본 이미지	문서₩GTQ₩Image₩1급-7.jpg, 1급-8.jpg, 1급-9.jpg, 1급-10.jpg, 1급-11.jpg		
파일저장규칙	JPG	파일명	문서₩GTQ₩수험번호-성명-3.jpg
		크기	600 × 400 pixels
	PSD	파일명	문서₩GTQ₩수험번호-성명-3.psd
		크기	60 × 40 pixels

1. 그림 효과

① 배경 : #006666
② 1급-7.jpg : Blending Mode(혼합 모드) – Soft Light(소프트 라이트), 레이어 마스크 – 가로 방향으로 흐릿하게
③ 1급-8.jpg : 필터 – Texturizer(텍스처화), 레이어 마스크 – 세로 방향으로 흐릿하게
④ 1급-9.jpg : 필터 – Rough Pastels(거친 파스텔 효과), 레이어 스타일 – Stroke(선/획)(5px, 그라디언트(#cc6600, 투명
   으로))
⑤ 1급-10.jpg : 레이어 스타일 – Inner Glow(내부 광선), Drop Shadow(그림자 효과)
⑥ 1급-11.jpg : 색상 보정 – 노란색 계열로 보정, 레이어 스타일 – Bevel and Emboss(경사와 엠보스)
⑦ 그 외 《출력형태》 참조

2. 문자 효과

① 지속적인 해양 쓰레기 모니터링(궁서, 32pt, 44pt, 레이어 스타일 – 그라디언트 오버레이(#cc33ff, #006666, #ff9900),
   Stroke(선/획)(2px, #99ccff), Drop Shadow(그림자 효과))
② Continuous monitoring of marine waste(Arial, Regular, 18pt, #003366, 레이어 스타일 – Stroke(선/획)(2px, #cccccc))
③ 청소년 자원봉사 지원하기(돋움, 16pt, #000000, 레이어 스타일 – Stroke(선/획)(2px, 그라디언트(#006633, #ffff99)))
④ 연구 / 조사 / 제안(돋움, 16pt, #ffffff, #ff9900, 레이어 스타일 – Stroke(선/획)(2px, #333300))

출력형태

Shape Tool(모양 도구) 사용
레이어 스타일 – 그라디언트
오버레이(#66cc00, #ff9900),
Drop Shadow(그림자 효과)

Shape Tool(모양 도구) 사용
#333333, 레이어 스타일 –
Outer Glow(외부 광선)

Shape Tool(모양 도구) 사용
#ffff00, #ffffff, 레이어 스타일 – Drop Shadow(그림자 효과), Opacity(불투명도)(60%)

다음의 《조건》에 따라 아래의 《출력형태》와 같이 작업하시오.

조건

원본 이미지	문서\GTQ\Image\1급-12.jpg, 1급-13.jpg, 1급-14.jpg, 1급-15.jpg, 1급-16.jpg, 1급-17.jpg		
파일저장규칙	JPG	파일명	GTQ\수험번호-성명-4.jpg
		크기	600 × 400 pixels
	PSD	파일명	문서\GTQ\수험번호-성명-4.psd
		크기	60 × 40 pixels

1. 그림 효과
   ① 배경 : #99cccc
   ② 패턴(나무, 집 모양) : #336633, #ffffff
   ③ 1급-12.jpg : Blending Mode(혼합 모드) – Hard Light(하드 라이트), 레이어 마스크 – 대각선 방향으로 흐릿하게
   ④ 1급-13.jpg : 필터 – Sponge(스폰지), 레이어 마스크 – 세로 방향으로 흐릿하게
   ⑤ 1급-14.jpg : 레이어 스타일 – Bevel and Emboss(경사와 엠보스), Drop Shadow(그림자 효과)
   ⑥ 1급-15.jpg : 필터 – Poster Edges(포스터 가장자리), 레이어 스타일 – Drop Shadow(그림자 효과)
   ⑦ 1급-16.jpg : 색상 보정 – 파란색 계열로 보정, 레이어 스타일 – Bevel and Emboss(경사와 엠보스)
   ⑧ 그 외 《출력형태》 참조

2. 문자 효과
   ① 시민과 환경운동연합이 만든 변화들(굴림, 32pt, 레이어 스타일 – 그라디언트 오버레이(#3300ff, #ff6600), Stroke(선/획)(2px, #ccccff))
   ② https://www.kfem.or.kr(Times New Roman, Bold, 16pt, #330066, 레이어 스타일 – Stroke(선/획)(2px, #ffffff))
   ③ 플라스틱 제로 활동에 함께해주세요(궁서, 15pt, 27pt, #003333, #993300, 레이어 스타일 – Stroke(선/획)(2px, #ffffcc))
   ④ 국제연대 생태보전 생활환경(돋움, 18pt, #000000, 레이어 스타일 – Stroke(선/획)(2px, #ffffff, #ff9900))

출력형태

Shape Tool(모양 도구) 사용
#33ff99, 레이어 스타일 –
Drop Shadow(그림자 효과)

Shape Tool(모양 도구) 사용
레이어 스타일 – 그라디언트 오버레이(#996699,
#ff9900, #ffffff),
Stroke(선/획)(2px, #663366, #cc6600)

Shape Tool(모양 도구) 사용
#cc6699, 레이어 스타일 –
Inner Shadow(내부 그림자),
Opacity(불투명도)(70%)

Pen Tool(펜 도구) 사용
#99cccc, #cccccc,
레이어 스타일 –
Drop Shadow(그림자 효과)

문제 1   [기능평가] 고급 Tool(도구) 활용   20점

Pen Tool(펜 도구)을 활용한 모양 디자인 및 다양한 효과를 적용한 이미지 편집

주요 기능

- Pen Tool(펜 도구)을 이용하여 패스 그리고 저장(Save path)
- 저장된 패스에 이미지 클리핑 마스크
- filter(필터)

- 문자 및 패스에 다양한 레이어 스타일 적용
- Selection Tool(선택 도구)
- Shape Tool(모양 도구)
- Type Tool(문자 도구)
- Warp Text(텍스트 뒤틀기)
- Free Transform(자유 변형)

문제 2   [기능평가] 사진편집 응용   20점

색상 조정 등 이미지 편집과 다양한 변형 및 효과

주요 기능

- Adjustments(조정) – Hue/Saturation(색조/채도)
- filter(필터)
- 문자 및 패스에 다양한 레이어 스타일 적용

- Selection Tool(선택 도구)
- Shape Tool(모양 도구)
- Type Tool(문자 도구)
- Warp Text(텍스트 뒤틀기)
- Free Transform(자유 변형)

문제 3   [실무응용] 포스터 제작   25점

레이어 편집 및 다양한 문자 디자인

주요 기능

- 배경색 칠
- Blending Mode(혼합 모드)
- 레이어 마스크
- 클리핑 마스크
- filter(필터)
- Opacity(불투명도)
- 문자 및 패스에 다양한 레이어 스타일 적용

- Adjustments(조정) – Hue/Saturation (색조/채도)
- Selection Tool(선택 도구)
- Shape Tool(모양 도구)
- Type Tool(문자 도구)
- Pen Tool(펜 도구)
- Warp Text(텍스트 뒤틀기)
- Free Transform(자유 변형)

문제 4   [실무응용] 웹 페이지 제작   35점

다양한 디자인 요소들을 활용한 홈페이지 메뉴바 제작

주요 기능

- 배경색 칠
- 패턴 제작하여 채우기
- Blending Mode(혼합 모드)
- 레이어 마스크
- Opacity(불투명도)
- filter(필터)

- 문자 및 패스에 다양한 레이어 스타일 적용
- Adjustments(조정) – Hue/Saturation(색조/채도)
- Selection Tool(선택 도구)
- Shape Tool(모양 도구)
- Type Tool(문자 도구)
- Pen Tool(펜 도구)
- Warp Text(텍스트 뒤틀기)
- Free Transform(자유 변형)

GTQ 1급의 시험 시간은 90분, 문제는 4문항이 출제됩니다. 포토샵을 사용하여 문제지에 출제되어 있는 대로 똑같이 작업한 뒤 jpg와 psd 파일을 제출합니다.

● 파일명은 반드시 본인의 "수험번호-성명-문제번호"로 공백 없이 정확히 입력하고 답안폴더(내 PC₩문서₩GTQ)에 jpg 파일과 psd 파일의 2가지 포맷으로 저장해야 하므로 새 문서를 만들 때부터 문서 이름을 "수험번호-성명-문제번호"로 지정하고 저장부터 한 뒤 작업을 시작합니다. (예: G12345678-홍길동-1)

● Image Mode(이미지 모드)는 별도의 처리조건이 없을 경우에는 RGB(8비트)로 작업하고 모든 답안 파일은 해상도 72 pixels/inch로 작업합니다.

● 문제의 조건에 맞게 작업하였어도 요소들의 크기나 위치가 다르다면 감점 요인입니다. 레이아웃을 맞출 때는 문제지에 있는 눈금자를 참고하여 최대한 비슷하게 배치하고 변형합니다. (* 가이드 - 시험장 환경설정의 〈2. 격자 & 눈금자 설정, 4. 문제지 배부 후 문제 사진에 격자 그리기〉 참고)

● 레이어의 배열순서가 다르면 감점 요인이므로 이미지, 문자, 모양 등 요소들이 서로 겹쳐 있을 경우 위아래를 잘 보고 알맞은 순서로 배열합니다.

● 레이어 스타일 적용 시 시험장의 포토샵 기본값이 《출력형태》와 다르다면 각 수치를 조절하여 최대한 비슷하게 표현합니다.

● 문자의 글꼴, 크기, 스타일이 제시되는 부분은 정확히 설정하고 조건이 제시되지 않았다면 한글은 굴림이나 돋움, 영문은 Arial을 선택합니다. 글꼴명이 영문으로 보여 불편하다면 [Edit] 〉 [Preferences] 〉 [Type]을 선택하여 [Show Font Names in English(글꼴 이름을 영어로 표시)] 항목을 체크 해제 합니다.

● 문제지에 제시되지 않은 조건이 있다면 응시자가 판단하여 《출력형태》와 최대한 비슷하게 작업합니다.

● 최종 psd 파일은 반드시 실제 사이즈의 1/10 사이즈로 줄여 저장하고 제출합니다. (jpg: 400 x 500px ⇒ psd: 40 x 50px)

| GTQ 포토샵 1급 시험은 90분 이내에 4문제를 작업해야 하므로 시간 안에 완성하기 어렵지만, 포토샵의 모든 기능이 출제되는 것은 아닙니다. 문제 출제 유형이 비슷하고 《조건》에 주어지는 기능이 정해져 있으므로 아래의 유형들을 익히고 연습한다면 충분히 합격할 수 있는 시험입니다.

중요 모든 문제는 이미지, 문자, 모양 등 각 요소들의 위치와 크기가 《출력형태》와 비슷하여야 감점이 되지 않습니다.

유형 1. 이미지에 필터 적용

❶ 최초 이미지   ❷ 격자를 기준으로 알맞은   ❸ 문제지에 제시된 필터 적용
배치와 크기 조절

메뉴바 [Filter]의 필터 메뉴, 또는 [Filter] 〉 [Filter Gallery]의 여러 필터들이 필터명만 언급됩니다. 정확한 수치는 제시되지 않으므로 옵션 값을 변경하지 않고 바로 [OK]를 해도 됩니다. 하지만 너무 다르게 보일 경우 《출력형태》를 보고 비슷하게 조정하는 것이 좋습니다. 해당 필터가 어느 그룹에 속해 있는지 대략 인지하고 있다면 작업 시간을 단축할 수 있습니다. 다양하게 출제되지만 빨강색 박스로 표시된 필터들이 자주 제시됩니다. * 필터에 관한 자세한 내용은 107page를 참고합니다.

● Brush Strokes(브러시 획)

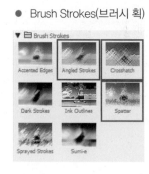

● Artistic(예술효과)

● Sketch(스케치 효과)

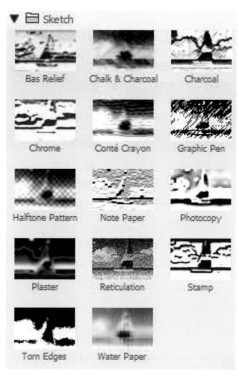

● Distort(왜곡)

● Stylize(스타일화)

▼ 📁 Stylize

Glowing Edges

● Texture(텍스처화)

▼ 📁 Texture

Craquelure · Grain · Mosaic Tiles
Patchwork · Stained Glass · Texturizer

유형 2. 이미지 오려내기

❶ 최초 이미지

❷ 적절한 도구를 사용하여 선택 영역을 지정한 뒤 Ctrl + C 하여 복사

❸ 문제 파일에 Ctrl + V 하여 붙여넣고 Ctrl + T 를 눌러 자유 변형으로 크기를 변형한 뒤 격자에 맞춰 배치

이미지를 특정 부분만 오려낼 때에는 이미지에 따라 🖊Pen Tool(펜 도구 P), 🔾 Lasso Tool(올가미 도구 L), 🪄Magic Wand Tool(자동 선택 도구 W) 등을 적절히 사용합니다. 시험에서는 정확하고 깔끔하게 작업하는 것보다 빠르게 선택하고 오려내는 것이 중요합니다. 주로 🖌Quick Selection Tool (빠른 선택 도구 W)을 사용하여 작업합니다. 선택 영역을 더하고(Shift) 빼는(Alt) 단축키 사용이 손에 익어야 작업 시간을 단축할 수 있습니다.

* 선택 도구에 관한 자세한 내용은 44~48page를 참고합니다.

유형 3. 이미지 또는 모양 변형

❶ 최초 이미지

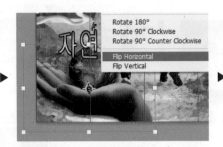

❷ 오려낸 이미지 복사 붙여넣기 후 Ctrl +T 눌러 Free Transform(자유 변형)하여 크기 조절, 우클릭 메뉴에서 반전

❸ 《출력형태》의 레이아웃에 맞게 배치

자유 변형은 주로 크기 조절, 반전에 사용하며 이미지나 모양의 방향, 크기 등이 《출력형태》와 상이할 경우 감점 요인이 됩니다. * 자유 변형에 관한 자세한 내용은 49page를 참고합니다.

유형 4. 이미지 색상 보정

❶ 최초 이미지

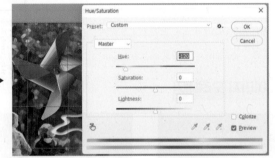

❷ 오려낸 이미지 복사 붙여넣기 후 Ctrl + U 눌러서 Hue/Saturation의 Hue 값 조정

주로 [Adjustments] 〉 [Hue/Saturation(색조/채도)]을 사용하는 문제가 자주 출제되는데, 《조건》에 정확한 수치가 언급되는 것은 아니므로 《출력형태》와 비슷해 보이는 색감으로 조정하면 됩니다. 이미지 전체의 색상을 보정하거나 일부분만 선택하여 보정합니다. * 이미지 조정에 관한 자세한 내용은 75page를 참고합니다.

유형 5. 모양 도구(Shape Tool) 사용

❶ 최초 이미지

❷ 적절한 모양 도구(Shape Tool)를 선택하고 Shift 를 눌러 비율을 고정하여 그린 뒤 지문에 제시된 색상, 효과 적용

모든 문제에 모양이 언급됩니다. ✿Custom Shape Tool(사용자 정의 모양 도구 U)에 있는 모양들이 많이 출제되므로 시험 전 모든 모양을 한 번씩 그려보고 익혀두어야 합니다. [Fill(칠)] 색상은 문제에 제시된 색상을 지정하고 그 외 그라디언트나 [Stroke(획)] 색상은 보통 레이어 스타일로 주어집니다. 다양하게 출제되지만 빨강색 박스로 표시된 모양들이 자주 제시됩니다. * 모양 도구에 관한 자세한 내용은 68page를 참고합니다.

● Animals

● Artistic Texture

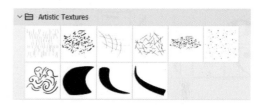

● Arrows

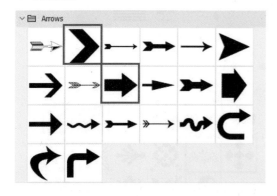

● Banners and Awards

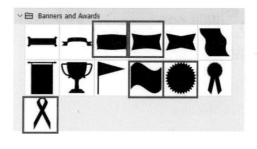

● Film

● Frames

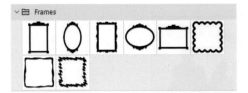

● Grime Vector Pack

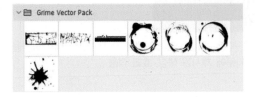

● LightBulb

● Music

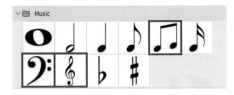

● Tiles

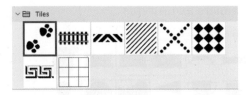

● Talk Bubbles

● Nature

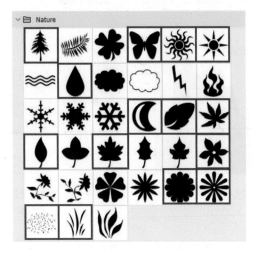

● Objects

● Ornamaents

● Shapes

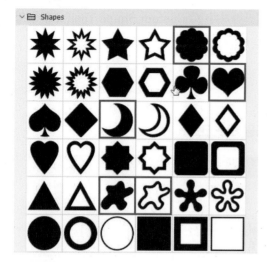

● Symbols

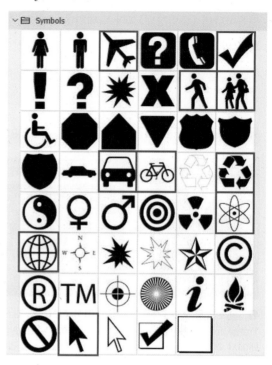

● Web

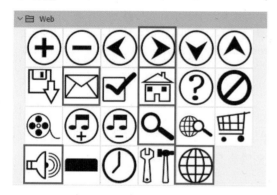

유형 6. 펜 툴 사용하여 패스 그리고 패스 저장(Save Path)

❶ 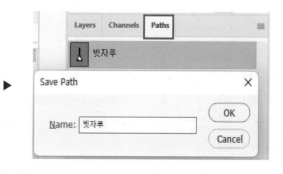Pen Tool(펜 도구 P)을
사용하여 제시된 모양 생성

❷ [Path] 패널에서 패스를 더블클릭하여 [Save Path]

패스를 정확히 그리는 것에 시간을 들여 다른 조건을 충족시키지 못하면 감점이 많이 되므로 시간이 부족하다면 《출력형태》보다 디테일을 조금 단순하게 제작하거나 ⚙️Custom Shape Tool(사용자 정의 모양 도구 U)에서 최대한 비슷한 모양을 찾아 그리도록 합니다.

* 펜 도구와 패스에 관한 자세한 내용은 62page를 참고합니다.

유형 7. 패스 또는 특정 영역에 이미지를 Mask(클리핑 마스크)

 ▶  ▶

❶ Ctrl + T를 눌러 Free Transform(자유 변형) 상태에서 격자에 맞는 크기 조정과 배치

❷ 주어진 이미지를 패스 레이어 위에 놓고 위치와 사이즈 조절 후 Ctrl + Alt + G를 눌러 클리핑 마스크 (또는 레이어에서 우클릭하여 Create Clipping Mask)

❸ 마스크 후 이미지 위치 다시 확인하고 패스에 언급된 레이어 스타일 적용

시험에서는 이미지를 특정 모양만큼 보이게 하기 위해 출제됩니다. 패스 레이어 위에 이미지 레이어를 배치한 뒤, 이미지 레이어만 선택하고 단축키 Ctrl + Alt + G를 눌러 클리핑 마스크 합니다. 채점 시 psd 파일에서 2개의 레이어를 확인하기 때문에 두 레이어를 병합하지 않도록 합니다.

* 클리핑 마스크에 관한 자세한 내용은 102page를 참고합니다.

유형 8. 문자, 이미지, 모양에 레이어 스타일 적용

 ▶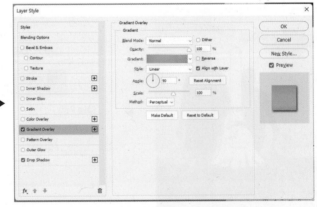

❶ 레이어 스타일 적용할 레이어 더블클릭 또는 하단 효과 아이콘을 클릭하여 적용할 스타일 선택

❷ 문제 《조건》에 언급된 효과, 색상 지정 후 [OK]

전반적으로 문자, 이미지, 모양 등 모든 요소에 레이어 스타일 적용이 많이 제시됩니다. 문제에 주어진 스타일만 정확하게 적용하고 다른 스타일은 임의대로 적용하지 않아야 합니다. 적용 방향이나 그림자의 크기 등은 보통 언급하지 않으므로 《출력형태》를 보고 비슷하게 지정합니다.

* 레이어 스타일에 관한 자세한 내용은 86page를 참고합니다.

유형 9. 텍스트 뒤틀기(Text Warp)

 ▶

❶ ⊤ Horizontal Type Too(수평 문자 도구 T)로 지문의 문자 입력 후 지시사항 적용

❷ 문자 도구 선택 후 상단 옵션 바의 Create warped text 버튼 클릭(⊥)하여 《출력형태》에 맞는 모양 선택

텍스트 뒤틀기는 거의 모든 문제에 주어지는 기능입니다. 정확한 스타일은 《조건》에 언급되지 않으므로 맞는 스타일을 빠르게 찾아 선택하고 적절한 [Bend] 값을 적용합니다.

* 텍스트 뒤틀기에 관한 자세한 내용은 60page를 참고합니다.

● Arc

● Arch

● Arc Lower

● Bulge

● Arc Upper

● Shell Lower

- Shell Upper

Warp Text

- Flag

Warp Text

- Wave

Warp Text

- Fish

Warp Text

- Rise

Warp Text

- Fisheye

Warp Text

- Inflate

Warp Text

- Squeeze

Warp Text

- Twist

Warp Text

유형 10. 배경색 칠

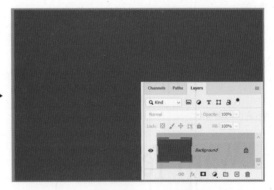

❶ 작업 화면

❷ 《조건》에 언급된 색상을 전경색으로 선택하고 [Alt] + [Delete] 눌러 칠

《조건》에 [배경]으로 지정되어 있는 색상을 [Background] 레이어에 칠합니다.

* 칠에 관한 자세한 내용은 52~53page를 참고합니다.

유형 11. 레이어 마스크 사용하여 이미지 일부를 가리기

❶ 레이어 마스크 - 가로 또는 세로 방향으로 흐릿하게 라고 지시되어 있는 이미지 레이어 선택

❷ 레이어 마스크 적용 후 그라디언트 도구로 방향에 맞게 드래그

레이어를 가리거나 나타낼 수 있는 레이어 마스크 기능은 흑백의 명도차를 사용합니다. 시험에서는 주로 이미지 레이어에 마스크를 씌운 뒤 ▨Gradient Tool(그라디언트 도구 G)로 흰색과 검정색을 사용하여 특정 방향으로 자연스럽게 가릴 때 활용하거나, 특정 영역만큼 지정하여 이미지를 보이게 할 때 사용합니다.

* 그라디언트 도구에 관한 자세한 내용은 54page를 참고합니다.
* 레이어 마스크에 관한 자세한 내용은 98page를 참고합니다.

유형 12. 레이어 Blending Mode(혼합 모드) 지정

❶ 이미지 위치 및 크기 조정

❷ [Layer] 패널에서 Blending Mode(혼합 모드) 지정

블렌딩 모드는 합성을 하기 위해 사용되는 기능으로 [Layer] 패널에서는 상위 레이어에 블렌딩 모드를 적용하고 하위 레이어의 색상 값을 가지고 더하거나, 빼고, 곱하거나 나누어 혼합합니다. 채점 시 psd 파일을 열어 확인하므로 지시사항으로 주어진 모드를 정확하게 지정하고 레이어를 병합하지 않도록 합니다. * 혼합 모드에 관한 자세한 내용은 81page를 참고합니다.

유형 13. 레이어 Opacity(불투명도) 조절

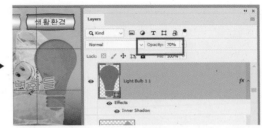

❶ Opacity(불투명도)를 조절할 레이어 선택   ❷ [Layer] 패널에서 [Opacity] 항목 값 조절

이미지 또는 모양에 불투명도를 조정하여 투명하게 표현합니다. 0%에 가까울수록 레이어가 투명하게 처리됩니다.

유형 14. 패턴 만들고 특정 영역에 패턴 적용

❶ 《출력형태》를 보고 모양 선 택 후 《조건》에 언급된 색상으 로 패턴 제작   ❷ 패턴이 적용되어야 하는 영역에 채우고 크기 조 절, 불필요한 부분 삭제

패턴은 4번 문제에 반드시 주어지는 기능으로, 지정된 모양과 색상으로 패턴을 등록한 뒤 정해진 영역에 채웁니다. 경우에 따라 시간이 꽤 소요되는 작업이므로 많은 연습이 필요합니다.

* 패턴에 관한 자세한 내용은 73page를 참고합니다.

포토샵 기능 익히기

Photoshop Interface

| 포토샵의 인터페이스는 사용자가 편의에 맞게 설정하여 사용할 수 있습니다. 작업이 익숙해지면 레이아웃을 변경하고 사용자만의 인터페이스를 구성하여 사용합니다.

포토샵 CC 2020 홈 화면

❶ Home: 포토샵 실행 후 가장 먼저 표시되는 시작 화면으로 파일을 열거나 새로운 문서(도큐멘트)를 만드는 홈 화면입니다.

> **🔊 버전 안내**
>
> CC 2017 이전 버전처럼 홈 화면 없이 바로 기본 화면으로 설정하려면 메뉴바에서 [Edit]-[Preferences]-[General] 대화
> 상자의 [Auto show the Home Screen] 항목을 체크 해제합니다. 다음 실행부터 홈 화면이 나타나지 않습니다.

❷ Learn: 포토샵의 기능을 동영상으로 배울 수 있습니다.

❸ Lightroom photos: 어도비 라이트룸과 연동되어 라이트룸에서 보정한 이미지를 포토샵으로 불러와 추가 보정을 하거나 편집할 수 있습니다.

❹ Cloud documents: 작업한 파일을 어도비 클라우드 문서에 저장하면 자동으로 동기화되어 노트북, 스마트폰 등 다양한 환경에서 언제든지 작업을 이어갈 수 있습니다.

❺ Create new: 사용자가 설정하여 새 작업 문서를 만듭니다.

❻ Open: 파일을 불러옵니다.

❼ Recent: 최근에 불러왔거나 저장하였던 파일이 표시됩니다. 클릭하여 다시 불러올 수 있습니다.

❽ Drag and drop an image: 파일을 드래그하여 끌어다 놓으면 파일이 열립니다.

포토샵 CC 2020 기본 화면

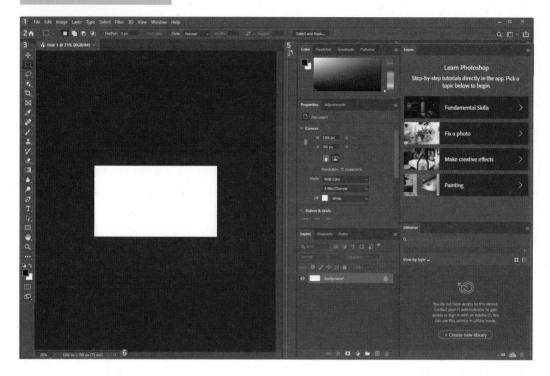

❶ 메뉴바: 기능별로 나누어 놓은 메뉴입니다. 포토샵 기능 선택 및 설정 등을 할 수 있습니다.

❷ 옵션바: 도구 박스에서 선택한 도구의 세부 옵션을 설정하는 영역입니다. 옵션바가 없을 경우 메뉴바 [Window] 〉 [Options]를 클릭합니다.

❸ 도구 박스(Tool Box): 각각 다른 기능을 하는 도구(Tool)들이 모여 있습니다.

❹ 파일 탭: 파일의 이름, 확대/축소 비율, 색상 모드의 기본 정보가 표시되고 작업화면을 이동하거나 파일을 닫을 수 있습니다.

❺ 패널: 이미지 편집 작업을 위한 독립된 창으로 도구별 상세 옵션을 설정하거나 개별 특정 기능을 합니다. 모든 패널은 [Window] 메뉴에 있고 클릭하여 화면에 나타내거나 숨깁니다.

❻ 상태 표시줄: 작업 중인 파일의 확대/축소 비율과 이미지 크기, 해상도를 표시합니다.

작업환경 설정

[Window] 〉 [Workspace] 메뉴에서 작업 분야별 작업환경을 선택하거나, 사용자가 직접 자주 사용하는 도구와 패널로 위치를 구성하여 새 레이아웃을 만들고 저장할 수 있습니다.

기본 작업환경으로 설정하려면 [Essentials(Default)]를 선택하고, 처음 상태로 초기화하려면 [Reset Essentials]를 클릭합니다.

파일 관리하기

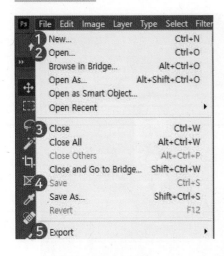

❶ New: 새 문서 만들기(Ctrl + N)

❷ Open: 파일 열기(Ctrl + O)

❸ Close: 선택된 파일 닫기(Ctrl + W)

❹ Save: 저장(Ctrl + S)

  Save As: 다른 이름으로 저장(Shift + Ctrl + S)

> 🔊 **버전 안내**
>
> CS4, CS6 버전 사용자는 [Save As]에서 jpg 형식으로 저장

❺ Export: 내보내기

  Save 메뉴 외에 다른 프로그램에서 사용할 수 있는 다양한 형태로 저장

> 🔊 **버전 안내**
>
> CC 버전 사용자는 [Export] > [Export As]에서 jpg 형식으로 저장

새 문서 만들기

[File] > [New] 메뉴에서 새로운 문서(도큐멘트)를 만들 수 있습니다.

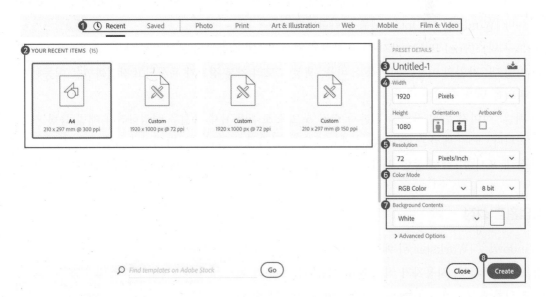

❶ 문서의 규격을 선택합니다. 인쇄용이나 웹용 등 용도에 맞는 규격을 선택할 수 있습니다.

❷ 이전에 사용했던 규격이 표시됩니다. 클릭하면 그대로 설정됩니다.

❸ 문서의 이름을 입력합니다. (시험에서는 "수험번호-성명-문제번호" 순으로 입력합니다.)

❹ 문서의 너비(Width), 높이(Height) 값과 단위, 문서의 방향을 설정합니다. 주로 웹용 문서는 [px], 인쇄용 문서는 [mm] 단위를 사용합니다.

❺ 해상도를 설정합니다. 웹용은 [72ppi], 인쇄용은 [150~300ppi]로 설정합니다.

❻ 색상 모드를 설정합니다. 웹용은 [RGB Color], 인쇄용은 [CMYK Color]로 설정합니다.

❼ 배경 색상을 설정합니다. [White]로 설정하면 흰색 픽셀이 채워집니다.

❽ 설정을 다 마쳤다면 [Create]를 눌러 문서를 만듭니다.

화면 확대와 축소

1. 도구 박스에서 🔍 Zoom Tool(돋보기 도구 Z)을 선택합니다.

2. 상단 옵션바에서 🔍 Zoom In을 선택하고 화면을 클릭하면 확대되고, 🔍 Zoom Out을 선택하고 화면을 클릭하면 축소됩니다.

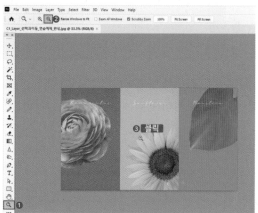

3. 그 외에도 다양한 확대/축소 방법이 있습니다.

● Alt를 누르고 마우스 스크롤을 위, 아래로 조절해도 화면 확대와 축소를 할 수 있습니다.

● Ctrl + +(더하기 키): 확대, Ctrl + -(빼기 키): 축소

● Ctrl + 1: 100% 원본 크기로 보기

● Ctrl + 0: 화면 크기에 맞춰 보기

화면 이동

1. 화면이 확대된 상태에서 도구 박스의 Hand Tool(손 도구 H)을 선택합니다. 화면을 드래그하여 이동합니다.

2. 손 도구를 선택하지 않아도 언제든지 Space Bar를 누르면 잠시 손 도구가 됩니다. 키를 누르고 있는 상태에서 화면을 드래그하여 이동합니다.

| 포토샵은 작업물이 한 층 한 층 쌓여 하나의 화면이 구성되는 구조로 만들어져 있습니다. 이를 레이어(Layer)라고 하며 레이어를 잘 이해하는 것이 포토샵 활용의 첫 번째 단계입니다. 레이어는 투명한 종이를 여러 장 겹쳐 놓은 것과 같습니다. 레이어를 사용하여 이미지 합성, 이미지에 텍스트 추가 또는 벡터 그래픽 모양 추가 등의 여러 가지 작업을 수행합니다. 개별 작업이 필요하면 반드시 레이어를 분리하여 작업해야 합니다.

실제 작업 화면

레이어 구조

레이어(Layers) 패널

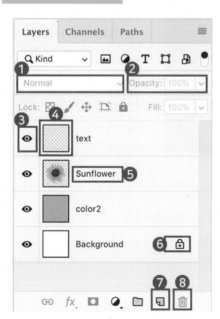

❶ Blending Mode: 하위 레이어와의 혼합 모드를 설정합니다.

* 혼합 모드에 관한 자세한 내용은 81page를 참고합니다.

❷ Opacity: 레이어의 불투명도를 조절합니다. 0%에 가까울수록 레이어가 투명하게 처리됩니다.

❸ 가시성 버튼: 눈 모양 아이콘이 켜져 있으면 레이어가 활성화되고 클릭하여 아이콘을 없애면 레이어가 비활성화됩니다.

❹ 섬네일(축소판): 레이어의 내용을 작게 축소하여 나타냅니다.

❺ 레이어 이름: 이름 부분을 더블클릭하면 이름을 변경할 수 있습니다.

❻ 잠금 버튼: 백그라운드 레이어는 편집할 수 없는 상태로 잠겨 있고 자물쇠 모양을 클릭하면 잠금이 해제됩니다.

❼ 새 레이어 만들기: 새로운 빈 레이어를 만듭니다.

단축키 [Alt] + [Ctrl] + [Shift] + [N]

중요! 한 레이어 안에서 여러 작업을 하면 나중에 분리하기가 어렵기 때문에 개별 작업이 필요한 경우 반드시 새 레이어를 만들어 작업합니다.

❽ 휴지통 버튼: 선택한 레이어를 삭제합니다. [Delete] 키를 눌러도 레이어가 삭제됩니다.

레이어 선택과 이동

1. 도구 박스의 제일 위에 있는 ✛Move Tool(이동 도구 V)을 선택합니다.

2. [Layer] 패널에서 먼저 어떤 레이어를 이동할지 클릭하여 선택한 뒤

3. 작업화면에서 해당 레이어를 드래그하여 자유롭게 위치를 변경합니다. (작업화면을 벗어나는 레이어의 영역은 화면에 보이지 않습니다.)

레이어의 계층 순서는 [Layer] 패널에서 해당 레이어를 선택하고 위아래로 드래그하여 변경합니다.

● 한 단계 위로 이동: [Ctrl] + [↑]　　● 제일 위로 이동: [Ctrl] + [Shift] + [↑]

● 한 단계 아래로 이동: [Ctrl] + [↓]　　● 제일 아래로 이동: [Ctrl] + [Shift] + [↓]

● 레이어 복제: [Ctrl] + [J] 또는 ✛Move Tool V로 [Alt] 누르고 드래그

이동 도구 옵션

❶ Auto-Select(자동 선택): 체크 박스에 체크하면 작업화면에서 클릭하는 기준으로 레이어가 자동 선택됩니다. 체크 해제하면 작업화면에서의 클릭과는 관계없이 [Layer] 패널에서 선택된 레이어가 이동합니다.

❷ 선택 기준: [Layer] 그룹과는 관계없이 개별 레이어를 기준으로 선택합니다. [Group] 선택한 레이어를 포함하고 있는 그룹을 선택합니다.

❸ Show Transform controls: 체크하면 선택한 레이어를 변형하는 조절 박스인 바운딩 박스(Bounding box)를 작업화면에 표시합니다. 박스의 조절점을 드래그하여 크기 변형과 회전을 할 수 있습니다. 작업 시 변형이 필요하지 않아도 항상 바운딩 박스가 표시되어 시각적으로 불편할 수 있으므로 체크 해제하고 필요할 때만 체크하여 사용합니다.

❹ 레이어 정렬: 레이어들을 선택 조건에 맞춰 정렬합니다.

작업 내역(History) 패널

작업 내역을 저장하여 되돌아갈 수 있도록 하는 패널입니다. 패널에서 돌아가고자 하는 단계를 클릭하면 작업 내역을 취소하거나 재실행할 수 있습니다. [History] 패널 기능은 환경 설정에 정해놓은 횟수까지만 저장하므로 가이드 - 시험장 환경설정의 〈3. 작업 내역 설정〉을 참고하여 적절하게 설정합니다.

작업 내역 취소: Ctrl + Z

> 💡 **버전 안내**
>
> CS4, CS6 버전은 Ctrl + Alt + Z

작업 내역 재실행: Ctrl + Shift + Z

중요! 작업 내역을 취소하거나 다시 재실행하는 단축키는 실무에서나 시험에서도 빈번하게 사용하므로 반드시 숙지하여 손에 익혀두도록 합니다.

보기메뉴: View

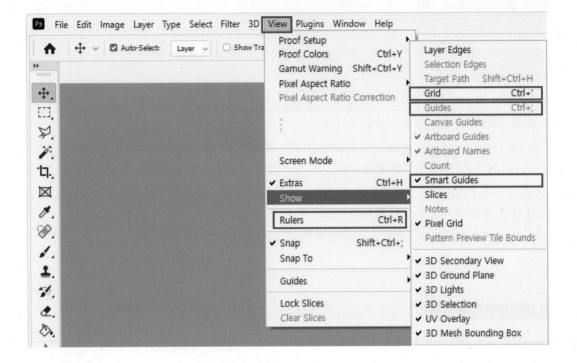

격자(Grid)

일정한 간격의 수평, 수직선으로 작업의 정렬을 용이하게 하기 위해 사용됩니다. 시험 연습 시에는 Pixel 단위로 100px마다 한 줄씩 표시하여 작업합니다. 단축키 [Ctrl] + [']('따옴표)로 표시/숨기기 합니다. 굉장히 자주 사용되므로 단축키를 꼭 숙지하는 것이 좋습니다.

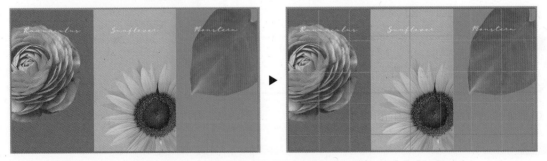

* 시험 연습에 맞는 격자 세팅은 가이드 – 시험장 환경설정의 〈2. 격자 & 눈금자 설정〉을 참고합니다.

눈금자(Rulers) 및 안내선(Guides)

눈금자를 활성화하면 작업 화면 왼쪽과 상단에 단위에 따른 자가 나타납니다. 자 위에 마우스를 대고 우클릭하여 필요한 단위를 선택하고, 드래그하여 안내선을 생성할 수 있습니다. 눈금자는 [Ctrl] + [R]로 표시/숨기기 합니다.

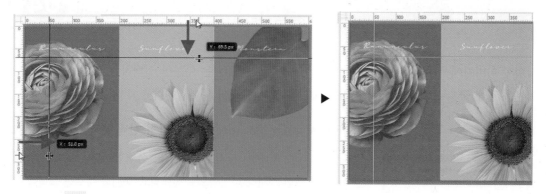

안내선은 ⊕ Move Tool(**이동 도구 V**)로 드래그하여 이동하거나, 다시 눈금자 쪽으로 드래그하면 삭제됩니다. 모두 지울 때는 메뉴바 [View] 〉 [Guides] 〉 [Clear Guides] 합니다. 단축키 Ctrl + ; 로 표시/숨기기 합니다.

고급 안내선(Smart Guides)

고급 안내선은 기본적으로 자주색으로 표시되며 레이어가 이동될 때 수평, 수직선이 나타나거나 등간격 표시, 간격의 실사이즈 등을 표시하여 작업을 용이하게 합니다.

선택 윤곽 도구: Marquee tool

04

| 작업할 이미지에서 사각형, 원형, 가로 1px, 세로 1px로 원하는 부분만 선택하는 도구입니다. 도구 아이콘을 길게 꾹 누르거나 우클릭을 하면 숨겨져 있는 도구가 나타납니다.

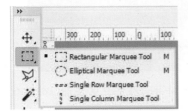

▢Rectangular Marquee Tool(사각형 선택 윤곽 도구 M)로 작업화면을 드래그하여 사각형 영역을 선택합니다. 드래그할 때 Shift 를 누르면 정사각형 영역으로 선택되고, Alt 를 누르면 클릭한 부분을 영역의 중앙으로 설정합니다.

선택 영역을 지정하고 Ctrl + J를 누르면 선택된 영역만큼 레이어가 복제됩니다.

● 문서 전체 선택: Ctrl + A ● 선택 영역 해제: Ctrl + D ● 복사: Ctrl + C ● 붙여넣기: Ctrl + V

선택 윤곽 도구 옵션

❶ 선택 영역 조정

　▢ 새로운 선택 영역을 지정합니다.

　▣ 선택 영역을 더합니다. (기존 선택 영역에서 Shift 누르고 드래그)

　▣ 선택 영역을 제외합니다. (기존 선택 영역에서 Alt 누르고 드래그)

　▣ 교차된 선택 영역만 남깁니다. (기존 선택 영역에서 Alt + Shift 누르고 드래그)

　참고 아이콘을 선택하지 않아도 해당 단축키를 누르고 드래그하면 기능이 활성화됩니다. 선택 윤곽 도구뿐 아니라 모든 선택 영역에 해당하는 단축 기능입니다.

❷ Feather: 선택 영역을 지정하기 전 수치를 입력하고 영역을 지정합니다. 입력했던 수치만큼 영역 가장자리를 점점 투명하게 처리하여 부드럽게 표현합니다.

❸ Anti-alias: 픽셀 가장자리 앨리어스 현상을 방지합니다.

❹ 중요! Style: [Normal] 자유 선택 / [Fixed Ratio] 비율 고정 / [Fixed Size] 너비와 높이 크기 지정 보통의 작업에서는 [Normal] 모드를 사용합니다. 자유롭게 영역이 설정되지 않는다면 [Normal] 모드가 맞는지 확인합니다.

| 마우스를 자유롭게 드래그하여 영역을 선택하는 도구입니다.

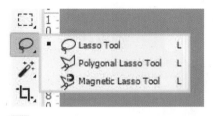

Lasso Tool(올가미 도구 L)

자유롭게 선택하고 싶은 영역을 드래그
합니다. 마우스를 떼면 선택 영역으로 변
환됩니다.

Polygonal Lasso Tool

(다각형 올가미 도구 L)

선택 영역을 직선으로 설정하는 도구입
니다. 선택할 영역의 모서리마다 클릭하
고 마지막은 시작점과 같은 부분에 마우
스를 대면 닫힘 커서()가 나타납니
다. 클릭하면 선택 영역으로 변환됩니다.

참고 포인트를 잘못 찍었을 경우 Delete 키를 누르
면 클릭한 포인트가 삭제됩니다.

Magnetic Lasso Tool

(자석 올가미 도구 L)

색상 차가 있는 가장자리를 따라 자석이
끌어당기듯 자동으로 선택하는 도구입니
다. 시작점을 클릭한 뒤 경계면을 따라 마
우스를 움직이면 자동으로 설정되고 닫
힘 표시가 나타나는 시작점에서 클릭하
거나 더블클릭하면 선택 영역으로 변환
됩니다.

참고 자석 올가미 도구 상단 옵션바의 [Frequency(빈도)] 수치를 100으로 입력하면 영역을 설정하는 포인트가 더욱 섬
세하게 설정됩니다.

| 클릭한 영역과 같은 색상의 범위를 자동으로 인식하여 한 번에 해당 범위를 모두 선택하는 도구입니다.

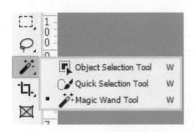

〈일러스트 출처: Instagram @hi_riter〉

Magic Wand Tool(자동 선택 도구 W)

클릭한 영역과 일관된 색상 범위를 자동으로 인식하여 선택 영역으로 지정합니다. 일관된 색상이 있는 영역을 모두 선택할 수 있습니다. 옵션바에서 설정한 범위와 허용치를 기준으로 선택합니다.

자동 선택 도구 옵션 중요!

❶ Tolerance(허용치): 마우스로 클릭했을 때 선택되는 픽셀과 비슷한 컬러의 허용치를 나타내는 옵션으로 32가 기본값이며, 높아질수록 색상의 허용 범위가 넓어집니다. (0~255)

| Tolerance: 10 Contiguous: 체크 | Tolerance: 32 Contiguous: 체크 | Tolerance: 32 Contiguous: 체크 해제 | Tolerance: 110 Contiguous: 체크 |

❷ Anti-alias(앨리어스 제거): 정사각형인 픽셀 가장자리에 나타나는 계단모양의 앨리어스 현상을 시각적으로 부드럽게 보이도록 자연스럽게 처리하는 효과입니다. 일반적인 작업에서 기본으로 체크를 하고 사용합니다.

 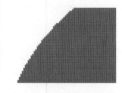

[Anti-alias] 체크   [Anti-alias] 체크 해제

❸ Contiguous(인접): 체크하면 마우스로 클릭한 픽셀과 같은 색상으로 연결되어 있는 인접한 색상 범위만 선택되고, 체크를 해제하면 인접하지 않더라도 문서 전체에서 허용치가 같은 색상 영역이 모두 선택됩니다.

❹ Sample All Layers(모든 레이어 샘플링): 체크하면 [Layer] 패널에 선택된 레이어의 영역만 인지하고 체크를 해제하면 모든 레이어의 영역을 함께 인지합니다.

Object Selection Tool(개체 선택 도구 W)

주변과 색상 차가 있는 개체 둘레에 간단히 사각형 영역 또는 올가미를 그리면 개체의 가장자리를 자동으로 선택합니다. 먼저 옵션바 [Mode]에서 사각형 윤곽 또는 올가미를 선택하고 사용합니다. 윤곽의 색상 차가 분명한 개체에서 더 잘 선택됩니다. (CC 2020 버전부터 생긴 도구입니다.)

 ▶

Quick Selection Tool(빠른 선택 도구 W)

선택할 이미지 영역을 드래그하면 드래그하고 있는 영역과 비슷한 색상 범위를 인식하고 해당 범위의 가장자리까지 추적하여 자동으로 선택 영역을 지정합니다. 옵션바에서 도구의 브러시 크기를 조정하여 인식 범위를 조절할 수 있습니다. 브러시 크기가 크면 한 번에 많은 영역을 인지하고, 작으면 적은 영역을 세밀하게 인지합니다. 브러시 크기 조절 단축키 ⬜, ⬜

선택 영역 반전 중요!

이미지의 배경과 같이 필요 없는 부분이 더 선택하기 쉬운 경우, 그 영역을 먼저 선택하였다가 반전합니다. 오른쪽과 같은 이미지의 경우 01. 하늘 영역을 모두 먼저 선택하고 02. 메뉴바 [Select] 〉 [Inverse](Ctrl + Shift + I) 하면 손 모양대로 선택 영역이 반전됩니다.

자유 변형: Free Transform

| 이미지에 대해 크기 조절, 회전, 기울이기, 늘이기 또는 뒤틀기 등의 작업을 합니다. 변형 조절을 위한 바운딩 박스(Bounding Box)가 화면에 표시됩니다. 선택한 레이어 전체 또는 선택한 일부 영역을 변형할 수 있습니다. 레이어를 선택하고 [Edit] 〉 [Transform] 메뉴에서 변형 메뉴를 선택하거나 Ctrl + T를 누른 뒤 [Free Transform] 상태의 작업 화면에서 마우스 우클릭을 하여 변형 메뉴를 선택합니다.

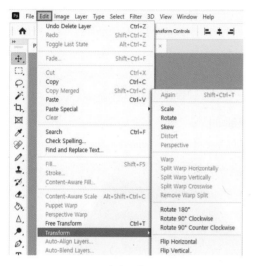

〈메뉴바〉

〈우클릭 메뉴〉

크기 조절(Scale)

박스의 조절점에서 마우스 커서의 모양이 양방향 화살표 모양으로 바뀌면 드래그하여 크기를 조절합니다. 변형을 마치면 Enter↵를 눌러 변형을 완료합니다. 변형을 취소하고 싶다면 Esc를 눌러 실행을 취소합니다.

회전(Rotate)

바운딩 박스 모서리의 바깥 쪽으로 마우스 커서를 이동하면 휘어진 회전 모양 화살표로 마우스 포인터가 바뀝니다. 그때 드래그하여 회전합니다.
Shift를 누르고 드래그하면 15°씩 회전합니다.

기울이기(Skew)

조절점이나 바운딩 박스 측면으로 마우스를 대면 포인터가 작은 흰색 양방향 화살표로 바뀝니다. 그때 드래그하여 한쪽으로 기울입니다.

참고 Ctrl + T 를 누른 뒤 [Free Transform] 상태에서 Ctrl + Shift 를 누르고 드래그하면 우클릭 메뉴를 선택하지 않아도 기울이기가 실행됩니다.

원근감 적용(Perspective)

좌, 우 조절점이나 상, 하 조절점이 대칭으로 함께 움직이며 원근감을 적용합니다.

참고 Alt + Ctrl + Shift 를 누르고 드래그하면 원근감 적용이 실행됩니다.

왜곡(Distort)

자유롭게 모든 점을 조절하여 왜곡합니다.

참고 Ctrl 을 누르고 드래그하면 왜곡이 실행됩니다.

뒤틀기(Warp)

바운딩 박스에 핸들(방향선)이 생기며 곡면 뒤틀기가 가능해집니다. 마우스로 직접 그리드의 조절점이나 핸들 또는 바운딩 박스 안쪽을 드래그하여 이미지를 곡면 왜곡할 수 있습니다.

중심 고정

변형 시 Alt 를 누른 상태에서 변형을 하면, 바운딩 박스의
중심이 고정된 채 변형됩니다.

반전하기 중요!

Flip Horizontal: 이미지를 가로로 뒤집어 좌
우 반전합니다.

Flip Vertical: 이미지를 세로로 뒤집어 상하 반
전합니다.

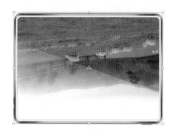

자유 변형 옵션

상단 옵션바의 ❶ Toggle reference point에 체크되어 있어야 작업 화면에 참조점(고정점)이 나타납
니다. **디자인에 사용되는 모든 이미지, 모양, 문자 등의 요소들은 특별한 이유가 없는 이상 본래의 가
로, 세로 비율을 유지해야 합니다.** 시험에서도 마찬가지입니다. ❷ 비율 고정 버튼이 눌려 있다면 자
유 변형 상태에서 Shift 를 누르지 않아도 비율이 고정되고, 버튼을 클릭하여 해제하면 크기 조절 시
Shift 를 눌러야 비율이 고정됩니다.

색상 피커: Color Picker

| 포토샵은 두 가지 형식의 색을 선택하고 사용합니다. 페인트 통이나 브러시와 같은 채색 도구들은 전경색을 사용하고, 문서 확장 또는 잘라내기 등을 실행할 때는 배경색이 사용됩니다.

도구 박스 하단에 색상 피커가 있습니다. ❸ 전경색, ❹ 배경색입니다. 각 영역을 클릭하면 색상 피커 대화상자가 열립니다.

❶ Default Color: 전경색은 검정, 배경색은 흰색으로 색상값을 초기화합니다. 단축키 D

❷ 전경색과 배경색을 교체합니다. 단축키 X

  ● 전경색 채우기: Alt + Delete　　● 배경색 채우기: Ctrl + Delete

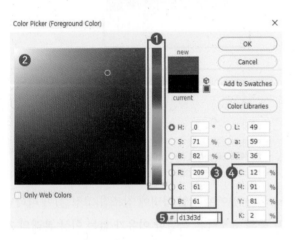

❶ Spectrum Slider: 슬라이더를 드래그하여 색조를 선택합니다.

❷ Sample Color: 색 영역을 드래그하여 채도와 명도를 조절합니다.

❸ RGB: 디스플레이는 8비트를 각각 빨강, 초록, 파랑에 각각 할당하여 색을 표현하므로 색이 없으면 0, 원색은 255입니다. 따라서 (0, 0, 0)은 검정, (255, 255, 255)는 흰색, (255, 0, 0)은 빨강, (255, 255, 0)은 노랑입니다.

❹ CMYK: 인쇄될 염료 원색의 백분율을 나타냅니다.

❺ 웹에서 사용하는 HTML 색 코드로 RGB 값을 십육진수로 나타냅니다. 시험 시 문제지에 지시된 색상 코드를 입력하는 항목입니다.

채우기: Fill

| 페인트 통 도구와 그라디언트 도구를 사용하여 선택 영역 또는 레이어 전체를 색상이나 패턴으로 칠할 수 있습니다.

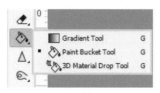

1. Paint Bucket Tool(페인트 통 도구 G)를 선택하고 전경색을 먼저 지정합니다.

2. 칠할 영역을 클릭하면 채색됩니다.

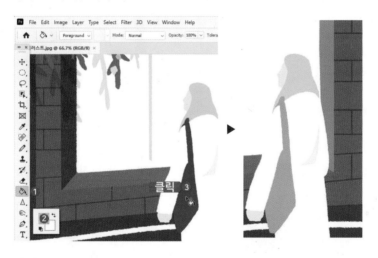

페인트 통 도구 옵션

❶ 칠 옵션: [Foreground] 전경색으로 칠합니다. [Pattern] 선택한 패턴으로 칠합니다.

❷ Mode: 혼합 모드로 칠합니다. * 혼합 모드의 자세한 내용은 81page를 참고합니다.

❸ Opacity: 불투명도를 조절합니다. 수치가 낮을수록 투명하게 칠해집니다.

❹ 자동 선택 도구의 옵션 기능과 같습니다. 46page를 참고합니다.

◼ Gradient Tool(그라디언트 도구 G)

1. 그레이언트를 칠할 레이어를 선택한 뒤 그라디언트 도구(G)를 클릭하고 옵션바의 그라디언트 에디터 부분을 클릭합니다.

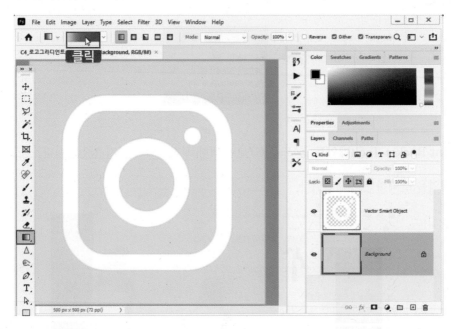

2. 그라디언트 에디터 대화상자가 열리면 슬라이더의 색상 정지점(Color Stop)을 더블 클릭하여 색을 지정합니다. 슬라이더에서 색을 추가할 지점을 클릭하면 색상 정지점이 추가됩니다.

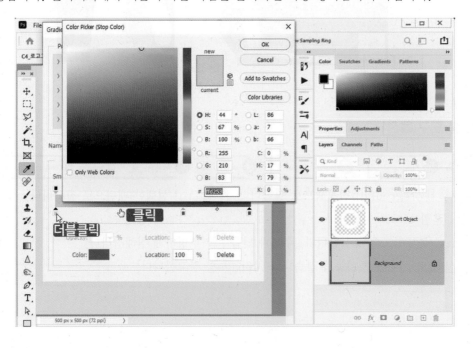

3. 옵션바에서 직선 타입(Linear Gradient) 그라디언트를 선택하고 화면을 대각선으로 드래그하여
   그라디언트를 칠합니다.

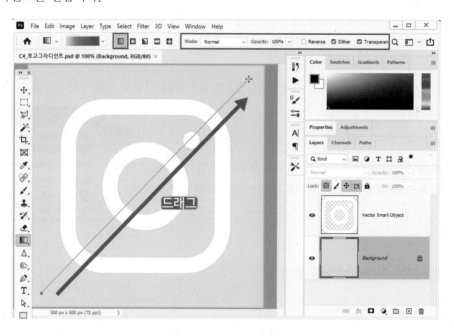

그라디언트 도구 옵션 중요!

❶ Gradient Editor: 오른쪽의 ⌄펼침 버튼을 클릭하면 견본을 선택할 수 있고 왼쪽 그라디언
트 색상 부분을 클릭하면 그라디언트 에디터를 엽니다.

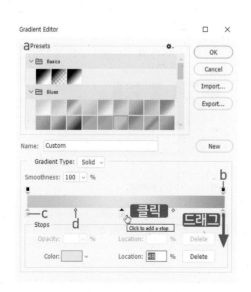

〈그라디언트 에디터〉

a. Presets: 그라디언트 견본을 선택합니다.

b. Opacity Stop(불투명도 정지점): 클릭하여 불투명도
   지점을 조절합니다.

c. Color Stop(색상 정지점): 클릭하여 그라디언트 색상
   을 선택하고, 드래그하여 색상 위치를 지정합니다.

d. Location(위치): 좌우로 드래그하여 색상 정지점 사
   이의 범위를 조절합니다.

슬라이더에서 클릭하여 색상을 추가합니다. 색상 정지점
은 선택 후 하단 Delete 버튼을 누르거나 그대로 아래로
드래그하여 삭제할 수 있습니다.

❷ 그라디언트 형태를 선택합니다. 왼쪽부터 차례대로 선형, 원형(방사형), 각진 방사형, 반전형, 다이아몬드형의 형태입니다.

❸ Reverse: 그라디언트의 시작과 끝 색상 방향이 반전됩니다.

❹ Dither: 색 공간 차이에서 오는 결점을 보완해주는 기능입니다. 그라디언트 연결이 더 부드러워집니다.

❺ Transparency: 체크 해제하면 색상을 투명하게 표현하는 기능이 비활성화됩니다.

Eyedropper Tool(스포이트 도구 I)

작업화면을 클릭하면 클릭한 부분의 색상을 찾는 도구입니다. 해당색이 전경색으로 지정됩니다. Alt를 누르고 클릭하면 배경색으로 지정됩니다.

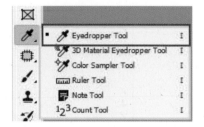

선택 영역 불러오기(Load Selection)

중요! Ctrl을 누르고 레이어의 섬네일을 클릭하면 해당 레이어의 내용만큼 선택 영역을 지정합니다.

포토샵의 모든 작업은 선택 영역을 지정하지 않고 작업할 경우 레이어 전체에 작업이 되고, 선택 영역을 지정하면 영역 안에만 작업합니다. 실무에서는 선택 영역 도구를 사용하지 않고 해당 레이어에 있는 내용만큼 선택할 때가 많아 굉장히 자주 사용되는 기능입니다.

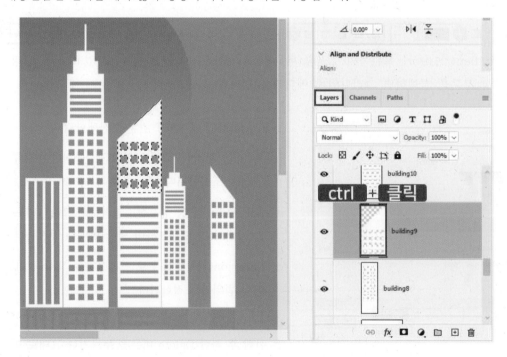

지우개 도구: Eraser Tool

| 선택한 브러시 모양으로 픽셀을 지웁니다. 잠겨 있는 배경 레이어나 투명 영역이 잠겨 있는 레이어에서 작업할 경우에는 투명하게 지우지 않고 배경색을 채웁니다.

1. 지울 레이어를 선택하고 ✎ Eraser Tool(지우개 도구 E)로 작업 화면에서 우클릭하면 브러시 사전 설정 창이 열립니다. 어떤 모양의 지우개를 사용할지 팁을 더블클릭하여 선택합니다. 깔끔하고 선명하게 지울 때는 가장자리가 선명한 Hard Round, 부드럽고 자연스럽게 지울 때는 가장자리가 부드러운 Soft Round 브러시를 많이 사용합니다.

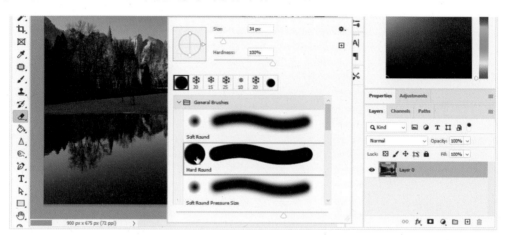

2. 작업화면을 드래그하여 픽셀을 지워 삭제합니다. 옵션바의 [Opacity]나 [Flow] 수치가 낮다면 그만큼 덜 지워집니다.

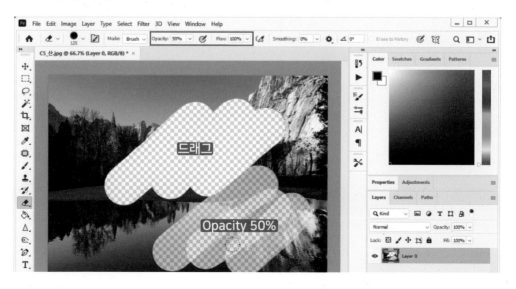

브러시 사전 설정 창의 설정 버튼을 누르고 [Brush Tip]을 클릭하면 팁 모양이 활성화됩니다.

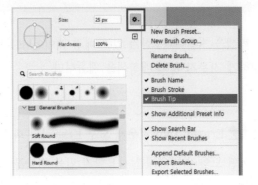

문자 도구: Type Tool ⑪

| 문자는 메시지를 전달하는 시각적 기호로 이미지 못지않은 중요한 역할을 합니다. 작업화면을 클릭하여 내용을 입력하면 새로운 문자 레이어가 생성됩니다. 문자의 글꼴, 크기, 사이 간격을 세밀하게 조절하여 타이포그래피를 표현합니다.

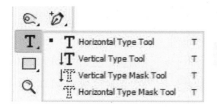

T Horizontal Type Tool(수평 문자 도구 T)

1. Point Type: 작업화면을 클릭하면 텍스트 영역이 따로 설정되지 않고 커서가 활성화되며 Lorem Ipsum 자동 텍스트가 나타납니다. (CS4, CS6 버전은 나타나지 않습니다.)

2. Paragraph Type: 작업 화면을 드래그하여 영역을 지정하면 텍스트 박스가 설정되어 문장이 박스 안에서만 정렬됩니다. 문자 도구로 텍스트 박스를 드래그하여 크기를 조절할 수 있습니다.

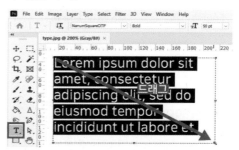

3. 텍스트 입력 후 단축키 Ctrl + Enter↵를 눌러 문자 편집을 완료하고 커서를 비활성화합니다.

↓T Vertical Type Tool(세로 문자 도구 T)

세로로 문자를 입력합니다. 수평 문자 도구와 사용 방법은 동일합니다.

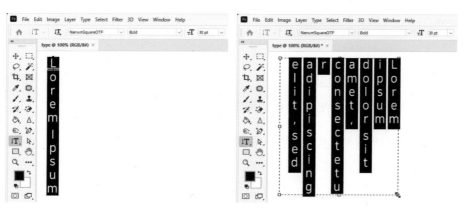

문자 도구 옵션 및 문자(Character) 패널

❶ Character: 서체(Font) 모양 ❷ 서체 스타일 ❸ Font Size: 문자 크기 ❹ Anti-alias: 앨리어스 현상 방지(None을 제외한 항목을 선택합니다.) ❺ 단락 정렬 ❻ 문자 색상 ❼ Warp Text(텍스트 뒤틀기) ❽ [Character], [Paragraph] 패널

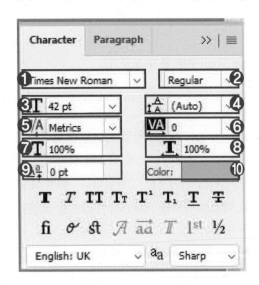

❶ Character: 서체(Font) 모양 ❷ 서체 스타일

❸ Font Size: 문자 크기
　단축키 Ctrl + Shift + ,(쉼표): 크기 줄이기
　단축키 Ctrl + Shift + .(마침표): 크기 키우기

❹ 행간: 글줄 사이 간격 Alt + 방향키 ←, →

❺ 커닝: 한 글자와 한 글자 사이 간격

❻ 자간: 글자 사이 간격 Alt + 방향키 ↑, ↓

❼ 글자 높이 비율 ❽ 글자 너비 비율

❾ Baseline: 기준선 위치 ❿ 글자 색상

T 두꺼운 글자 *T* 이탤릭(기울인) 글자 TT 대문자

Tᴛ 작은 대문자 T¹ 위첨자 T₁ 아래첨자

T 밑줄 긋기 T 취소선 긋기

단락(Paragraph) 패널

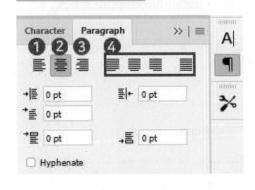

❶ 왼쪽 정렬

❷ 가운데 정렬

❸ 오른쪽 정렬

❹ 양끝 정렬

Warp Text(텍스트 뒤틀기) 중요!

텍스트를 다양한 모양의 형태로 변형합니다. 문자를 모양 틀에 넣은 듯한 표현을 할 수 있습니다.

1. 문자 도구로 작업 화면에 텍스트를 입력한 뒤 옵션바에서 [Creat warped text ⊥] 버튼을 클릭합니다.

2. [Style] 항목에서 모양을 선택합니다.

3. [Horizontal] 항목은 가로 기준, [Vertical] 항목은 세로 기준으로 스타일을 적용합니다. [Bend]
   값으로 구부리기 정도를 조정합니다. 텍스트는 주로 가로로 입력하므로 [Horizontal] 항목을 많이
   사용합니다.

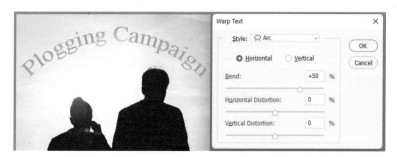

4. [Horizontal Distortion]은 가로 좌우 방향, [Vertical Distortion]은 세로 상하 방향으로
   왜곡을 조절합니다.

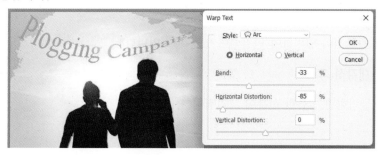

펜 도구: Pen Tool

| 펜 도구는 일러스트레이터에서 사용하는 벡터 방식의 도구입니다. 포토샵에서는 크기 조절이 자유로운 도형을 그리거나 원하는 부분을 정확하게 드로잉하여 선택 영역을 지정할 때 주로 사용합니다. 시험에서는 펜 도구를 사용하여 모양을 그리는 문제가 반드시 출제되는데, 시간이 많이 걸리는 작업이므로 평소에 그리기 연습을 많이 해두어야 합니다.

펜 도구 옵션바에서 [Path] 모드를 선택합니다.

직선 그리기

클릭하여 직선으로 패스를 연결합니다. Ctrl을 누르고 빈 작업화면을 클릭하면 패스가 끊어집니다. 시작점에서 닫힘 커서(🖊️)가 나타났을 때 클릭하면 끝점과 연결되어 닫힌 패스가 됩니다. 패스를 새로 시작할 수 있을 때는 시작점 커서(🖊️)가 나타납니다.

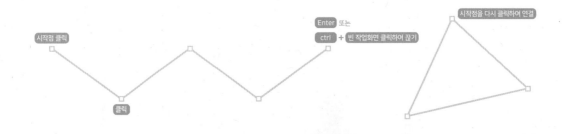

열린 패스

패스의 시작점과 종료점이 연결되어 있지 않은 패스입니다.

닫힌 패스

패스의 시작점과 종료점이 일치하여 연결되어 있는 패스입니다.

수평, 수직, 45° 대각선 그리기

Shift를 누르고 클릭하면 반듯한 선분이 그려집니다.

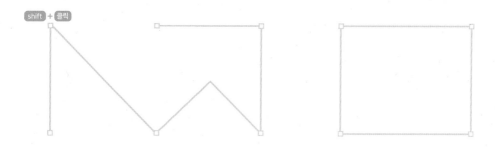

곡선 그리기

고정점의 클릭을 꾹 유지한 채로 마우스를 드래그하여 곡선 선분을 그립니다. 고정점에 대칭으로 두 방향의 방향선(Handle)이 생깁니다. 방향선이 향하는 방향으로 선분이 그려지고, 방향선의 길이에 따라 곡선의 곡률이 달라집니다. 방향선이 짧을수록 곡률이 낮습니다.

직선과 곡선 함께 그리기

다음 선분을 직선으로 연결할 때 이전에 생긴 방향선이 필요 없는 경우 Alt를 누르고 고정점에 마우스를 대면 점 변환 커서(🖋)가 나타납니다. 클릭하여 방향선을 삭제합니다. 다음 선분을 곡선으로 연결할 때는 클릭 후 마우스를 놓지 않고 유지한 채로 드래그하여 곡선 선분을 그립니다.

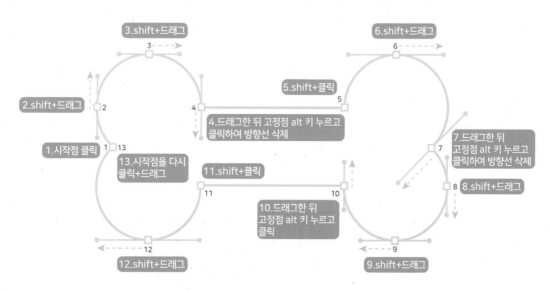

● 방향선 변경하기

방향선을 삭제하지 않고 원하는 방향으로 바꿀 경우 방향선의 끝 점에 마우스를 대면 고정점 변환 표시(∧)가 나타납니다. Alt를 누르고 방향선 끝 점을 드래그하여 변경합니다. 드로잉 도중 방향을 변경하려면 앞 선분을 그리기 위해 그래그 한 채 마우스를 놓지 않은 상태에서 바로 Alt를 누르고 원하는 방향으로 드래그합니다.

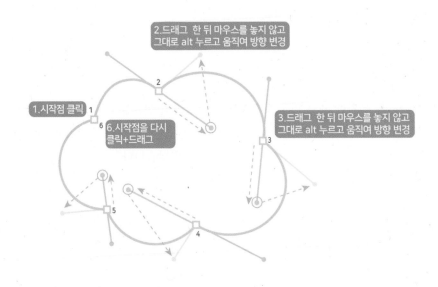

Add Anchor Point Tool(고정점 추가 도구)

선분 위에서 클릭하여 고정점을 추가합니다.

Delete Anchor Point Tool(고정점 삭제 도구)

고정점 위에서 클릭하여 고정점을 삭제합니다.

∧Anchor Point Tool(고정점 도구)

곡선 연결이 되어 있는 고정점을 클릭하면 방향선이 삭제되며 직선 연결로 변환하고, 직선 연결이 되어 있는 고정점을 드래그하면 방향선이 생기면서 곡선 연결로 변환합니다.

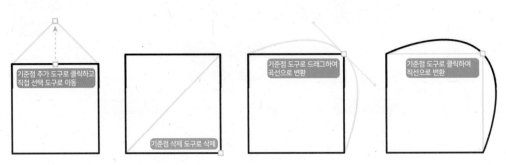

패스 연결하기

펜 도구로 끝 고정점에 마우스를 대면 고정점 연결 커서( )가 나타납니다. 클릭하고 다음 고정점도
클릭하여 연결합니다.

펜 도구 옵션

❶ [Shape]: 벡터 방식의 패스를 그리고 Fill/Stroke를 채색합니다. 벡터 방식의 새로운 레이어가 만
들어집니다.

[Path]: 벡터 방식의 도형을 그리나 채색하지 않습니다. 레이어는 만들어지지 않고 Path 패널에
서 패스를 확인할 수 있습니다.

[Pixels]: 비트맵 방식으로 패스를 그립니다. 선택된 레이어에 전경색으로 채색됩니다.

> **버전 안내**
>
> CS4, CS6 버전은 옵션바의 □☒□ 모양을 확인합니다. 왼쪽부터 차례대로 Shape/Path/Pixels 모드입니다.

❷ Fill: 패스 안쪽을 채우는 색입니다. 색상 섬네일을 클릭하여 ☒▦▯▦▯ 왼쪽부터 차
례대로 색 없음/색상 스와치/그라디언트/패턴/색상 피커에서 칠 형태를 선택하고 색을 채웁니다.

❸ Stroke: 패스 테두리의 색상과 두께를 설정합니다.

❹ Stroke Option: 패스 테두리의 모양과 선 위치, 끝 처리 등을 설정합니다.

❺ width/Height: 선택한 패스의 너비와 높이가 표시됩니다. 값을 입력하여 크기를 수정할 수 있습
니다.

패스 수정

▶ Path Selection Tool(패스 선택 도구 A)

색이 없고 레이어도 없는 패스는 ✛Move Tool V 로 선택할 수 없
습니다. 패스 선택 도구로 패스를 모두 선택하고 크기를 조절하거나
이동합니다. 고정점이나 선분의 부분 선택은 되지 않습니다.

▷ Direct Selecttion Tool(직접 선택 도구 A)

고정점이나 선분을 부분 선택하여 수정합니다. 고정점이나 선분을 클릭하거나 작업화면을 드래그하여
선택 영역을 지정하면 영역 안의 모든 고정점이 선택됩니다.

1. [Path] 패널에서 작업 화면에 그려진 모든 패
   스를 확인하고 선택할 수 있습니다. ▶ Path
   Selection Tool A로 드래그하여 이동하거나
   크기 등을 조정합니다.

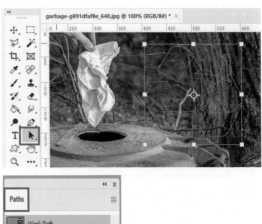

2. ▶ Direct Selecttion Tool A로 패스 주변 전
   체, 또는 일부를 드래그하여 다중 선택하거나
   하나의 고정점을 클릭하여 부분 선택할 수 있
   습니다.

3. 선택이 된 고정점은 색이 채워집니다.

4. 일부분만 드래그하거나 클릭하면 선택된 고
   정점만 색이 채워지고 나머지 고정점은 색이
   채워지지 않습니다.

패스를 선택 영역으로 변환 중요!

자동 선택 도구 등으로는 정확하게 선택할 수 없는 부분의 경우, 펜 도구로 직접 드로잉하여 선택 영역으로 변환할 수 있습니다. 패스를 그리고 바로 Ctrl + C 복사를 하면 레이어의 픽셀이 복사되지 않고 패스 패널의 패스가 복사됩니다. 필요에 따라 패스 패널에서 패스를 선택하고 [Load path as a selection] 버튼을 눌러 패스를 선택 영역으로 변환하여 사용합니다. 버튼을 누르지 않고 단축키 Ctrl + Enter↵를 눌러도 변환됩니다.

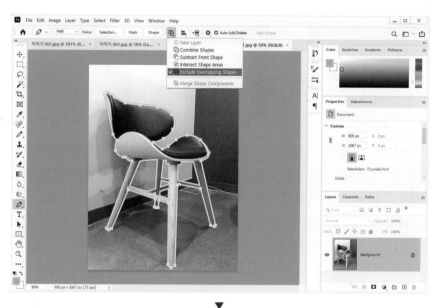

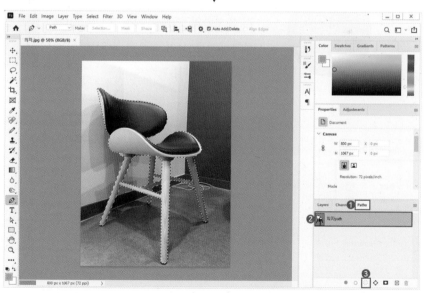

모양 도구: Shape Tool

| 벡터 방식과 비트맵 방식 두 가지로 여러 가지 도형을 그리는 도구입니다.

⬜ Rectangle Tool(사각형 도구 U)

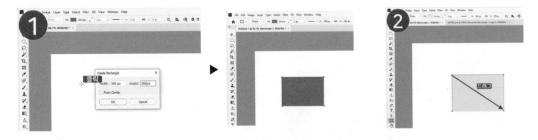

❶ 모양 도구 사용 시 작업화면을 클릭하면 도구 대화상자가 열립니다. 수치를 입력하고 [OK]를 누르면 사각형이 들어집니다.

❷ 작업화면에서 드래그하여 자유롭게 그릴 수 있습니다.

참고 Shift 를 누르고 드래그하면 정사각형, Alt 를 누르고 드래그하면 클릭한 지점이 도형의 중심이 되어 그려집니다.

⭕ Ellispse Tool(원형 도구 U)	⬜ Rounded Rectangle Tool(둥근 사각형 도구 U)
원형을 그립니다. 그리는 방법은 사각형 도구와 같습니다. 	모서리가 둥근 사각형을 그립니다. 먼저 옵션바의 Radius: 5 px [Radius] 항목에서 모서리 라운드 수치를 입력하고 그립니다. 

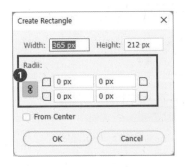

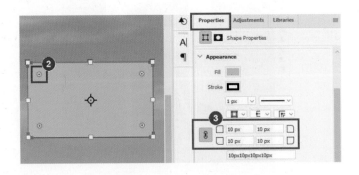

최신 CC 버전에는 ⭕ Rounded Rectangle Tool U이 없습니다. ❶ ⬜ Rectangle Tool U을 선택하고 화면을 클릭하여 도구 대화상자에서 [Radii] 항목에 라운드 수치를 입력하거나 ❷ ▸ Path Selection Tool A을 선택하고 도형을 선택하면 [Live Corners widget ◎]이 나타납니다. 위젯을 드

래그하여 라운드 값을 조절할 수 있습니다. , 또는 ❸ 도형을 먼저 그린 뒤 [Properties] 패널에서 라운드 값을 입력합니다.

Polygon Tool(다각형 도구 U)

다각형을 그립니다. 미리 옵션바의 Sides: 6 또는 모양의 [Sides] 항목에서 다각형 변의 개수를 입력합니다. 옵션바의 ✿ 설정 아이콘을 눌러 항목을 입력하면 별 도형, 둥근 다각형 도형 등 다양한 형태의 다각형을 그릴 수 있습니다.

참고 다각형 도형은 Alt 를 누르지 않아도 클릭한 지점이 도형의 중심이 되어 그려집니다. Shift 를 누르고 드래그하면 15°씩 각도를 회전합니다.

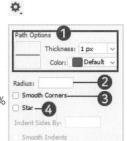

Side: 6

설정[Star] 체크
Indent Side By: 50%

❶ Path Option: Path 선 설정
❷ Radius: 도형 반지름
❸ Smooth Corner: 둥근 모서리 처리
❹ Star: 별 도형
    Indent Side By: 내각 수치
    Smooth Indent: 내각 둥근 모서리
    처리

> 🔔 버전 안내
>
> 다각형 도구의 설정은 버전마다 항목의 차이가 있는 편이나 Star 항목으로 각을 뾰족하게 만들거나 둥근 모서리 처리 등의 내용은 같습니다. CS4, CS6 버전은 옵션바에서 모양 옵션 버튼( )을 누르면 설정을 입력할 수 있습니다.

 Line Tool(선 도구 U)

작업화면을 드래그하여 직선을 그립니다.

 Custom Shape Tool(사용자 정의 모양 도구 U)

옵션바에서 견본에 있는 다양한 형태의 도형 Shape: 을 선택하거나 사용자가 그린 Path를 모양으로 등록하여 사용합니다.

도형 도구 옵션

❶ [Shape]: 벡터 방식의 도형을 그리고 Fill/Stroke를 채색합니다. 벡터 방식의 새로운 레이어가 만들어집니다.

[Path]: 벡터 방식의 도형을 그리나 채색하지 않습니다. 레이어는 만들어지지 않고 Path 패널에서 패스를 확인할 수 있습니다.

[Pixels]: 비트맵 방식으로 도형을 그립니다. 선택된 레이어에 전경색으로 채색됩니다.

중요! 모양을 그릴 때는 상단 옵션바의 항목을 [Shape]으로 지정하고 그려야 새 Vector 레이어로 생성됩니다. 반드시 Shift 를 누르고 드래그하여 본래의 가로, 세로 비율을 고정하여 그립니다.

❷ Fill: 패스 안쪽을 채우는 색입니다. 색상 섬네일을 클릭하여 [아이콘들] 왼쪽부터 차례대로 색 없음/색상 스와치/그라디언트/패턴/색상 피커에서 칠 형태를 선택하고 색을 채웁니다.

❸ Stroke: 패스 테두리의 색상과 두께를 설정합니다.

❹ Stroke Option: 패스 테두리의 모양과 선 위치, 끝 처리 등을 설정합니다.

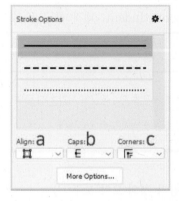

a. Align: 테두리의 위치를 패스 안쪽, 패스 중간, 패스 바깥쪽으로 설정합니다.

b. Caps: 패스의 끝 감싸기 처리를 설정합니다.

c. Corners: 모서리 처리를 설정합니다.

❺ 너비와 높이 크기를 지정합니다. 종횡비 고정 버튼(⊖)을 누르면 비율이 고정됩니다.

❻ Path operations: 도형을 합치거나, 제외할 수 있습니다.

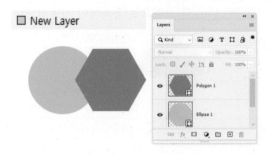

그릴 때마다 새로운 모양 레이어가 생성됩니다.

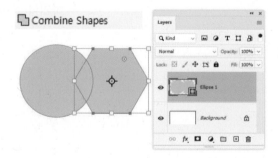

선택했던 모양 레이어에 새로 그린 모양이 합쳐집니다.

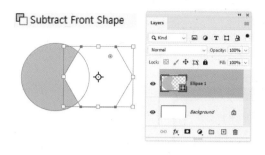

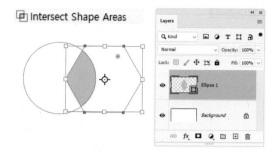

같은 레이어에서 나중에 그려진 모양의 영역만큼
제외됩니다.

같은 레이어에서 서로 겹쳐진 영역만 남깁니다.

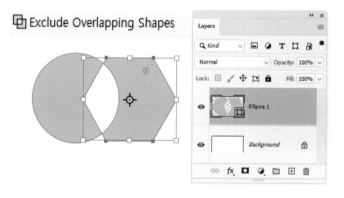

같은 레이어에서 서로 겹쳐진 부분을 제외합니다.

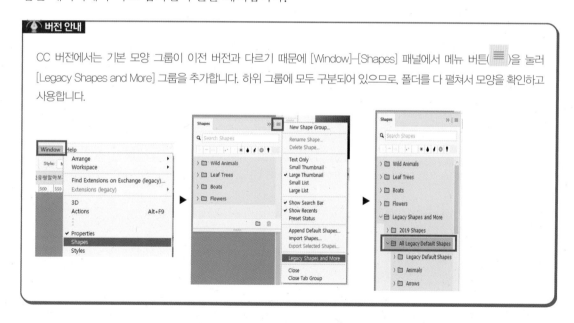

버전 안내

CC 버전에서는 기본 모양 그룹이 이전 버전과 다르기 때문에 [Window]-[Shapes] 패널에서 메뉴 버튼(☰)을 눌러
[Legacy Shapes and More] 그룹을 추가합니다. 하위 그룹에 모두 구분되어 있으므로, 폴더를 다 펼쳐서 모양을 확인하고
사용합니다.

버전 안내

CS4, CS6 버전에서는 옵션바의 [Shape] 섬네일을 클릭하고 모양 창의 메뉴에서 [All] 항목을 선택하면 모든 모양을 한번에 확인할 수 있습니다.

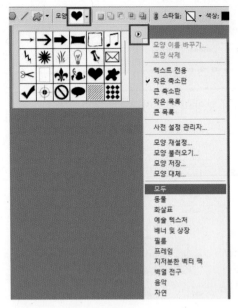

1. 패턴 모양 작업 후 메뉴바 [Edit] 〉 [Define Pattern]을 눌러 패턴을 등록합니다.

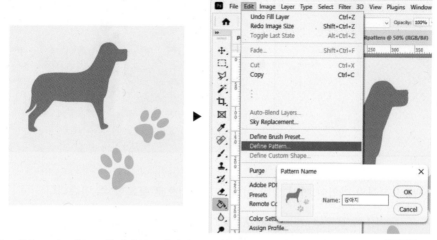

2. 패턴을 채우고자 하는 레이어를 선택하고 메뉴바 [Edit] 〉 [Fill(단축키 [Shift] + [F5])]에서 [Contents] 항목을 [Pattern]으로 지정하고 [Options] 항목의 패턴 섬네일을 클릭하여 저장한 패턴을 선택하고 [OK] 합니다.

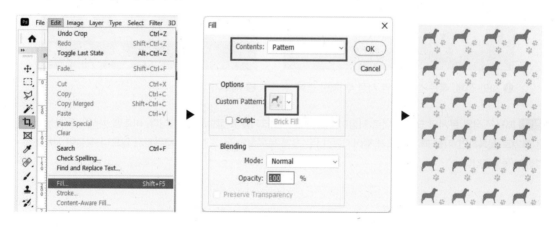

3. 사각형 선택 윤곽 도구 M으로 영역을 지정하면 해당 영역만 패턴으로 등록할 수 있습니다.

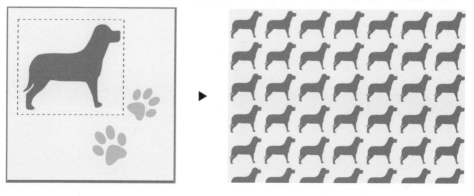

4. 배경 없이 작업하여 등록하면 그대로 등록이 됩니다. 투명한 영역이 있는 패턴으로 저장할 수 있습니다.

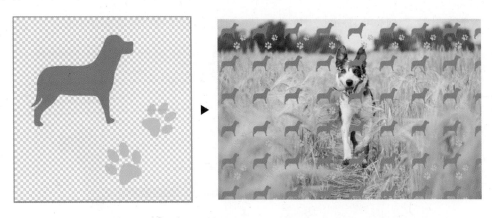

5. 모양이나 벡터 그래픽 타입이 아닌 일반 이미지도 패턴으로 등록할 수 있습니다.

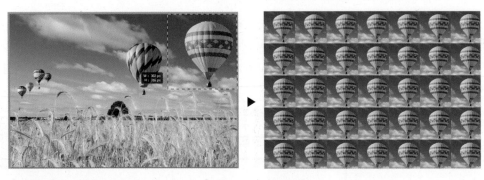

❶ 화면 전체, 혹은 선택 영역 지정 후 패턴 등록   ❷ 채우기

참고 패턴은 작업 문서의 크기 그대로 저장이 되고, 채울 때 크기를 조절할 수 없습니다. 비트맵 방식의 특성상 너무 작은 크기로 등록하면 키울 때 해상도가 떨어지고, 너무 크게 등록하면 몇 조각밖에 채워지지 않으니 적절한 사이즈로 작업하여 등록합니다.

조정: Adjustment

| 이미지의 빛과 색, 분위기 등을 전문적으로 수정하고 보정할 수 있는 메뉴입니다. 그래픽 이미지의 색상, 명도와 채도를 조절하고 보정하는 기능으로 구성되어 있습니다.

이미지 모드

이미지의 색상 모드에 따라 표현되는 색상 범위는 달라집니다. 색상 모드는 [Image]-[Mode] 메뉴에서 변경합니다. CMYK 색 공간은 인쇄 가능한 색상만 표현하므로 조정, 필터 기능 등에 제한이 있어 몇 가지 메뉴가 실행되지 않습니다.

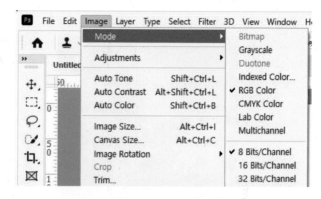

이미지를 조정하려면 [Image]-[Adjustment] 메뉴에서 조정 항목을 선택합니다.

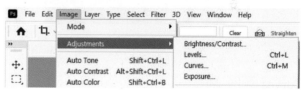

Levels Ctrl + L

레벨은 이미지의 어두운 영역, 중간 영역, 밝은 영역의 명도를 조정하여 이미지의 대비와 색상 균형을 세밀하게 교정합니다. 레벨 대화상자의 입력 슬라이더가 서로 가까울수록 대비가 강하게 표현됩니다.

❶ Preset: 포토샵에 기본으로 세팅되어 있는 사전 설정값 선택

❷ Channel: 각 원색 채널을 선택하여 해당 색상 영역만 조정

❸ Input Levels(입력 레벨): 어두운 영역 / 중간 영역 / 밝은 영역 슬라이더로 개별 조정

❹ Output(출력 레벨): 전체 명도 조정

❺ Auto: 자동 보정

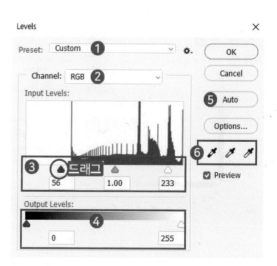

❻ 🖋️Set black point: black point 스포이트를 클릭하고 이미지의 가장 어두운 부분을 클릭하면 100% 검정이 되고 그 외의 픽셀의 명도도 그에 맞게 자동 조절

🖋️Set gray point: gray point 스포이트를 클릭하고 이미지의 중간 명도 회색 부분을 클릭하면 50% 회색이 되고 그 외의 픽셀의 명도도 그에 맞게 자동 조절

🖋️Set white point: white point 스포이트를 클릭하고 이미지의 가장 밝은 부분을 클릭하면 100% 흰색이 되고 그 외의 픽셀의 명도도 그에 맞게 자동 조절

〈조정 전〉   〈조정 후〉

Curves Ctrl + M

곡선은 이미지 색조 범위를 조절하여 명도를 조정합니다. 윗부분에 있는 점을 드래그하면 밝은 영역이 조정되고, 곡선의 아랫부분에 있는 점을 드래그하면 어두운 영역이 조정됩니다. 곡선의 중간 부분을 클릭하여 드래그하면 조절 점이 생기고 중간 영역이 조정됩니다.

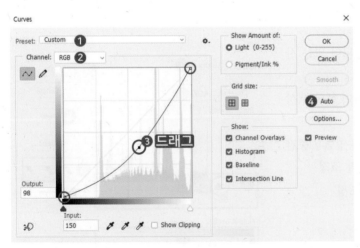

❶ Preset: 포토샵에 기본으로 세팅되어 있는 사전 설정값 선택
❷ Channel: 각 원색 채널을 선택하여 해당 색상 영역만 조정
❸ Input(입력)/Output(출력): 드래그하여 명도 조정
❹ Auto: 자동 보정

〈조정 전〉 〈조정 후〉

Hue/Saturation [Ctrl] + [U] 중요! 시험에서 반드시 출제되는 기능입니다.

색조/채도는 이미지에서 특정 색상 범위의 색조, 채도 및 밝기를 조정하거나 이미지에서 모든 색상을 동시에 조정합니다. 회색 톤의 이미지 색상화 또는 단일 톤 효과도 만들 수 있습니다. 색조(Hue)와 채도(Saturation) 슬라이더 조절 시 무채색인 픽셀은 색조와 채도값이 없으므로 변경되지 않습니다.

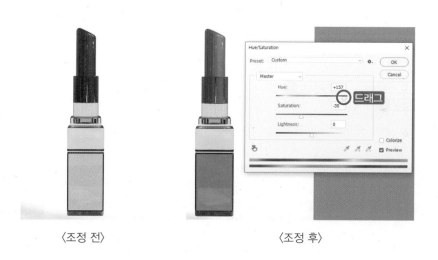

〈조정 전〉 〈조정 후〉

대화상자 하단의 [colorize] 항목에 체크하면 단일 톤 효과가 적용됩니다.

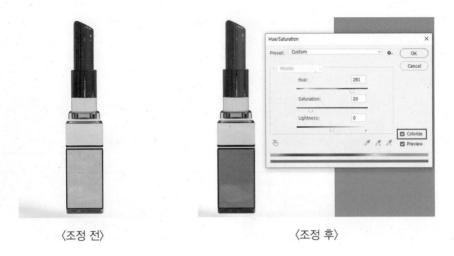

<조정 전>   <조정 후>

Color Balance Ctrl + B

색상 균형은 서로 대비되는 보색 관계의 색상의 슬라이더를 조절하여 이미지의 색상 결함을 조정하고
색상의 밸런스를 맞추거나 색상의 전체 혼합을 변경하여 극적인 효과를 만듭니다.

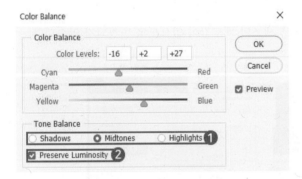

❶ Shadows: 이미지의 어두운 영역 조정
  Midtones: 이미지의 중간 영역 조정
  Highlights: 이미지의 밝은 영역 조정
❷ Preserve Luminosity: 이미지 광도(빛의
  강약) 보존

<조정 전>   <조정 후>

Invert Ctrl + I

반전은 이미지의 색상을 반대 색상(보색)으로 반전시킵니다. 흰색의 경우 반대 색상인 검정색이 됩니다.

〈조정 전〉

〈조정 후〉

Threshold

한계값 조정은 이미지를 회색조가 없는 흰색 또는 검정색 픽셀로 변환합니다. 특정한 레벨을 한계값으로 지정하면 한계값보다 밝은 픽셀은 모두 흰색으로 변환되며 어두운 픽셀은 모두 검정으로 변환됩니다.

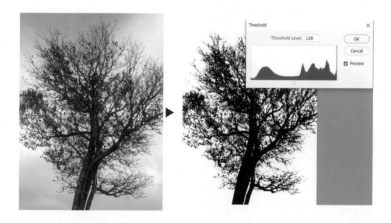

Posterize

포스터화는 이미지의 각 색조 레벨 수를 지정하여 표현할 수 있습니다. 예를 들어, RGB 이미지에서 두 개의 색조 레벨을 선택하면 색 단계를 줄여 빨강 2가지, 녹색 2가지, 파랑 2가지의 6가지 색상을 표현합니다.

<조정 전>　　　　　　　　　　　　　　　　<조정 후>

Desaturate [Ctrl] + [Shift] + [U]

채도 감소는 각 픽셀의 밝기 값은 변경하지 않고 컬러 이미지를 회색 톤으로 변환합니다.
[Hue/Saturation]의 채도를 −100으로 조정한 것과 같은 효과입니다.

<조정 전>　　　　　　　　　　　　　　　　<조정 후>

혼합 모드: Blending mode

│ 블렌딩 모드는 합성을 하기 위해 사용되는 기능으로 혼합 모드 또는 합성 모드라고 합니다. 도구, 효과 등 포토샵의 여러 기능에서 다양하게 활용합니다. [Layer] 패널에서는 상위 레이어에 블렌딩 모드를 적용하고 하위 레이어 간의 색상 값을 가지고 더하거나, 빼고, 곱하거나 나누어 혼합합니다. 혼합된 결과인 결과 색상은 작업화면에서만 보이고 실제 레이어 색상은 변경 없이 원본 그대로 보존되어 있는 비파괴적 방법입니다.

블렌딩 모드를 적용할 상위 레이어를 선택하고, [Layer] 패널에서 블렌딩 모드의 ⌄버튼을 누릅니다.

〈Background Layer〉　　　　　　　〈Layer1 Layer〉

Normal

표준은 블렌딩 모드를 적용하지 않은 원본의 상태입니다.

Dissolve

디졸브는 레이어의 불투명도(Opacity)에 따라 픽셀을 대체합니다. 불투명도가 100%일 때는 변화가 없고 값을 조절하면 픽셀이 점처럼 임의로 나타나지 않습니다. 수치가 낮을수록 마치 모래를 뿌린 것처럼 픽셀이 흩뿌려진 모습으로 표현됩니다.

어두운 합성

어두운 색상을 더 어둡게 표현하는 모드입니다. 어두운 혼합 모드에서 흰색은 가려져 불투명도 0%처럼 작업화면에 나타나지 않고 검은색은 불투명도 100%처럼 변화 없이 드러나게 됩니다. 하위 레이어의 색상보다 밝은색 영역은 많이 가려지고 어두운색 영역들이 드러나는 모드입니다.

Darken

어둡게 하기는 각 레이어 채널의 색상 정보를 비교하여 더 어두운 색상을 결과로 선택합니다. 상위 레이어에서 하위 레이어보다 어두운 부분은 변화가 없고 밝은 부분이 어둡게 혼합되어 원본보다 톤이 더 어두워집니다.

Multiply

곱하기는 혼합하는 과정에서 레이어의 색상을 서로 곱해 어두워지는 효과를 나타냅니다. 어둡게 혼합되어 [Darken]과 비슷하지만 결과 색상은 채도가 훨씬 떨어집니다.

중요! 흰색 영역을 투명하게 처리하기 위해 가장 많이 사용되는 모드입니다.

Color Burn

색상 번은 레이어들의 대비를 증가시켜서 상위 레이어의 색상을 어둡게 하여 혼합합니다.

Linear Burn

선형 번은 상위 레이어의 명도를 감소시켜 전체적으로 이미지가 어두워집니다. [Color Burn]에 비해 색상 경계가 뚜렷하게 표현됩니다.

Darker Color

어두운 색상은 새로운 혼합 색상을 생성하지 않고 혼합된 레이어들의 색 중에서 명도가 더 낮은 값의 색상을 표시합니다.

〈Multiply〉

〈Color Burn〉

밝은 합성

밝은 색상을 더 밝게 하는 모드입니다. 밝은 혼합 모드에서 검은색은 가려져 불투명도 0%처럼 작업화면에 나타나지 않고 흰색은 불투명도 100%처럼 변화 없이 드러나게 됩니다. 하위 레이어의 색상보다 어두운 영역은 많이 가려지고 밝은색 영역들이 드러나는 모드로 어두운 모드의 반대 효과가 나타납니다.

Lighten

밝게 하기는 각 레이어 채널의 색상 정보를 비교하여 더 밝은 색상을 결과로 선택합니다. 상위 레이어에서 하위 레이어보다 밝은 부분은 변화가 없고 어두운 부분이 밝게 혼합되어 원본보다 톤이 더 밝아집니다.

Screen

스크린은 밝은 부분이 병합되어 밝기가 두 배로 밝아집니다.

중요! 검은색 영역을 투명하게 처리하기 위해 가장 많이 사용되는 모드입니다.

Color Dodge

색상 닷지는 혼합되는 과정에서 상위 레이어의 색상이 밝아지며 마치 색을 반사시키는 것과 같은 효과가 나타납니다. 하위 레이어의 검은색 영역에서는 변화가 없고 하위 레이어의 명도가 높은 부분일수록 상위 레이어의 밝은 명도 영역도 더 밝아집니다.

Linear Dodge(Add)

선형 닷지(추가)는 검은색을 제외한 모든 색의 명도를 증가시키나 [Color Dodge]보다 색상 대비는 낮은 모드입니다.

Lighter Color

밝은 색상은 새로운 혼합 색상을 생성하지 않고 혼합된 레이어들의 색 중에서 명도가 더 높은 값의 색상을 표시합니다.

〈Screen〉

〈Lighter Color〉

겹치는 합성

어두운 혼합과 밝은 혼합 모드의 중간으로 상위 레이어의 색상과 하위 레이어의 색상이 적절히 혼합됩니다. 중요! 중간 명도 50%의 회색이 가려지며 불투명도 0%처럼 작업화면에 나타나지 않습니다.

Overlay

오버레이는 [Multiply]와 [Screen]의 중간 모드로 밝은 부분은 더욱 밝아지고 어두운 부분은 더욱 어두워집니다. 곱해지거나 스크린이 되는 부분이 색상마다 다릅니다. 전체적으로 채도가 높아지고 대비를 강하게 표현합니다.

Soft Light

소프트 라이트는 [Overlay]와 비슷한 기능으로 조금 더 부드러운 조명을 비추는 것과 유사합니다. 색상이 50% 중간 명도보다 밝으면 약간 더 밝아지고 어두우면 약간 더 어두워집니다.

Hard Light

하드 라이트는 강한 집중 조명을 비추는 것과 유사합니다. 색상이 50% 중간 명도보다 밝으면 [Screen]한 것처럼 강하게 밝아지고 어두우면 [Multiply]한 것처럼 강하게 어두워집니다.

Vivid Light

선명한 라이트는 강력하게 대비를 증가시킵니다. 색상이 50% 중간 명도보다 밝으면 대비를 감소시켜 [Color Dodge]를 적용한 것처럼 이미지를 밝게 하고, 어두우면 대비를 증가시켜 [Color Burn]을 적용한 것처럼 이미지를 어둡게 합니다.

Linear Light

선형 라이트는 [Vivid Light]와 비슷하지만 대비 효과는 조금 약한 모드입니다. [Linear Burn]과 [Linear Dodge]가 합쳐진 형태로 색상이 50% 중간 명도보다 밝으면 명도를 증가시켜 이미지를 밝게 하고 어두우면 명도를 감소시켜 이미지를 어둡게 하여 전체적으로 고르고 강하게 대비가 나타납니다.

Pin Light

핀 라이트는 혼합된 레이어 중 채도가 높은 쪽으로 혼합됩니다. 하위 레이어의 색상 명도를 기준으로 상위레이어의 변화 영역이 달라집니다.

Hard Mix

하드 혼합은 혼합된 레이어들을 강한 색으로 섞어 혼합합니다. 모든 색이 검정(Black), 흰색(White), 빨강(Red), 초록(Green), 파랑(Blue), 밝은 파랑(Cyan), 자주(Magenta), 노랑(Yellow)으로 대체됩니다.

〈Overlay〉

〈Vivid Light〉

다양한 합성

Difference

차이는 명도값이 더 큰 색상에서 다른 색상을 뺍니다. 상위 레이어의 색이 반전됩니다. 하위 레이어의 검정색과 혼합되는 부분은 변화가 없습니다.

Exclusion

제외는 [Difference]와 비슷하지만 대비가 더 낮은 효과를 냅니다. 중간 영역 범위에서 대비가 약해져 조금 더 부드러운 느낌으로 표현됩니다.

Subtract

빼기는 각 채널의 색상 정보를 보고 상위 레이어 색상에서 하위 레이어 색상을 뺍니다.

Divide

나누기는 각 채널의 색상 정보를 보고 상위 레이어 색상에서 하위 레이어 색상을 나눕니다.

Hue

색조는 상위 레이어의 명도와 채도, 그리고 하위 레이어의 색조를 혼합하여 결과 색상이 나타납니다.

Saturation

채도는 상위 레이어의 명도와 색조, 그리고 하위 레이어의 채도를 혼합하여 결과 색상이 나타납니다.

Color

색상은 상위 레이어의 명도, 그리고 하위 레이어의 색조와 채도를 혼합하여 결과 색상이 나타납니다.

Luminosity

광도는 상위 레이어의 색조와 채도, 그리고 하위 레이어의 명도를 혼합하여 결과 색상이 나타납니다.

검정색과 흰색 픽셀은 지우지 않아도 혼합 모드를 활용하여 화면에 나타나지 않도록 할 수 있습니다.

블렌딩 모드를 [Screen]으로 선택하여 검정색 배경을 투명하게 처리합니다. 흰색을 투명하게 처리하려면 [Multiply]를 선택합니다.

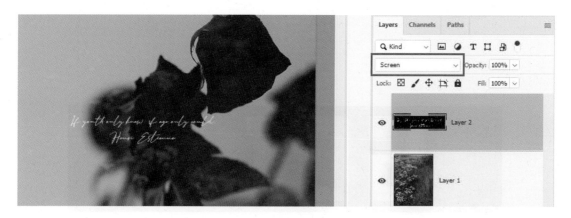

레이어 스타일: Layer Style

| 레이어 스타일은 레이어 원본은 변경하지 않고 보존하면서 그 위에 효과를 적용하는 비파괴적 방법으로 그림자, 광선, 입체 표현 등의 다양한 효과가 있습니다. 또한 적용된 레이어 스타일을 복제해 다른 레이어에 붙여 넣을 수 있어 빠르게 동일한 효과를 적용할 수 있습니다.

[Layer] 패널에서 레이어를 더블클릭하거나 패널 하단 *fx.* 아이콘을 누릅니다.

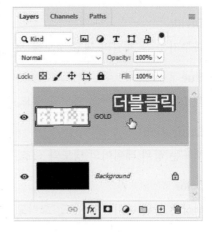

Bevel & Emboss 중요!

경사와 엠보스는 표면에 밝은 영역과 그림자를 다양하게 결합하고 깊이를 주어 표현하는 입체 효과입니다.

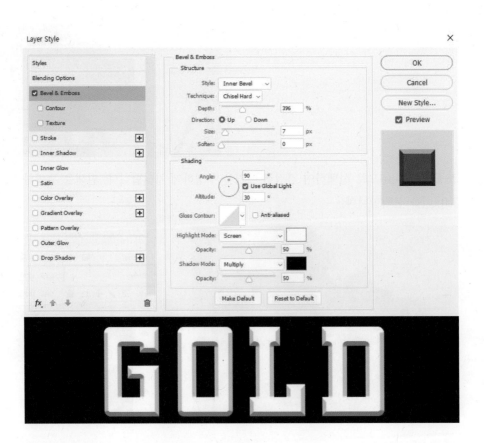

Structure(구조)

- Style(스타일): 입체 스타일
- Technique(기법): 부드러운 모서리/각진 모서리 설정
- Depth(깊이): 입체의 깊이감
- Direction(방향): 돌출 방향
- Size(크기): 돌출 크기
- Soften(부드럽게): 돌출 모서리 부드럽기 정도

Shading(음영 처리)

- Angle(각도): 빛/그림자의 방향
- Gloss Contour(광택 윤곽선): 입체 표면 광택 효과의 윤곽 모양 설정
- Use Global Light(전체 조명 사용): 다른 효과들과 빛/그림자 방향 동일하게 유지
- Highlight Mode(밝은 영역 모드): 빛을 받은 밝은 영역의 색상과 혼합 모드 설정
- Opacity(불투명도): 밝은 영역 불투명도
- Shadow Mode(그림자 모드): 그림자의 색상과 혼합 모드 설정
- Opacity(불투명도): 그림자 불투명도

Contour(윤곽선): 입체 표면 밝은 영역/그림자의 윤곽 모양 설정

Texture(질감): 패턴을 입체로 혼합하여 질감 표현

- Pattern(패턴): 패턴 선택
- Scale(비율): 크기
- Depth(깊이): 입체의 깊이감
- Invert(반전): 음각/양각 반전
- Link with layer(레이어와 연결): 레이어 변형 시 함께 변형될 수 있게 연결

Stroke 중요!

획은 단색, 그라디언트 또는 패턴을 사용하여 현재 레이어의 내용 가장자리에 선을 그립니다.

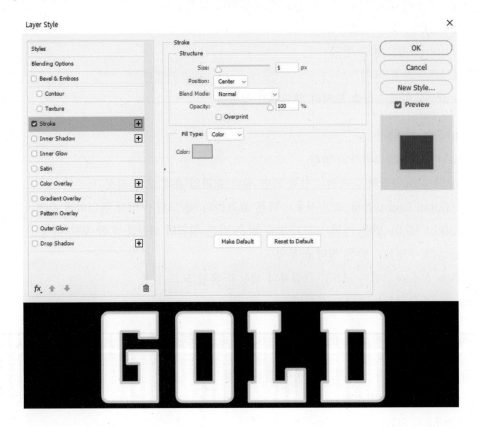

Structure(구조)

- Size(크기): 선 두께
- Position(위치): 가장자리에 선이 적용되는 위치
- Blend Mode(혼합 모드): 선의 혼합 모드
- Opacity(불투명도): 선 불투명도

Fill Type(칠 유형): 단색/그라디언트/패턴 유형 선택

Inner Shadow 중요!

내부 그림자는 레이어 내용의 가장자리 안쪽에 생기는 그림자를 추가합니다.

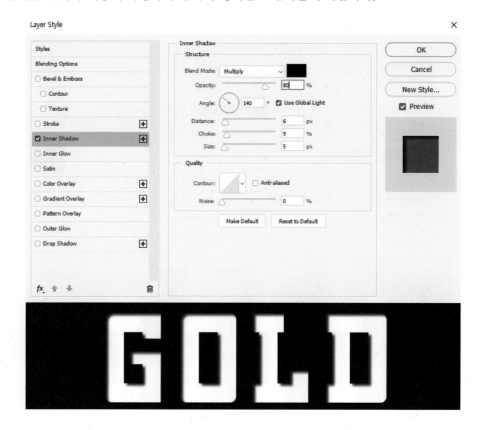

Structure(구조)

● Blend Mode(혼합 모드): 그림자의 혼합 모드 설정(레이어 내용과 혼합)
● Opacity(불투명도): 그림자 불투명도
● Angle(각도): 그림자 방향
● Distance(거리): 레이어 내용과 그림자의 거리
● Choke(경계 감소): 그림자 가장자리 경계의 선명도
● Size(크기): 그림자 크기

Quality(품질)

● Contour(윤곽선): 그림자의 윤곽 모양 설정
● Noise(노이즈): 노이즈 설정

Inner Glow

내부 광선은 레이어 내용 안쪽으로 색상 광선을 표현합니다.

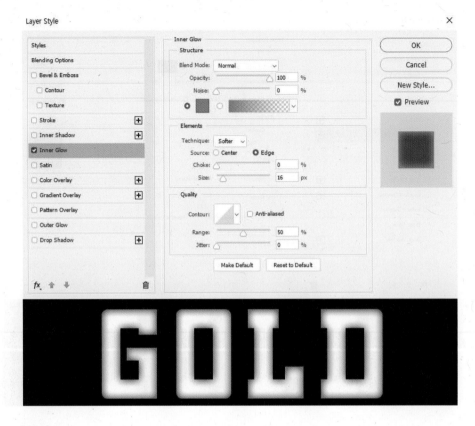

Structure(구조)

- Blend Mode(혼합 모드): 내부 광선의 혼합 모드 설정(레이어 내용과 혼합)
- Opacity(불투명도): 내부 광선 불투명도
- Noise(노이즈): 노이즈를 설정
- 단색/그라디언트: 내부 광선 색상

Elements(요소)

- Technique(기법): 내부 광선 가장자리 모양 설정
- Source(효과 위치): 레이어 내용의 가장자리 또는 중심으로 위치 설정
- Choke(경계 감소): 효과 가장자리 경계의 선명도
- Size(크기): 내부 광선 크기

Quality(품질)

- Contour(윤곽선): 내부 광선 윤곽 모양 설정
- Range(범위): 변동 가능한 범위 설정
- Jitter(지터): 내부 광선 파형 변화

Satin

새틴은 레이어 내용 표면에 밝은 영역과 그림자를 넣어 매끈하게 윤이 나는 광택을 추가합니다.

Structure(구조)

- Blend Mode(혼합 모드): 새틴 효과의 혼합 모드 설정(레이어 내용과 혼합)
- Opacity(불투명도): 새틴 효과 불투명도
- Angle(각도): 효과 각도
- Distance(거리): 레이어 내용과 효과와의 거리
- Size(크기): 효과 크기
- Contour(윤곽선): 효과 윤곽 모양 설정

Color Overlay

색상 오버레이는 레이어 내용에 다른 색을 덮어씌워 색을 변경하거나 원본과 혼합합니다.

- Blend Mode(혼합 모드): 지정된 색상과 레이어 내용의 혼합 모드 설정
- Opacity(불투명도): 색상 불투명도

Gradient Overlay 중요!

그라디언트 오버레이는 레이어 내용에 그라디언트를 덮어씌워 색을 변경하거나 원본과 혼합합니다.

- Blend Mode(혼합 모드): 그라디언트 색상과 레이어 내용의 혼합 모드 설정(Dither: 디더링)
- Opacity(불투명도): 그라디언트 불투명도
- Gradient(그라디언트): 그라디언트 색상(Reverse:색상 반전)
- Style(스타일): 그라디언트 형태
- Angle(각도): 그라디언트 각도
- Scale(비율): 그라디언트 크기

Pattern Overlay

패턴 오버레이는 레이어 내용에 패턴을 덮어씌우거나 패턴과 원본을 혼합합니다.

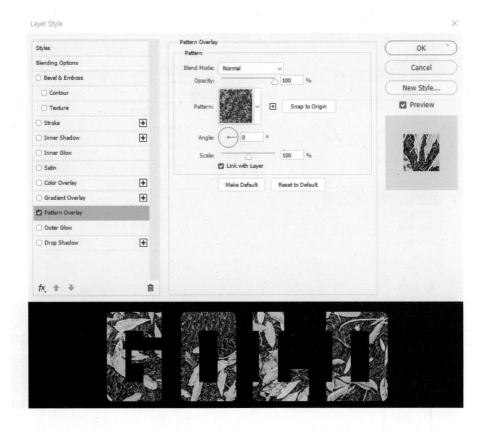

- Blend Mode(혼합 모드): 패턴 색상과 레이어 내용의 혼합 모드 설정
- Opacity(불투명도): 패턴 불투명도
- Pattern(패턴): 패턴 선택
- Scale(비율): 패턴 크기

Outer Glow 중요!

외부 광선은 레이어 내용의 가장자리부터 바깥쪽으로 색상 광선을 표현합니다.

Structure(구조)

- Blend Mode(혼합 모드): 외부 광선 혼합 모드
- Opacity(불투명도): 외부 광선 불투명도
- Noise(노이즈): 노이즈 설정
- 단색/그라디언트: 외부 광선 색상

Elements(요소)

- Technique(기법): 외부 광선 가장자리 모양 설정
- Spread(확산): 효과 가장자리 경계의 선명도
- Size(크기): 외부 광선 크기

Quality(품질)

- Contour(윤곽선): 외부 광선 윤곽 모양 설정
- Range(범위): 변동 가능한 범위 설정
- Jitter(지터): 외부 광선 파형 변화

Drop Shadow 중요!

그림자 효과는 레이어 내용 뒤에 생기는 그림자를 추가합니다.

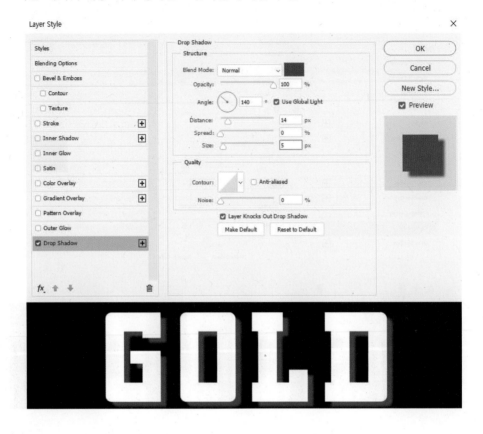

Structure(구조)

- Blend Mode(혼합 모드): 그림자의 혼합 모드 설정
- Opacity(불투명도): 그림자 불투명도
- Angle(각도): 그림자 방향
- Distance(거리): 레이어 내용과 그림자의 거리
- Spread(확산): 그림자 가장자리 경계의 선명도
- Size(크기): 그림자 크기
- Quality(품질)
- Contour(윤곽선): 그림자 윤곽 모양 설정
- Noise(노이즈): 노이즈 설정

적용된 레이어 스타일은 가시성 버튼을 눌러 비활성화하거나 드래그하여 삭제할 수 있고 언제든지 더블클릭하여 편집하고 수정할 수 있습니다.

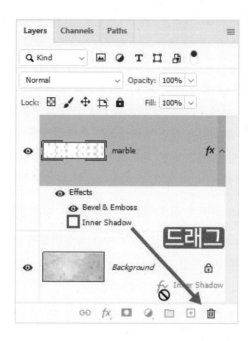

레이어의 우클릭 메뉴에서 레이어 스타일을 복사하거나 붙여 넣고, 삭제할 수 있습니다. 적용된 레이어 스타일을 먼저 [Copy Layer Style] 하고 붙여 넣을 레이어에서 우클릭하여 [Paste Layer Style] 합니다.

- Copy Layer Style: 레이어 스타일 복사
- Paste Layer Style: 복사한 레이어 스타일 붙여넣기
- Clear Layer Style: 레이어 스타일 삭제

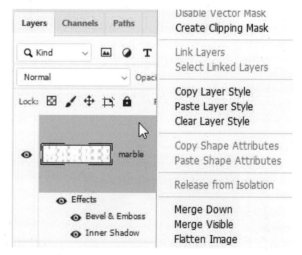

참고 시험에서는 간혹 레이어 스타일 각도가 제시됩니다. 레이어 스타일 대화상자에서 'Use Global Light' 옵션을 체크 해제한 후 수치를 입력하면 효과별로 각기 다른 각도 조절을 할 수 있습니다. 체크하면 모든 효과가 같은 각도로 통일됩니다.

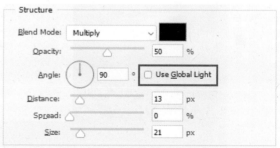

18

레이어 마스크: Layer Mask

| 레이어 원본은 변경하지 않고 보존하면서 레이어의 일부분을 삭제한 듯 가리거나 나타낼 수 있습니다. 원본 레이어에 레이어 마스크를 씌우고 페인팅 도구나 선택 도구를 사용하여 편집합니다. 원본 내용의 손실이 없는 비파괴적 방법입니다. 레이어 마스크는 흑백의 명도 단계만 표현되는 영역으로 레이어 마스크에서 검은색으로 칠한 영역은 원본 레이어에서 작업 화면에 나타나지 않고, 흰색으로 칠한 영역은 나타나며, 회색으로 칠한 영역은 명도에 따라 다양한 단계의 투명도로 나타납니다.

1. [Layer] 패널 하단의 레이어 마스크 버튼(⬚)을 누릅니다. 원본 레이어의 오른쪽에 마스크 영역 섬네일이 생성됩니다. 마스크를 사용하려면 항상 마스크 섬네일이 선택되어 있는지 확인하고 작업합니다. 마스크 영역을 선택하면 파일 탭에 [Layer Mask]가 표시됩니다.

2. ⬚ Rectangular Marquee Tool M로 이미지의 반을 드래그하여 선택하고 검정색을 채웁니다. 마스크 영역을 선택하고 작업하였으므로 검정색이 칠해진 만큼 원본 이미지가 작업화면에 나타나지 않습니다.

3. 선택 영역을 해제하고(Ctrl + D) 마스크 영역을 다시 흰색으로 채우면 이미지의 원본이 모두 작업
   화면에 나타납니다.

4. Gradient Tool G을 선택하고 그라디언트 에디터에서 흑백의 그라디언트 색상을 지정한 뒤 드
   래그하여 그라디언트를 칠합니다. 그라디언트의 회색 음영대로 원본 이미지가 가려집니다.

5. [Layer] 〉 [Layer Mask] 메뉴로도 마스크를 조정할 수 있습니다.

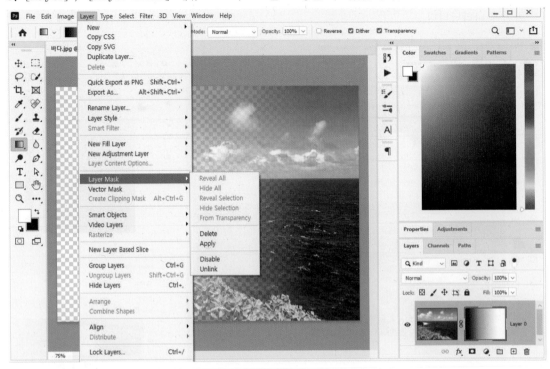

6. Shift 키를 누르고 마스크 영역의 섬네일을 클릭하면 마스크가 비활성화됩니다. 다시 Shift 키를
   누르고 클릭하면 활성화됩니다.

7. Alt 키를 누르고 마스크 영역의 섬네일을 클릭하면 작업화면이 마스크 영역으로 변경됩니다. 다시 Alt 키를 누르고 클릭하면 원본 이미지의 작업화면으로 변경됩니다.

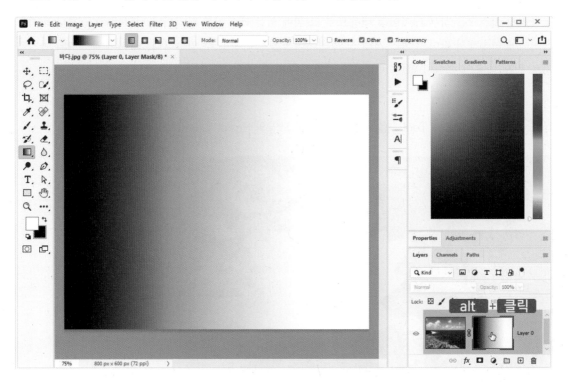

8. 마스크 영역의 섬네일에서 마우스 우클릭하면 마스크 메뉴가 나타납니다.

- Disable Layer Mask: 마스크 비활성화
- Delete Layer Mask: 마스크 삭제
- Apply Layer Mask: 마스크 영역 이미지의 원본에 적용

| 클리핑 마스크는 하위 레이어의 내용으로 그 위에 있는 레이어를 가리거나 나타냅니다. 하나의 하위 레이어에 연속해서 쌓이는 여러 개의 상위 레이어들을 클리핑할 수 있습니다. 레이어 마스크와 마찬가지로 원본 내용의 손실이 없는 비파괴적 방법입니다.

1. ⬚ Custom Shape Tool U을 사용하여 낙엽 모양의 Shape Layer를 생성합니다.

2. 낙엽 레이어에 끼워 넣을 이미지를 불러오거나, 붙여 넣습니다. 레이어의 순서는 마스크 역할을 하는 레이어(낙엽 레이어)는 아래, 끼워 넣을 레이어는 그 바로 위에 배치합니다.

3. 끼워 넣을 레이어에서 우클릭하여 [Create Clipping Mask] 합니다. 우클릭 메뉴를 사용하지 않고 단축키 Alt + Ctrl + G를 눌러도 적용됩니다. 레이어 섬네일 앞에 클리핑 마스크 표시가 나타납니다.

4. 마스크 레이어를 더블클릭하여 레이어 스타일을 적용하면 다양한 효과를 나타낼 수 있습니다.

5. 클리핑 마스크를 해제할 때에는 다시 Alt + Ctrl + G를 누르거나 클리핑 된 레이어에서 우클릭하여 [Release Clipping Mask] 합니다.

| 조정 레이어는 조정 역할을 하는 레이어입니다. 조정 레이어를 사용하면 이미지를 변경하지 않고 원본을 보존하면서 색상과 색조를 조정할 수 있습니다. 조정 레이어에 저장된 조정은 그 아래에 있는 모든 레이어에 적용된 것처럼 보여집니다. 따라서 한 번의 조정으로 여러 레이어를 한꺼번에 교정할 수 있습니다. 레이어에 직접 적용하는 것이 아니기 때문에 언제든지 변경 내용을 취소하고 원본 이미지를 복원할 수 있습니다. 칠 레이어를 사용하면 단색, 그라디언트 또는 패턴으로 레이어를 칠할 수 있습니다.

1. 조정하고자 하는 레이어를 선택하고 [Layer] 패널 하단 [Create New Fill Or Adjustment Layer] 버튼을 눌러 항목을 선택합니다. 예시에서는 [Hue/Saturation]을 선택하였습니다.

〈Background Layer〉　　　　　〈Apple Layer〉

2. 조정 레이어가 생성되고 [Properties] 패널에서 세부 옵션 사항을 조정할 수 있습니다. [Hue] 슬라이더를 드래그하여 색상을 조정하였습니다.
〈Hue/saturation〉조정레이어 아래에 있는 〈Background Layer〉와 〈Apple Layer〉모두에 영향을 주어 색이 바뀐 것처럼 보이나 원본에는 변화가 없습니다.

3. 원하는 하나의 레이어에만 영향을 주고자 하는 경우 조정 레이어에서 우클릭하여 [Create Clipping Mask] 합니다. [Prpperties] 패널의 [Clip to the Layer] 버튼을 눌러도 적용됩니다. 바로 아래에 있는 레이어에 클리핑되어, 조정 효과가 해당 레이어에만 영향을 줍니다.

4. 새 조정 레이어를 생성합니다. 아래에 클리핑 마스크 하지 않으면 모든 레이어에 영향을 줍니다.

5. 원하는 레이어에 클리핑 마스크 하면 해당 레이어에만 적용되어 보입니다. 아이콘을 클릭하여
   [Prpperties] 패널에서 언제든지 조정값을 수정할 수 있습니다.

참고 실무에서는 매우 다양한 방법으로 색상, 명도, 채도 등을 조정하며 원본 유지와 수정을 위하여 이미지에 직접 적용
하지 않고 조정 레이어를 사용합니다.

 **필터: Filter**

| 필터는 이미지를 구성하는 픽셀을 다양한 방법으로 변경하여 새로운 형태의 이미지로 만드는 효과입니다. 필터 갤러리에서는 이미지에 스케치나 회화 같은 특수 예술 효과를 적용할 수 있습니다. 여러 필터를 적용하거나 적용한 필터를 재배치, 또는 제거하는 등 쉽게 필터를 사용할 수 있습니다.

참고 CMYK 모드는 일부 필터가 제한됩니다.

1. [Filter] 〉 [Filter Gallery] 메뉴를 클릭합니다.

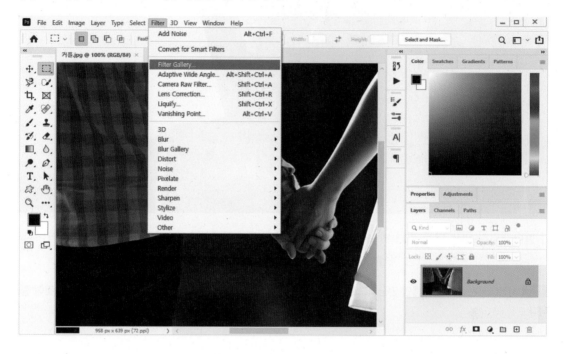

2. 6가지의 카테고리를 펼치고 필터를 선택하여 적용하고 오른쪽의 세부사항을 조절합니다.

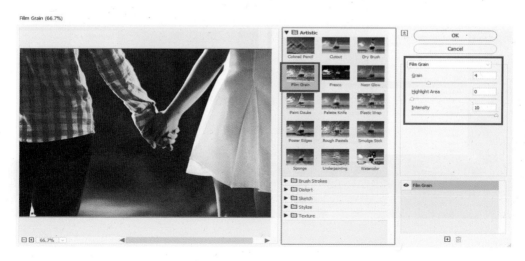

3. 선택을 마친 후 [OK]를 눌러 레이어에 직접 적용합니다. 이미지에 필터 효과가 적용되었습니다.

| 필터갤러리 외의 단독 필터 메뉴를 사용하여 사진을 부드럽게 또는 선명하게 보정하거나, 이미지의 모습을 변경하는 왜곡 및 조명 효과를 사용하여 독특한 변형을 적용합니다.

참고 시험에서는 효과의 이름만 언급되므로 각 그룹의 필터들을 모두 한 번씩 적용해 보고 위치를 익혀두는 것이 좋습니다.

● Blur(흐림 효과): 다양한 방법으로 픽셀을 흐리게 처리하여 부드러운 효과를 적용합니다.

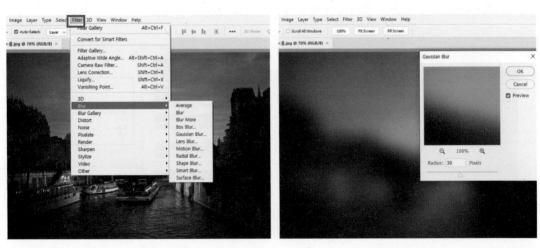

〈Gaussian Blur〉

● Distort(왜곡): 여러 가지 형태로 픽셀을 왜곡하여 변형합니다.

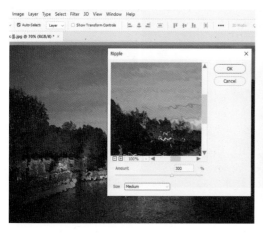

〈Ripple〉

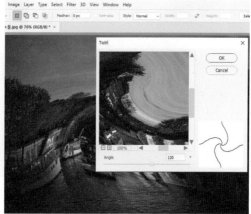

〈Twirl〉

● Noise(노이즈): 픽셀에 잡티를 제거하거나 추가합니다.

〈Add Noise〉

〈Median〉

● Pixelate(픽셀화): 사각형, 다각형, 원형 등의 모양으로 픽셀화합니다.

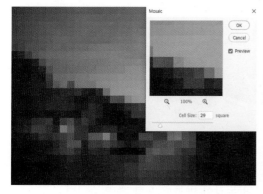

〈Mosaic〉

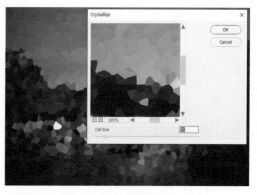

〈Crystallize〉

● Render: 빛이나 조명 효과를 적용하거나 구름 형태의 픽셀을 생성합니다.

〈Cloud(지정된 전경색과 배경색으로 구름 생성)〉　　　〈Lens Flare〉

● Sharpen(선명 효과): 픽셀을 선명하고 날카롭게 표현합니다.

〈Smart Sharpen〉　　　〈Unsharp Mask〉

● Stylize(스타일화): 바람, 유화 등의 다양한 스타일을 적용합니다.

〈Wind〉　　　〈Find Edges〉

직전에 사용했던 필터는 단축키 Alt + Ctrl + F 를 누르면 똑같이 반복 적용할 수 있습니다.

🔰 버전 안내

CS4, CS6 버전은 Ctrl + F 를 누르면 반복 적용할 수 있습니다.

CHAPTER
03

최신 기출유형 모의고사

수험자 유의사항

※ GTQ 문제지 첫 면의 전체 유의사항입니다. 내용을 잘 숙지하고 실제 시험 시 아래 내용과 달라진 점은 없는지 꼼꼼히 살펴보고 시험을 시작합니다.

급수	문제유형	시험시간	수험번호	성명
1급	A	90분		

수험자 유의사항

- 수험자는 문제지를 받는 즉시 응시하고자 하는 과목 및 급수가 맞는지 확인한 후 수험번호와 성명을 작성합니다.
- 파일명은 본인의 "수험번호-성명-문제번호"로 공백 없이 정확히 입력하고 답안폴더(내 PC\문서\GTQ)에 jpg 파일과 psd 파일의 2가지 포맷으로 저장해야 하며, jpg 파일과 psd 파일의 내용이 상이할 경우 0점 처리됩니다. 답안 문서 파일명이 "수험번호-성명-문제번호"와 일치하지 않거나, 답안 파일을 전송하지 않아 미제출로 처리될 경우 불합격 처리됩니다.
- 문제의 세부조건은 '영문(한글)' 형식으로 표기되어 있으니 유의하시기 바랍니다.
- 수험자 정보와 저장한 파일명, 저장 위치가 다를 경우 전송이 되지 않으므로, 주의하시기 바랍니다.
- 답안 작성 중에도 주기적으로 '저장'과 '답안 전송'을 이용하여 감독위원 PC로 답안을 전송하셔야 합니다.
  (※ 작업한 내용을 저장하지 않고 전송할 경우 이전의 저장내용이 전송되오니 이점 반드시 유념하시기 바랍니다.)
- 답안문서는 지정된 경로 외의 다른 보조기억장치에 저장하는 행위, 지정된 시험 시간 외에 작성된 파일을 활용한 행위, 기타 통신수단(이메일, 메신저, 네트워크 등)을 이용하여 타인에게 전달 또는 외부 반출하는 행위는 부정으로 간주되어 자격기본법 제32조에 의거 본 시험 및 국가공인 자격시험을 2년간 응시할 수 없습니다.
- 시험 중 부주의 또는 고의로 시스템을 파손한 경우와 〈수험자 유의사항〉에 기재된 방법대로 이행하지 않아 생기는 불이익은 수험자의 책임임을 알려 드립니다.
- 시험을 완료한 수험자는 최종적으로 저장한 답안파일이 전송되었는지 확인한 후 감독위원의 지시에 따라 문제지를 제출하고 퇴실합니다.

답안 작성요령

- 온라인 답안 작성 절차
- 수험자 등록 ⇒ 시험 시작 ⇒ 답안파일 저장 ⇒ 답안 전송 ⇒ 시험 종료
- 내 PC\문서\GTQ\Image 폴더에 있는 그림 원본파일을 사용하여 답안을 작성하시고 최종답안을 답안폴더(내 PC\문서\GTQ)에 저장하여 답안을 전송하시고, 이미지의 크기가 다른 경우 감점 처리됩니다.
- 배점은 총 100점으로 이루어지며, 점수는 각 문제별로 차등 배분됩니다.
- 각 문제는 주어진 〈조건〉에 따라 작성하고, 언급하지 않은 조건은 《출력형태》와 같이 작성합니다.
- 배치 등의 편의를 위해 주어진 눈금자의 단위는 '픽셀'입니다.
- 그 외에는 출력형태(효과, 이미지, 문자, 색상, 레이아웃, 규격 등)와 같게 작업하십시오.
- 문제 조건에 서체의 지정이 없을 경우 한글은 굴림이나 돋움, 영문은 Arial로 작업하십시오.
  (단, 그 외에 제시되지 않은 문자 속성을 기본값으로 작성하지 않은 경우는 감점 처리됩니다.)
- Image Mode(이미지 모드)는 별도의 처리조건이 없을 경우에는 RGB(8비트)로 작업하십시오.
- 모든 답안 파일은 해상도 72 pixels/inch로 작업하십시오.
- Layer(레이어)는 각 기능별로 분할해야 하며, 임의로 합칠 경우나 각 기능에 대한 속성을 해지할 경우 해당 요소는 0점 처리됩니다.

최신 기출유형 1회

01

문제 1   **[기능평가] 고급 Tool(도구) 활용**   20점

다음의 《조건》에 따라 아래의 《출력형태》와 같이 작업하시오.

조건   **출력형태**

원본 이미지		문서₩GTQ₩Image₩1급-1.jpg, 1급-2.jpg, 1급-3.jpg	
파일저장 규칙	JPG	파일명	문서₩GTQ₩수험번호-성명-1.jpg
		크기	400 × 500 pixels
	PSD	파일명	문서₩GTQ₩수험번호-성명-1.psd
		크기	40 × 50 pixels

1. 그림 효과

  ① 1급-1.jpg : 필터 – Cutout(오려내기)

  ② Save Path(패스 저장) : 립스틱 모양

  ③ Mask(마스크) : 립스틱 모양, 1급-2.jpg를 이용하여 작성

    레이어 스타일 – Stroke(선/획)(3px, 그라디언트(#ffff00, #ff00ff)), Inner Shadow(내부 그림자)

  ④ 1급-3.jpg : 레이어 스타일 – Bevel and Emboss(경사와 엠보스)

  ⑤ Shape Tool(모양 도구) :

    – 꽃잎 모양(#ccffff, 레이어 스타일 – Drop Shadow(그림자 효과))

    – 화살표 모양(#ccff00, #ff00aa, 레이어 스타일 – Outer Glow(외부 광선))

2. 문자 효과

  ① 뷰티 & 코스메틱(돋움, 30pt, 레이어 스타일 – 그라디언트 오버레이(#ff6600, #ccff00), Stroke(선/획)(2px, #330033))

문제 2   **[기능평가] 사진편집 응용**   20점

다음의 《조건》에 따라 아래의 《출력형태》와 같이 작업하시오.

조건   **출력형태**

원본 이미지		문서₩GTQ₩Image₩1급-4.jpg, 1급-5.jpg, 1급-6.jpg	
파일저장 규칙	JPG	파일명	문서₩GTQ₩수험번호-성명-2.jpg
		크기	400 × 500 pixels
	PSD	파일명	문서₩GTQ₩수험번호-성명-2.psd
		크기	40 × 50 pixels

1. 그림 효과

  ① 1급-4.jpg : 필터 – Patchwork(이어 붙이기)

  ② 색상 보정 : 1급-5.jpg – 빨간색, 파란색 계열로 보정

  ③ 1급-5.jpg : 레이어 스타일 – Drop Shadow(그림자 효과)

  ④ 1급-6.jpg : 레이어 스타일 – Outer Glow(외부 광선)

  ⑤ Shape Tool(모양 도구) :

    – 장식 모양(#993366, #333366, 레이어 스타일 – Stroke(선/획)(2px, #ffff99))

    – 폭발 모양(#66cc33, 레이어 스타일 – Inner Shadow(내부 그림자))

2. 문자 효과

  ① Cool Makeup(Times New Roman, Bold, 48pt, 레이어 스타일 – 그라디언트 오버레이(#ffff00, #cc00cc), Drop Shadow(그림자 효과))

다음의 《조건》에 따라 아래의 《출력형태》와 같이 작업하시오.

▶ 조건

원본 이미지	문서₩GTQ₩Image₩1급–7.jpg, 1급–8.jpg, 1급–9.jpg, 1급–10.jpg, 1급–11.jpg		
파일저장규칙	JPG	파일명	문서₩GTQ₩수험번호–성명–3.jpg
		크기	600 × 400 pixels
	PSD	파일명	문서₩GTQ₩수험번호–성명–3.psd
		크기	60 × 40 pixels

1. 그림 효과
① 배경 : #ffcccc
② 1급–7.jpg : Blending Mode(혼합 모드) – Overlay(오버레이), Opacity(불투명도)(70%)
③ 1급–8.jpg : 필터 – Water Paper(물 종이/젖은 종이), 레이어 마스크 – 가로 방향으로 흐릿하게
④ 1급–9.jpg : 필터 – Poster Edges(포스터 가장자리), 레이어 스타일 – Inner Shadow(내부 그림자)
⑤ 1급–10.jpg : 레이어 스타일 – Outer Glow(외부 광선), Drop Shadow(그림자 효과)
⑥ 1급~11.jpg : 색상 보정 – 보라색 계열로 보정, 레이어 스타일 – Stroke(선/획)(5px, 그라디언트(#ff6600, 투명으로))
⑦ 그 외 《출력형태》 참조

2. 문자 효과
① 서울 헤어두피 박람회(궁서, 42pt, 60pt, 레이어 스타일 – 그라디언트 오버레이(#cc33ff, #006666, #ff9900), Stroke(선/획)(2px, #ffffff), Drop Shadow(그림자 효과))
② Seoul Hair Salon Expo(Arial, Regular, 18pt, #003366, 레이어 스타일 – Stroke(선/획)(2px, #ffffff))
③ 10월 3일(월) 7일(금) / 서울컨벤션센터(돋움, 18pt, 레이어 스타일 – 그라디언트 오버레이(#006633, #cc0099)Stroke(선/획)(2px, #ffffcc))
④ 헤어토탈/ 전문전시회(돋움, 16pt, #ffffff, #cccc00, 레이어 스타일 , Stroke(선/획)(2px, #666633))

▶ 출력형태

Shape Tool(모양 도구) 사용
#3399cc,#ffffff, 레이어 스타일 –
Bevel and Emboss(경사와 엠보스),
Opacity(불투명도)(70%)

Shape Tool(모양 도구) 사용
#cc66cc, 레이어 스타일 –
Inner Shadow(내부 그림자),
Opacity(불투명도)(70%)

Shape Tool(모양 도구) 사용
레이어 스타일 – 그라디언트
오버레이(#aa9900, #ffffcc),
Drop Shadow(그림자 효과)

문제 4   **[실무응용] 웹 페이지 제작** `35점`

다음의 《조건》에 따라 아래의 《출력형태》와 같이 작업하시오.

조건

원본 이미지	문서₩GTQ₩Image₩1급-12.jpg, 1급-13.jpg, 1급-14.jpg, 1급-15.jpg, 1급-16.jpg, 1급-17.jpg		
파일저장규칙	JPG	파일명	GTQ₩수험번호-성명-4.jpg
		크기	600 × 400 pixels
	PSD	파일명	문서₩GTQ₩수험번호-성명-4.psd
		크기	60 × 40 pixels

1. 그림 효과

① 배경: #cccccc
② 패턴(손바닥 모양) : #ffffff, #ff9999
③ 1급-12.jpg : Blending Mode(혼합 모드) – Hard Light(하드 라이트), 레이어 마스크 – 대각선 방향으로 흐릿하게
④ 1급-13.jpg : 필터 – Dry Brush(드라이 브러시), 레이어 마스크 – 가로 방향으로 흐릿하게
⑤ 1급-14.jpg : 레이어 스타일 – Bevel and Emboss(경사와 엠보스), Drop Shadow(그림자 효과)
⑥ 1급-15.jpg : 필터 – Film Grain(필름 그레인), 레이어 스타일 – Outer Glow(외부 광선)
⑦ 1급-16.jpg : 색상 보정 – 보라색 계열로 보정, 레이어 스타일 – Bevel and Emboss(경사와 엠보스)
⑧ 그 외 《출력형태》 참조

2. 문자 효과

① Korea Cosmetic Show(Times New Roman, Bold, 36pt, 24pt, #330066, 레이어 스타일 – Stroke(선/획)(2px, #ccffff))
② 뷰티 온라인 전시회(굴림, 45pt, 레이어 스타일 – 그라디언트 오버레이(#3300ff, #339966, #ff6600), Stroke(선/획)(3px, #ffffff))
③ 참가신청 바로가기(궁서, 18pt, #ff0000, 레이어 스타일 – Stroke(선/획)(2px, #ffffff))
④ 행사개요 주요행사 참가업체(돋움, 18pt, #000000, 레이어 스타일 – Stroke(선/획)(2px, #99ffff, #cc99ff))

출력형태

Pen Tool(펜 도구) 사용
#ffcccc, 레이어 스타일 –
Drop Shadow(그림자 효과)

Pen Tool(펜 도구) 사용
#ffcc99, #33cccc, #cc66cc,
레이어 스타일 – Drop Shadow(그림자 효과)

Shape Tool(모양 도구) 사용
레이어 스타일 – 그라디언트
오버레이(#99cccc,#ffffff),
Stroke(선/획)(2px, #339999,
#cc99ff)

Shape Tool(모양 도구) 사용
#cccc33, 레이어 스타일 –
Inner Shadow(내부 그림자),
Opacity(불투명도)(80%)

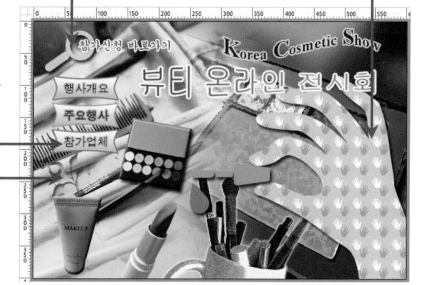

참고 도구나 기능의 자세한 내용은 포토샵 기능 익히기의 각 파트에 자세히 설명하였습니다. 연습 시 문제 풀이 설명과 다르게 적용된다면 포토샵 기능 익히기를 참고하여 각 도구의 옵션바, 패널 등의 세부 기능을 먼저 이해하고 적절히 선택하였는지 확인하여 작업합니다.

0. 먼저 작업의 최적화를 위해 포토샵을 세팅한다. 가이드 – 시험장 환경설정을 참고하여 격자 & 눈금자와 작업 내역을 설정한다.

인희 쌤의 빠른 합격 Tip

실제 시험장에서는 시험지를 배부하므로 빨간 펜 등으로 시험지의 《출력형태》 사진에도 100px마다 가로, 세로 격자를 그려둡니다.

문제 1 [기능평가] 고급 Tool(도구) 활용

1. [File] 〉 [New] (Ctrl + N)하여 새 문서를 생성한다. 수험번호는 임의로 지정하여 파일명은 G12345678-성명-1로 입력한다. [Width(폭)] 400, [Height(높이)] 500, [Resolution(해상도)] 72, [Color Mode(색상 모드)] RGB Color, 8bit, [Background Contents] White로 지정한 후 [Create] 한다.

2. [File] 〉 [Save As] (Ctrl + Shift + S)하여 psd 파일로 저장한다. (저장 위치는 임의대로 설정한다.)

⚠️ 버전 안내

CC 버전의 경우 [Save on your computer or to cloud documents] 창이나 버튼이 표시되면 클라우드가 아닌 컴퓨터에 저장하기 위해 [Save on your computer]를 클릭합니다.

3. [File] 〉 [Open] (Ctrl + O)하여 📁최신기출문제 유형1회\Image 폴더에서 1급-1.jpg, 1급-2.jpg, 1급-3.jpg 이미지를 선택하여 [Open] 한다.

유형 1. 이미지에 필터 적용

1. 1급-1.jpg 이미지에서 Ctrl + A 하여 전체 선택하고 Ctrl + C 하여 복사 후 새로 만든 G12345678-성명-1.psd 작업 파일에 Ctrl + V로 붙여 넣는다.

2. Ctrl + T 하여 자유 변형으로 크기 조절 후 문제의 《출력형태》에 맞게 배치한다.

3. [Filter] 〉 [Filter Gallery]에서 Artistic 그룹의 Cutout을 적용한다.

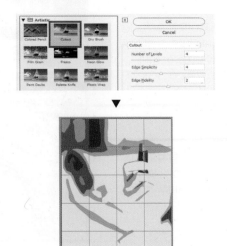

유형 6. 펜 툴 사용하여 패스 그리고 패스 저장(Save Path)

1. 립스틱 모양을 그리기 위해 ☐Rectangle Tool
   U로 도구 옵션바에서 [Shape] 모드를 선택한다.
   [Fill] 항목은 아무 색상이나 지정하고 [Stroke] 항
   목은 No Color(▧)로 색상 없음을 지정한다.

2. 드래그하여 립스틱 윗부분 모양의 크기만큼 사각
   형을 그린다.

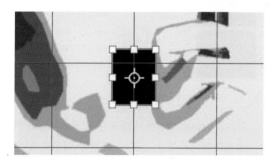

3. 모서리를 둥글게 처리하기 위해 [Properties] 패
   널에서 라운드 값을 5px 입력한다.

4. ✛Move Tool V로 Alt + Shift 누르고 아래로
   드래그하여 모양을 복제한다.

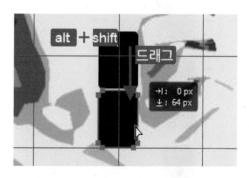

5. Ctrl + T를 눌러 자유 변형으로 모양을 《출력형
   태》에 맞게 변형한다.

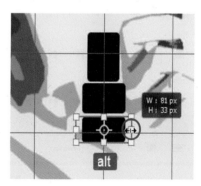

참고 조절시 Alt를 누르고 드래그하면 가운데 참조점
을 고정하여 대칭으로 조절할 수 있습니다.

6. 반복하여 4개의 사각형 모양을 그린다.

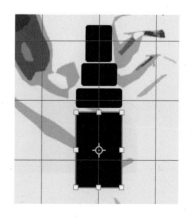

7. 정렬이 필요하다면 ✛Move Tool V로 [Layer] 패널에서 모양 레이어를 모두 선택한 뒤 옵션바의 수평 가운데 정렬 아이콘으로 정렬한다.

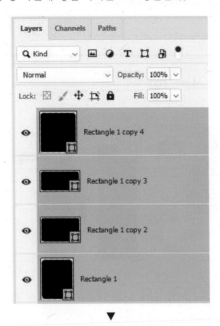

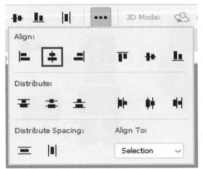

8. 세부적으로 모양을 수정하기 위해 ▸Direct Selecttion Tool A로 2번에서 그린 첫 번째 사각형의 오른쪽 모서리의 두 고정점 영역을 선택하고 위로 드래그하여 수정한다. 왼쪽 고정점도 선택하여 자연스러운 라운드 형태가 되도록 핸들 방향을 수정한다.

참고 고정점 수정 시 보통 패스로 변환 안내 창이 뜨면 [Yes]를 누릅니다.

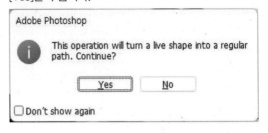

9. 두 번째 모양의 레이어를 선택하고 모서리 라운드 값을 각각 수정하기 위하여 [Properties] 패널에서 링크 버튼(🔗)을 눌러 비활성화하고 상단 왼쪽과 오른쪽 라운드 값은 15px, 하단 왼쪽과 오른쪽 라운드 값은 0px을 입력한다.

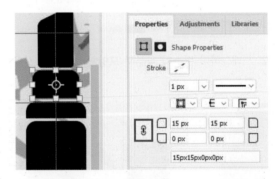

10. 세 번째 모양 레이어를 선택하고 마찬가지로 [Properties] 패널에서 링크 버튼(🔗)을 눌러 비활성화한 뒤 상단 왼쪽과 오른쪽 라운드 값은 15px, 하단 왼쪽과 오른쪽 라운드 값은 0px을 입력한다.

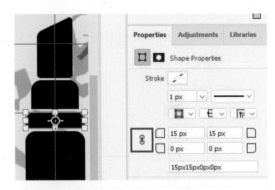

11. 네 번째 모양 레이어를 선택하고 모든 모서리에 같은 값을 적용할 것이므로 [Properties] 패널에서 링크 버튼(🔗)을 그대로 활성화한 상태로 라운드 값을 15px 입력한다.

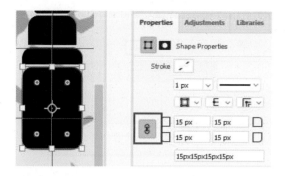

13. Esc를 한 번 눌러 편집 상태를 벗어난 후, 옵션바의 Path Operations 항목을 [Subtract Front Shape]으로 선택한다. ☐Rectangle Tool U로 사각형을 그린 뒤, 자유 변형 상태에서 회전하여 겹친다.

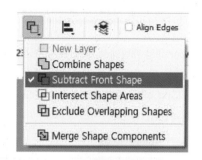

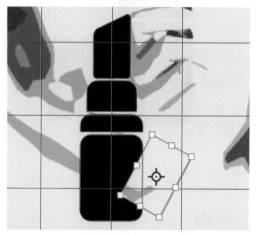

참고 정확한 회전 값을 입력하려면 [Properties] 패널의 [Angle] 항목에 각도를 입력합니다.

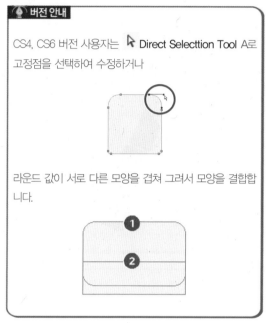

CS4, CS6 버전 사용자는 ▶ Direct Selecttion Tool A로 고정점을 선택하여 수정하거나

라운드 값이 서로 다른 모양을 겹쳐 그려서 모양을 결합합니다.

12. 모든 모양 레이어를 선택하고 Ctrl + E를 눌러 하나의 모양 레이어로 병합한다.

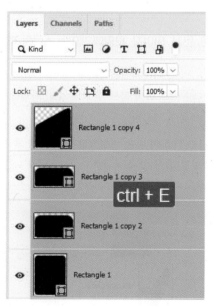

14. Esc를 한 번 눌러 편집 상태를 벗어난 후, 옵션바의 Path Operations 항목을 [Combine Shapes]로 선택한 뒤, ☐Rectangle Tool U로 사각형을 그린다.

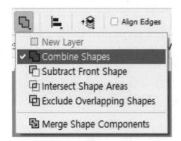

15. [Properties] 패널에서 링크 버튼(🔗)을 눌러 비활성화한 뒤 상단 왼쪽과 오른쪽 모서리 라운드 값은 15px, 하단 왼쪽과 오른쪽 라운드 값은 0px을 입력한다.

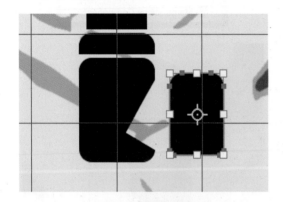

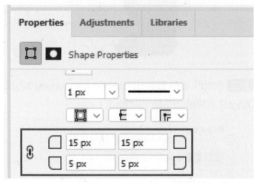

16. 자유 변형으로 회전하거나 13번에서 입력한 각도 값을 [Properties] 패널에서 동일하게 적용한다.

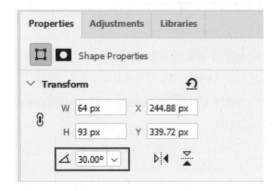

17. [Path] 패널에서 패스를 더블클릭하여 저장한다.

18. 《출력형태》에 맞게 회전하여 배치한다.

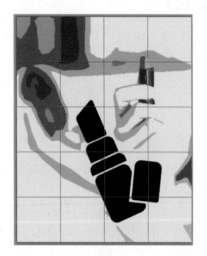

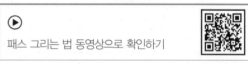

▶ 패스 그리는 법 동영상으로 확인하기

유형 7. 패스 또는 특정 영역에 이미지를 Mask(클리핑 마스크)

유형 8. 문자, 이미지, 모양에 레이어 스타일 적용

1. 1급-2.jpg 이미지에서 Ctrl + A 하여 전체 선택하고 Ctrl + C 하여 복사 후 작업 중인 파일에 Ctrl + V로 붙여 넣는다.

2. Ctrl + T 하여 자유 변형으로 크기 조절 후 문제의 《출력형태》에 맞게 배치하고 Ctrl + Alt + G 하여 아래의 자동차 모양 레이어에 클리핑 마스크 한다.

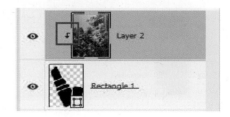

3. 립스틱 모양 레이어를 더블클릭하여 레이어 스타
   일을 열고 Stroke 효과의 [Size(크기)]를 3px,
   [Fill Type]을 Gradient로 선택 후 그레이언트 에
   디터에서 색상 정지점을 더블클릭하여 《조건》에
   지정된 #ffff00, #ff00ff 색상을 각각 입력한다.
   그라디언트의 [Style]과 [Angle(각도)] 값을 《출력
   형태》와 같게 지정한다.

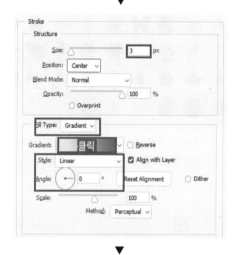

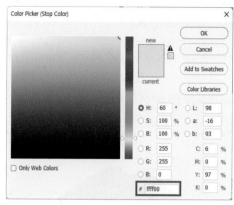

참고 저장된 패스의 선이 화면에 계속 보인다면 [Path]
패널에서 패스 주변의 빈 공간을 클릭하여 패스 선택을
해제하세요.

4. Inner Shadow 효과를 클릭하고 색상 피커에서 검
   정색을 선택한 다음 《출력형태》와 비슷한 크기와
   방향으로 [Angle], [Distance(거리)], [Size] 항목
   을 조절하고 [OK] 한다.

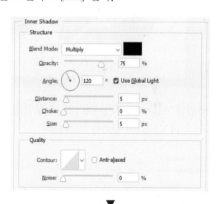

유형 2. 이미지 오려내기

1. 1급-3.jpg 이미지에서 Magic Wand Tool W 로 옵션바 [Contiguous] 항목을 체크 해제하고 입술 영역을 클릭하여 모두 선택한다.

2. Ctrl + C로 복사, 작업 중인 파일에 Ctrl + V로 붙여 넣고 Ctrl + T 하여 자유 변형으로 크기 조절 후 문제의 《출력형태》에 맞게 배치한다.

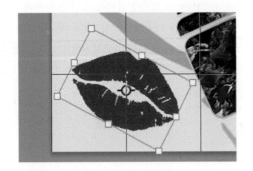

3. 레이어를 더블클릭하여 레이어 스타일을 열고 Bevel and Emboss 효과를 적용한다.

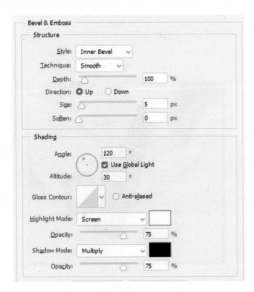

유형 5. 모양 도구(Shape Tool) 사용

유형 8. 문자, 이미지, 모양에 레이어 스타일 적용

유형 3. 이미지 또는 모양 변형

1. Custom Shape Tool U로 옵션바에서 [Shape] 모드 선택 후 《출력형태》와 같은 모양을 선택한다.

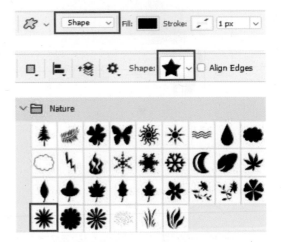

2. [Fill] 항목의 색상 피커를 클릭하여 《조건》에 언급된 #ccffff 색상 코드를 입력한다. [Stroke] 항목은 No Color(☑)로 색상 없음을 지정한다.

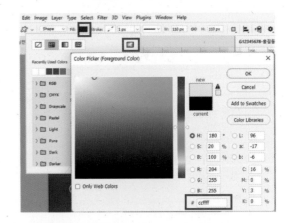

3. 화면에서 Shift 누르고 드래그하여 그려 넣고 Ctrl + T 하여 자유 변형으로 《출력형태》에 맞게 크기 조절하여 배치한다.

4. 레이어를 더블클릭하여 레이어 스타일에서 Drop Shadow 효과를 선택하고 색상 피커에서 검정색을 선택한 다음 《출력형태》와 비슷한 크기와 방향으로 [Angle], [Distance], [Size] 항목을 조절한다.

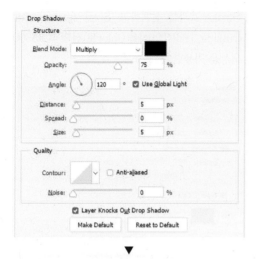

▼

5. 🎨 Custom Shape Tool U로 옵션바에서 《출력
   형태》와 같은 모양을 선택한다.

6. [Fill] 항목의 색상 피커를 클릭하여 《조건》에 언급
   된 #ccff00 색상 코드를 입력한다. [Stroke] 항목
   은 No Color(▱)로 색상 없음을 지정한다.

7. 《출력형태》에 맞게 그려 넣어 배치한다.

8. 레이어를 더블클릭하여 레이어 스타일에서 Outer
   Glow 효과를 적용한다.

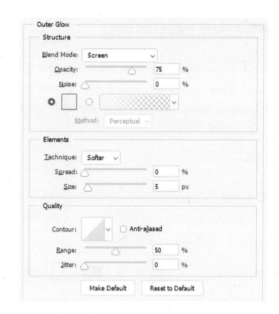

9. Ctrl + J를 눌러 복제하고 [Fill] 색상을 #ff00aa
   로 변경한다. Ctrl + T를 눌러 자유 변형 상태에서
   우클릭 메뉴 [Flip Horizontal]로 좌우 반전하여
   배치한다.

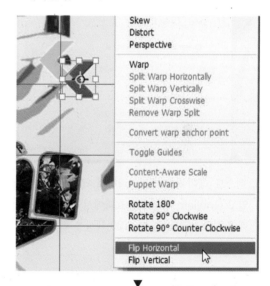

▼

유형 9. 텍스트 뒤틀기(Text Warp)

1. **T** Horizontal Type Tool **T**로 화면을 클릭하여 《조건》에 지시된 "뷰티 & 코스메틱" 문자를 입력한다. 옵션바에서 지정된 서체와 크기(돋움, 30pt)를 정확히 적용한다.

2. 옵션바의 Create warped text 버튼( )을 클릭하여 [Arc Lower] 스타일을 선택하고 《출력형태》와 비슷하게 세부 사항을 조절한다.

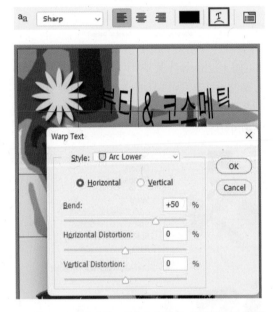

3. 텍스트 레이어를 더블클릭하여 레이어 스타일을 열고 Gradient Overlay 효과에서 색상 정지점 2개에 각각 #ff6600, #ccff00 색상을 적용한다.

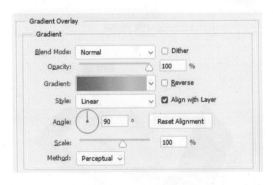

4. Stroke 효과를 선택하고 [Size] 2px, [Position] Outside, [Fill Type]을 Color로 선택 후 #330033 색상을 적용한다.

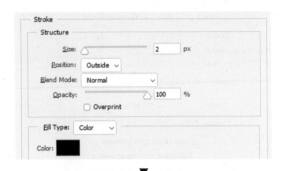

▼

5. [작업하지 않은 부분은 없는지 확인하고 메뉴바 File] 〉 [Export] 〉 [Export As]에서 포맷을 jpg로 선택하여 저장한다. (시험에서는 내 PCW문서 WGTQ 폴더에 저장하여야 제출이 되므로 GTQ 폴더를 만들어 두고 연습한다.)

6. [Image] 〉 [Image Size] (Alt + Ctrl + I) 메뉴
   를 클릭하고 Width(폭)를 40, Height(높이)를 50
   으로 입력 후 [OK] 한다.

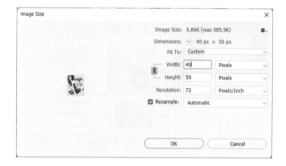

7. [File] 〉 [Save As]하여 psd 포맷으로 저장한다.

8. 실제 시험장에서는 문제 편집 작업이 모두 완료될
   때마다 jpg와 psd 파일을 답안 작성요령에 맞게
   저장한 후, [KOAS 수험자용] 프로그램의 [답안 전
   송하기] 버튼을 눌러 감독관 PC로 전송한다. 전송
   후 답안 파일을 수정하였다면 저장 후 다시 답안
   전송을 누른다.

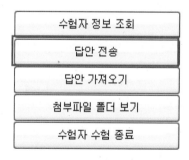

중요! 혹여 사이즈를 축소한 뒤 다시 늘린다면 해상도가
상당히 떨어지며 원본 상태로 되돌릴 수 없으므로 사이즈
를 줄이기 전의 원본 파일과 최종 사이즈 축소 파일은 저
장 위치나 파일명 등을 구분하여 각각 저장합니다. 시험
에서는 반드시 지정된 사이즈로 축소한 파일을 제출하여
야 합니다.

문제 2 **[기능평가] 사진편집 응용**

1. [File] 〉 [New] (Ctrl + N)하여 새 문서를 생성한
   다. 파일명은 G12345678-성명-2로 입력한다.
   [Width] 400, [Height] 500, [Resolution] 72,
   [Color Mode] RGB Color, 8bit, [Background
   Contents] White로 지정한 후 [Create] 한다.

2. [File] 〉 [Save As] (Ctrl + Shift + S)하여 psd
   파일로 저장한다.

3. [File] 〉 [Open] (Ctrl + O)하여 📁최신기출문제
   유형1회\Image 폴더에서 1급-4.jpg, 1급-5.jpg,
   1급-6.jpg 이미지를 선택하여 [Open] 한다.

유형 1. 이미지에 필터 적용

1. 1급-4.jpg 이미지에서 Ctrl + A 하여 전체 선택하
   고 Ctrl + C 하여 복사 후 새로 만든 G12345678-
   성명-2.psd 작업 파일에 Ctrl + V로 붙여 넣는다.

2. Ctrl + T 하여 자유 변형으로 크기 조절 후 문제의
   《출력형태》에 맞게 배치한다.

3. [Filter] 〉 [Filter Gallery]에서 Texture 그룹의
   Patchwork를 적용한다.

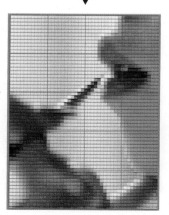

유형 4. 이미지 색상 보정

유형 2. 이미지 오려내기

유형 3. 이미지 또는 모양 변형

1. 1급-5.jpg 이미지에서 Object Selection Tool W로 화장품 영역을 드래그하여 선택한다.

2. 작업 중인 파일에 붙여 넣고 자유 변형으로 좌우 반전하여 크기 조절 후 《출력형태》에 맞게 배치한다.

3. 자유 변형 상태에서 우클릭 메뉴 [Flip Horizontal]로 좌우 반전한다.

4. Quick Selection Tool W로 맨 위의 화장품 통 영역을 드래그하여 선택한다. [Layer] 패널에서 조정 레이어 버튼을 누르고 [Hue/Saturation]을 선택한다.

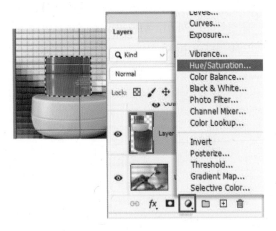

5. [Properties] 패널에서 [Hue] 슬라이더를 드래그하여 색상을 빨간색 계열로 보정한다. 먼저 선택 영역을 지정하였기 때문에 자동으로 레이어 마스크가 지정되어 맨 위의 화장품 부분만 색 보정이 적용된다.

6. 화장품 레이어를 선택하고 Quick Selection Tool W로 맨 아래의 화장품 통 영역을 드래그하여 선택한다. [Layer] 패널에서 조정 레이어 버튼을 누르고 [Hue/Saturation]을 선택한다.

7. [Properties] 패널에서 [Hue] 슬라이더를 드래그하여 색상을 파란색 계열로 보정한다.

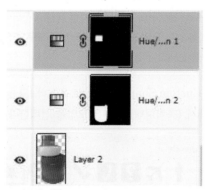

유형 2. 이미지 오려내기

1. 1급-6.jpg 이미지에서 Quick Selection Tool W로 메이크업 도구 영역을 드래그하여 선택한다.

2. 선택을 제외할 부분은 [Alt] 눌러서 드래그하여 제외하고, 세밀한 부분은 Polygonal Lasso Tool L로 영역을 지정하여 추가하거나 제외한다.

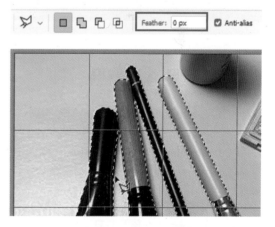

3. 복사하여 작업 중인 파일에 붙여 넣고 자유 변형 ([Ctrl] + [T])으로 크기 조절 후 배치한 다음, 레이어를 더블클릭하여 Outer Glow 레이어 스타일을 적용한다.

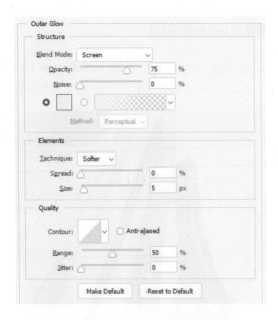

유형 5. 모양 도구(Shape Tool) 사용

유형 8. 문자, 이미지, 모양에 레이어 스타일 적용

1. ⚜ Custom Shape Tool U로 옵션바 [Shape] 항목에서 《출력형태》와 같은 모양을 선택한다.

2. [Fill] 항목의 색상 피커를 클릭하여 《조건》에 언급된 #333366 색상 코드를 입력한다. [Stroke] 항목은 No Color(☒)로 색상 없음을 지정한다.

3. 자유 변형으로 회전하여 《출력형태》에 맞게 배치하고 레이어 스타일을 열어 Stroke(2px, #ffff99) 효과를 적용한다.

4. Ctrl + J를 눌러 레이어를 복제하고 [Fill] 색상을 #993366으로 변경한다. 자유 변형 상태에서 우클릭 메뉴 [Flip Horizontal]로 좌우 반전하여 배치한다.

참고 모양 레이어의 색상을 변경할 옵션바 항목이 나타나지 않을 경우 **모양 도구 U**나 **패스 선택 도구 A** 또는 **펜 도구 P**를 선택합니다.

5. ⚜ Custom Shape Tool U로 옵션바 [Shape] 항목에서 《출력형태》와 같은 모양을 선택한다.

6. [Fill] 항목의 색상 피커를 클릭하여 《조건》에 언급된 #66cc33 색상 코드를 입력한다. [Stroke] 항목은 No Color(□)로 색상 없음을 지정한다.

7. 《출력형태》에 맞게 그려 넣고 레이어 스타일을 열어 Inner Shadow 효과를 적용한다.

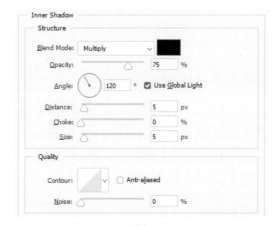

▼

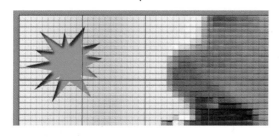

유형 9. 텍스트 뒤틀기(Text Warp)

유형 8. 문자, 이미지, 모양에 레이어 스타일 적용

1. **T** Horizontal Type Tool T로 화면을 클릭하여 《조건》에 지시된 "Cool Makeup" 문자를 입력한다. 옵션바에서 지정된 서체와 크기(Times New Roman, Bold, 48pt)를 정확히 적용한다.

2. 옵션바의 Create warped text 버튼(⊥)을 클릭하여 [Bulge] 스타일을 선택하고 《출력형태》와 비슷하게 세부 사항을 조절한다.

3. 텍스트 레이어를 더블클릭하여 레이어 스타일을 열고 Gradient Overlay 효과에서 색상 정지점 2개에 각각 #ffff00, #cc00cc 색상을 적용한다.

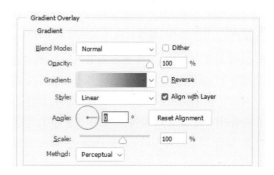

4. Drop Shadow 효과를 적용한다.

▼

5. 작업하지 않은 부분은 없는지 확인하고 메뉴바 [File] 〉 [Export] 〉 [Export As]에서 포맷을 jpg 로 선택하여 저장한다.

6. [Image] 〉 [Image Size] ([Alt] + [Ctrl] + [I]) 메뉴 를 클릭하고 Width(폭)를 40, Height(높이)를 50 으로 입력 후 [OK] 한다.

7. [File] 〉 [Save As]하여 psd 포맷으로 저장한다.

8. 실제 시험장에서는 문제 편집 작업이 모두 완료될 때마다 jpg와 psd 파일을 답안 작성요령에 맞게 저장한 후, [KOAS 수험자용] 프로그램의 [답안 전 송하기] 버튼을 눌러 감독관 PC로 전송한다. 전송 후 답안 파일을 수정하였다면 저장 후 다시 답안 전송을 누른다.

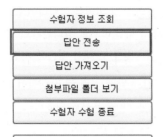

문제 3 **[실무응용] 포스터 제작**

1. [File] 〉 [New] ([Ctrl] + [N])하여 새 문서를 생성한 다. 파일명은 G12345678–성명–3으로 입력한다. [Width] 600, [Height] 400, [Resolution] 72, [Color Mode] RGB Color, 8bit, [Background Contents] White로 지정한 후 [Create] 한다.

2. [File] 〉 [Save As] ([Ctrl] + [Shift] + [S])하여 psd 파일로 저장한다.

3. [File] 〉 [Open] ([Ctrl] + [O])하여 📁최신기출문제 유형1회₩Image 폴더에서 1급-7.jpg, 1급-8.jpg, 1급-9.jpg, 1급-10.jpg, 1급-11.jpg 이미지를 선 택하여 [Open] 한다.

유형 10. 배경색 칠

1. 색상 피커의 전경색을 #ffcccc로 지정하고 [Alt] + [Delete]를 눌러 작업 파일의 [Background Layer]에 색을 칠한다.

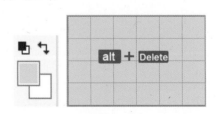

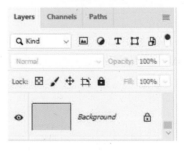

유형 12. 레이어 Blending Mode(혼합 모드) 지정

유형 13. 레이어 Opacity(불투명도) 조절

1. 1급-7.jpg 이미지에서 Ctrl + A 하여 전체 선택하고 Ctrl + C 하여 복사 후 새로 만든 G12345678-성명-3.psd 작업 파일에 Ctrl + V로 붙여 넣는다.

2. 자유 변형(Ctrl + T)으로 《출력형태》에 맞게 배치하고 [Layer] 패널에서 [Blending Mode]는 Overlay, [Opacity]를 70%로 적용한다.

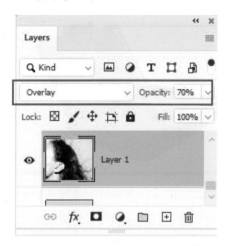

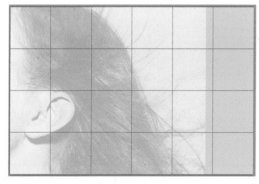

유형 1. 이미지에 필터 적용

유형 11. 레이어 마스크 사용하여 이미지 일부를 가리기

1. 1급-8.jpg 이미지에서 Ctrl + A 하여 전체 선택하고 Ctrl + C 하여 작업 중인 파일에 Ctrl + V로 붙여 넣는다.

2. 자유 변형(Ctrl + T)으로 《출력형태》에 맞게 배치하고 [Filter] 〉 [Filter Gallery]에서 Sketch 그룹의 Wet Paper를 적용한다.

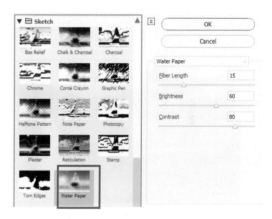

3. [Layer] 패널에서 레이어 마스크 버튼을 클릭하여 마스크를 씌운 뒤 Gradient Tool G로 색상 정지점은 흰색, 검정색으로 선택하여 가려질 곳은 검정색, 나타낼 곳은 흰색으로 칠해지도록 세로 방향으로 드래그한다.

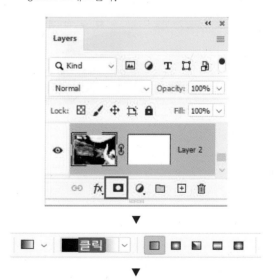

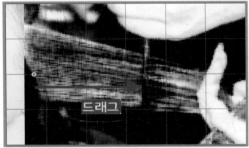

▼

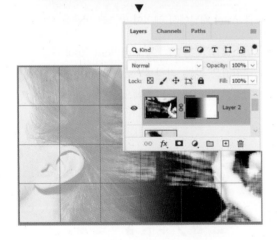

유형 2. 이미지 오려내기

유형 8. 문자, 이미지, 모양에 레이어 스타일 적용

1. 1급-10.jpg 이미지에서 Magic Wand Tool
W로 옵션바 [Contiguous] 항목을 체크하고 흰색
배경을 클릭하여 선택한다.

2. Ctrl + Shift + I를 눌러 선택 영역을 반전하고
복사하여 작업 중인 파일에 붙여 넣는다.

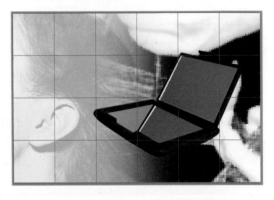

3. 레이어를 더블클릭하여 레이어 스타일을 열고
Outer Glow와 Drop Shadow 효과를 적용한다.

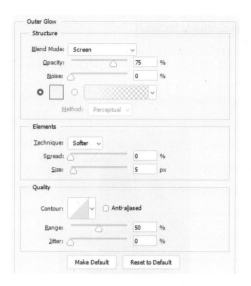

유형 1. 이미지에 필터 적용

유형 11. 레이어 마스크 사용하여 이미지 일부를 가리기

1. 1급-9.jpg 이미지에서 Ctrl + A 하여 전체 선택하고 Ctrl + C 하여 복사 후 작업 중인 파일에 Ctrl + V로 붙여 넣고 자유 변형(Ctrl + T)으로 《출력형태》에 맞게 배치한다.

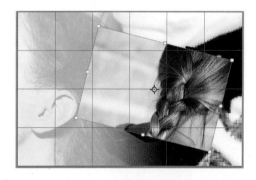

2. [Filter] 〉 [Filter Gallery]에서 Artistic 그룹의 Poster Edges를 적용한다.

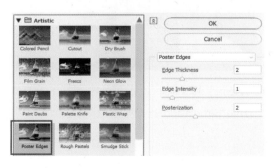

3. 레이어의 가시성 버튼을 눌러 비활성화하고 Pen Tool P로 옵션바에서 Path 모드를 선택한 뒤 아래의 레이어의 거울 영역을 따라 그린다.

4. Ctrl + Enter↵를 눌러 선택 영역으로 변환한다.

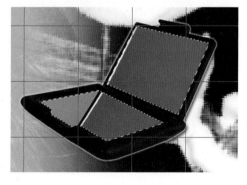

5. 1급-9.jpg 이미지 레이어를 선택하고 레이어 마스크를 씌운다.

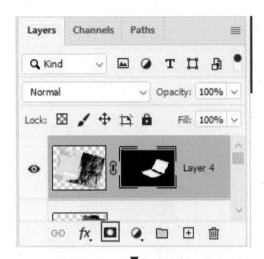

▼

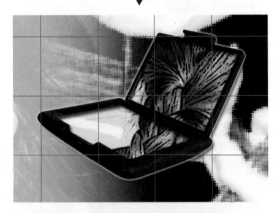

레이어 마스크를 씌운 뒤 《출력형태》에 맞지 않는 경우
원본 섬네일과 마스크 섬네일 사이의 링크 버튼(🔗)을 클
릭하여 비활성화한 뒤, 원본 섬네일을 선택한 상태로 작
업 화면에서 크기나 위치 등을 조절하면 원본이 변형되어
도 마스크의 영역은 그대로 유지됩니다. 작업을 마친 후
에는 다시 클릭하여 링크🔗를 활성화합니다.

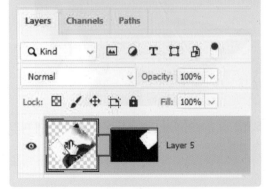

유형 2. 이미지 오려내기

1. 1급−11.jpg 이미지에서 ⭕Quick Selection
   Tool W로 손과 헤어제품 영역을 드래그하여 선택
   한다.

2. 복사하여 작업 파일에 붙여 넣고 자유 변형(Ctrl +
   T)으로 《출력형태》에 맞게 배치한다.

3. ⭕Quick Selection Tool W로 손을 제외한 헤어
   제품 영역만 드래그하여 선택한다.

4. [Layer] 패널에서 조정 레이어 버튼을 누르고
   [Hue/Saturation]을 선택한다.

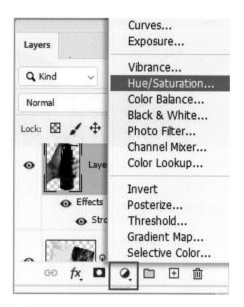

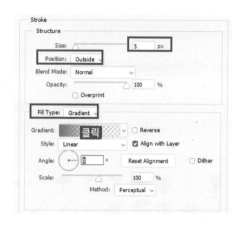

5. [Properties] 패널에서 [Hue] 슬라이더를 드래그하여 색상을 녹색 계열로 보정한다. 먼저 선택 영역을 지정하였기 때문에 자동으로 레이어 마스크가 지정되어 헤어제품 부분만 색 보정이 적용된다.

6. 레이어를 더블클릭하여 레이어 스타일을 열고 Stroke 효과에서 [Size]를 5px, [Position]을 Outside, [Fill Type]을 Gradient로 선택 후 그라디언트 에디터를 클릭한다.

7. 그라디언트 슬라이더의 왼쪽 색상 정지점은 #ff6600 색상으로 지정하고 오른쪽은 투명이므로 왼쪽 색상 정지점을 Alt 누르고 드래그하여 같은 색상 정지점을 복사한다. 필요 없는 색상 정지점은 클릭하여 아래로 드래그하여 삭제한다. 그라디언트 슬라이더 오른쪽 상단의 불투명도 정지점을 클릭하여 Opacity 값을 0%로 입력한다.

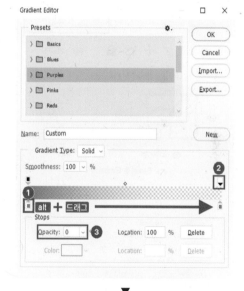

▼

유형 5. 모양 도구(Shape Tool) 사용

유형 13. 레이어 Opacity(불투명도) 조절

1. 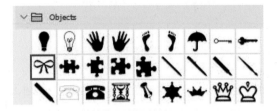 Custom Shape Tool U로 옵션바 [Shape] 항목에서 《출력형태》와 같은 모양을 선택한다.

2. #3399cc 색상으로 《출력형태》에 맞게 그려 넣고 레이어의 불투명도를 50%로 적용한다. 레이어 스타일을 열고 Bevel and Emboss 효과를 적용한다.

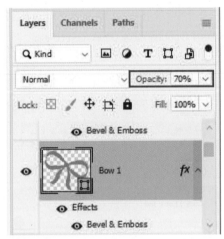

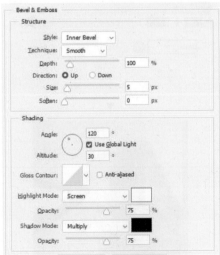

3.  Move Tool V로 Alt 를 누르고 모양을 드래그하여 복제한다. [Fill] 색상을 #ffffff로 변경하고 《출력형태》에 맞게 배치한다.

4. 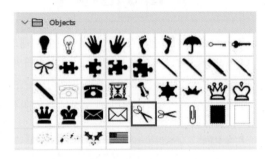 Custom Shape Tool U로 옵션바 [Shape] 항목에서 《출력형태》와 같은 모양을 선택한다.

5. #cc66cc 색상으로 《출력형태》에 맞게 그려 넣고 레이어 스타일을 열어 Inner Shadow 효과를 적용한다.

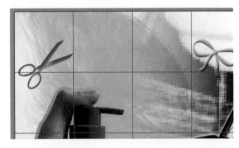

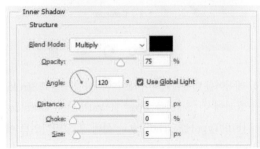

6. 레이어의 불투명도를 70%로 적용한다.

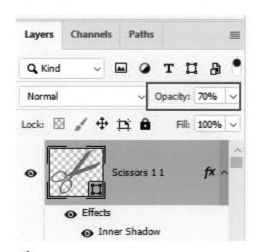

7. Custom Shape Tool U로 옵션바 [Shape] 항목에서 《출력형태》와 같은 모양을 선택하여 그려 넣고 자유 변형으로 회전한다. 레이어 스타일을 열어 Gradient Overlay(#aa9900, #ffffcc), Drop Shadow 효과를 적용한다.

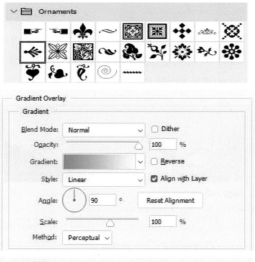

유형 9. 텍스트 뒤틀기(Text Warp)

1. **T** Horizontal Type Tool T로 화면을 클릭하여 《조건》에 지시된 "서울 헤어두피 박람회" 문자를 입력한다. 옵션바에서 지정된 서체와 크기(궁서, 42pt, 60pt)를 정확히 적용한다. "헤어 두피" 문자를 60pt로 지정한다.

2. 옵션바의 Create warped text 버튼(**工**)을 클릭하여 [Flag] 스타일을 선택하고 《출력형태》와 비슷하게 세부 사항을 조절한다.

참고 한글 서체 이름이 영문으로 표시되어 불편하다면 21page를 참고하여 영문 표기를 비활성화합니다.

3. 레이어 스타일을 열고 Gradient Overlay(#cc33ff, #006666, #ff9900), Stroke(2px, #ffffff), Drop Shadow 효과를 적용한다.

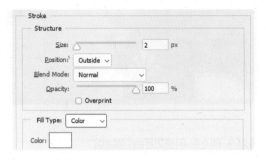

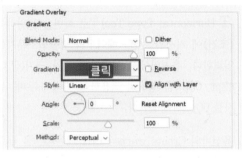

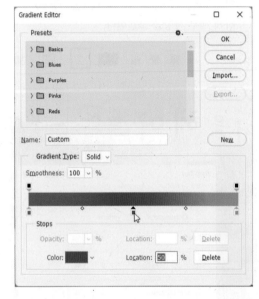

4. **T** Horizontal Type Tool T로 화면을 클릭하여 《조건》에 지시된 "Seoul Hair Salon Expo" 문자를 입력한다. 옵션바에서 지정된 서체와 크기, 텍스트 색상(Arial, Regular, 18pt, #003366)을 정확히 적용한다.

5. 레이어 스타일을 열고 Stroke(2px, #ffffcc) 효과를 적용한다.

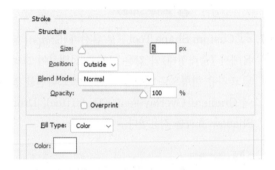

6. 옵션바의 Create warped text 버튼(**T**)을 클릭하여 [Arc] 스타일을 선택하고 《출력형태》와 비슷하게 세부 사항을 조절한다.

7. 자유 변형으로 회전하여 배치한다.

8. "헤어토탈/ 전문전시회" 문자를 입력하고 옵션바에서 지정된 서체와 크기, 텍스트 색상(돋움, 16pt, #ffffff, #cccc00)을 정확히 적용한다.

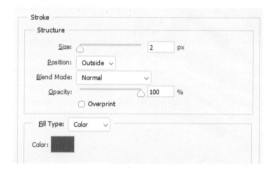

9. 레이어 스타일을 열고 Stroke(2px, #666633) 효과를 적용한다.

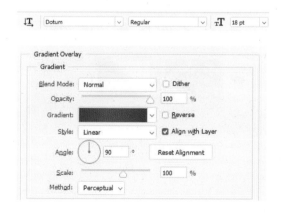

10. "10월 3일(월) 7일(금) / 서울컨벤션센터" 문자를 입력하고 옵션바에서 지정된 서체와 크기(돋움, 18pt)를 정확히 적용한다. 레이어 스타일을 열고 Gradient Overlay(#006633, #cc0099), Stroke(2px, #ffffcc) 효과를 적용한다.

▼

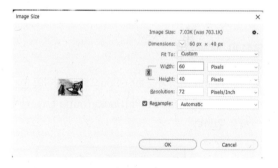

11. 작업하지 않은 부분은 없는지 확인하고 메뉴바 [File] 〉 [Export] 〉 [Export As]에서 포맷을 jpg로 선택하여 저장한다.

12. [Image] 〉 [Image Size] (Alt + Ctrl + I) 메뉴를 클릭하고 Width(폭)를 60, Height(높이)를 40으로 입력 후 [OK] 한다.

13. [File] 〉 [Save As]하여 psd 포맷으로 저장한다.

14. 실제 시험장에서는 문제 편집 작업이 모두 완료될 때마다 jpg와 psd 파일을 답안 작성요령에 맞게 저장한 후, [KOAS 수험자용] 프로그램의 [답안 전송하기] 버튼을 눌러 감독관 PC로 전송한다. 전송 후 답안 파일을 수정하였다면 저장 후 다시 답안 전송을 누른다.

수험자 정보 조회

답안 전송

답안 가져오기

첨부파일 폴더 보기

수험자 수험 종료

프로그램 종료(감독위원 작동)

문제 4 [실무응용] 웹 페이지 제작

1. [File] 〉 [New] (Ctrl + N)하여 새 문서를 생성한
   다. 파일명은 G12345678-성명-4로 입력한다.
   [Width] 600, [Height] 400, [Resolution] 72,
   [Color Mode] RGB Color, 8bit, [Background
   Contents] White로 지정한 후 [Create] 한다.

2. [File] 〉 [Save As] (Ctrl + Shift + S)하여 psd
   파일로 저장한다.

3. [File] 〉 [Open] (Ctrl + O)하여 📁최신기출문제
   유형1회WImage 폴더에서 1급-12.jpg, 1급-13.jpg,
   1급-14.jpg, 1급-15.jpg, 1급-16.jpg, 1급-17.jpg
   이미지를 선택하여 [Open] 한다.

유형 10. 배경색 칠

1. 색상 피커의 전경색을 #999966으로 지정하고 Alt
   + Delete를 눌러 작업 파일의 [Background Layer]에
   색을 칠한다.

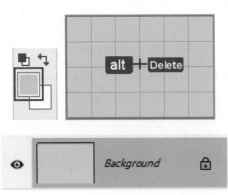

유형 11. 레이어 마스크 사용하여 이미지 일부를 가리기

유형 12. 레이어 Blending Mode(혼합 모드) 지정

1. 1급-12.jpg 이미지에서 Ctrl + A 하여 전체 선택하
   고 Ctrl + C 하여 복사 후 새로 만든 G12345678-
   성명-4.psd 작업 파일에 Ctrl + V로 붙여 넣고 자유
   변형(Ctrl + T)으로 《출력형태》에 맞게 배치한다.

2. [Layer] 패널에서 [Blending Mode]를 Hard
   Light로 지정하고 레이어 마스크를 씌운다.

3. ⬛Gradient Tool G로 색상 정지점은 흰색, 검정
   색으로 선택하여 가려질 곳은 검정색, 나타낼 곳은
   흰색으로 칠해지도록 대각선 방향으로 드래그한다.

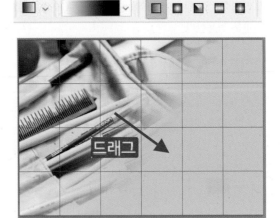

▼

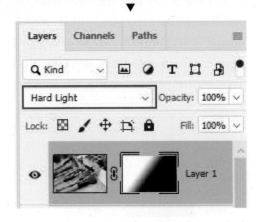

유형 1. 이미지에 필터 적용

유형 11. 레이어 마스크 사용하여 이미지 일부를 가리기

1. 1급-13.jpg 이미지에서 Ctrl + A 하여 전체 선택하고 Ctrl + C 하여 복사 후 작업 중인 파일에 Ctrl + V로 붙여 넣고 자유 변형(Ctrl + T)으로《출력형태》에 맞게 배치한다.

2. [Filter] 〉 [Filter Gallery]에서 Artistic 그룹의 Dry Brush를 적용한다.

3. 레이어 마스크를 씌우고 █Gradient Tool G로 색상 정지점은 흰색, 검정색으로 선택하여 가려질 곳은 검정색, 나타낼 곳은 흰색으로 칠해지도록 가로 방향으로 드래그한다.

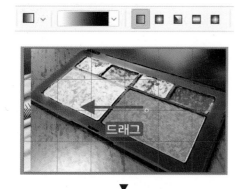

유형 2. 이미지 오려내기

유형 8. 문자, 이미지, 모양에 레이어 스타일 적용

1. 1급-14.jpg 이미지에서 ✏️Magic Wand Tool W로 배경의 흰색 영역을 클릭하여 선택하고 Ctrl + Shift + I를 눌러 선택 영역을 반전한다.

2. 복사하여 작업 중인 파일에 붙여 넣고 ✏️Eraser Tool E로 우클릭하여 사전 설정 창에서 [Hard Round] 브러시를 선택하고 불필요한 부분을 지운다.

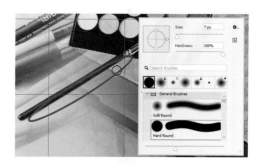

3. 레이어 스타일을 열고 Bevel and Emboss, Drop Shadow 효과를 적용한다.

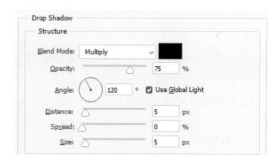

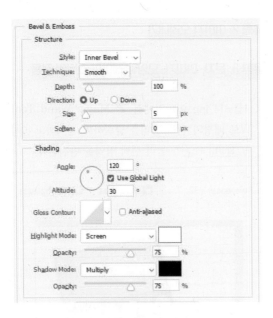

4. [Filter] 〉 [Filter Gallery]에서 Artistic 그룹의 Film Grain을 적용한다.

5. 레이어 스타일을 열고 Outer Glow 효과를 적용한다.

유형 1. 이미지에 필터 적용

유형 2. 이미지 오려내기

1. 1급-15.jpg 이미지에서 ✨Magic Wand Tool W 로 배경의 노란색 영역을 클릭하여 선택하고 컵의 손잡이 안쪽은 Shift 누르고 클릭하여 추가한다.

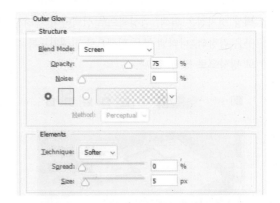

2. Ctrl + Shift + I 를 눌러 선택 영역을 반전하고 복사한 뒤 작업 중인 파일에 붙여 넣는다.

3. Ctrl + T 하여 자유 변형 상태에서 우클릭 메뉴 [Flip Horizontal]로 좌우 반전한다. 크기 조절 후 《출력형태》에 맞게 배치한다.

유형 2. 이미지 오려내기
유형 4. 이미지 색상 보정

1. 1급-16.jpg 이미지에서 Quick Selection Tool W로 화장품 영역을 드래그하여 선택한다.

2. 작업 중인 파일에 붙여 넣고 자유 변형으로 크기 조절 후 《출력형태》에 맞게 배치한다.

3. [Layer] 패널에서 조정 레이어 버튼을 누르고 [Hue/Saturation]을 선택한다. [Properties] 패널에서 [Hue] 슬라이더를 드래그하여 색상을 보라색 계열로 보정한다.

4. [Properties] 패널에서 [Hue] 슬라이더를 드래그하여 색상을 보라색 계열로 보정한다. 조정 레이어는 하위 모든 레이어에 영향을 주므로 화장품 레이어에만 색상 보정을 나타내기 위해 Clip to the Layer 버튼( )을 눌러 클리핑 마스크를 적용한다.

5. 레이어 스타일을 열고 Bevel and Emboss 효과를 적용한다.

6. 1급–16.jpg 이미지에서 Quick Selection
   Tool W로 립스틱 영역을 드래그하여 선택한다.

7. 복사하여 작업 중인 파일에 붙여 넣고 자유 변형으
   로 《출력형태》에 맞게 배치한다.

유형 5. 모양 도구(Shape Tool) 사용

유형 3. 이미지 또는 모양 변형

유형 13. 레이어 Opacity(불투명도) 조절

1. Custom Shape Tool U로 옵션바에서 《출력
   형태》와 같은 모양을 선택하고 [Fill] 색상을
   #ffcccc으로 지정한 뒤, [Shift] 누르고 드래그하여
   그린다.

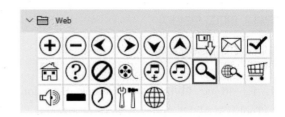

2. [Ctrl] + [T] 하여 자유 변형 상태에서 우클릭 메뉴
   [Flip Horizontal]로 좌우 반전한다. 크기 조절 후
   《출력형태》에 맞게 배치한다.

3. 레이어 스타일을 열고 Drop Shadow 효과를 적용
   한다.

4. Custom Shape Tool U로 옵션바에서 《출력
   형태》와 같은 모양을 선택하고 [Fill] 색상을
   #cccc33으로 지정한 뒤, [Shift] 누르고 드래그하
   여 그린다.

5. 자유 변형으로 회전하여 《출력형태》에 맞게 배치한 뒤, 레이어 스타일을 열고 Inner Shadow 효과를 적용한다.

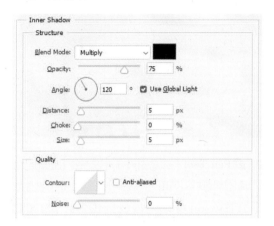

6. [Layer] 패널에서 [Opacity]를 80%로 적용한다.

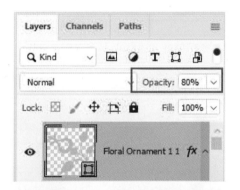

7. ✿ Custom Shape Tool U로 옵션바에서 《출력형태》와 같은 모양을 선택한 뒤, Shift 를 누르지 않고 드래그하여 가로로 긴 형태의 모양을 그린다.

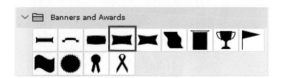

8. 레이어 스타일을 열고 Gradient Overlay(#99cccc, #ffffff), Stroke(2px, #339999) 효과를 적용한다.

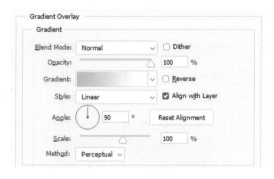

9. ✢ Move Tool V로 Alt 누르고 아래로 드래그하여 복제한다.

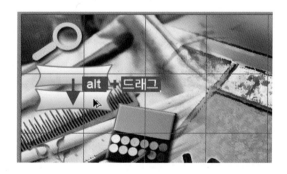

10. 정렬이 필요할 경우 [Layer] 패널에서 모양 레이어를 모두 선택하고 옵션바의 정렬 아이콘을 클릭하여 세로 등간격 정렬 버튼을 누른다.

▼

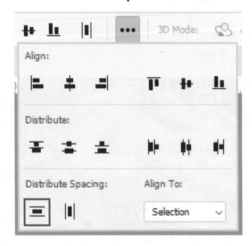

11. 가운데 모양을 선택하고 더블클릭하여 레이어 스타일을 열고 Stroke 색상을 #cc99ff로 변경한다.

▼

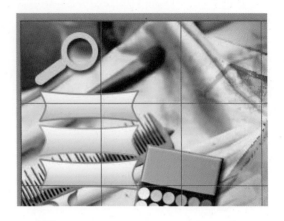

12. ✒ Pen Tool P로 옵션바에서 모드를 [Shape]으로 선택한다. [Fill] 항목은 아무 색상이나 지정하고 [Stroke] 항목은 No Color(☐)로 색상 없음을 지정한다.

13. 《출력형태》와 비교하며 손 형태를 그린다.

▼

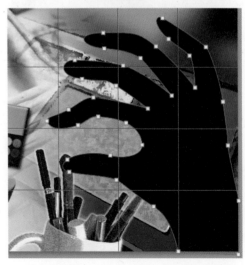

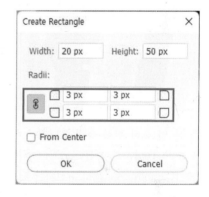

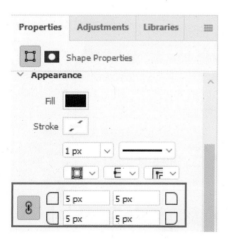

14. ↳ Direct Selecttion Tool A로 부분 선택하여 어색한 부분들을 수정한다.

15. ☐ Rectangle Tool U로 옵션바 Path Operations 항목을 [New Layer]로 선택하고 매니큐어 뚜껑 부분의 형태를 그린다.

16. [Properties] 패널에서 모서리 라운드 값을 5px 로 변경한다. (◯ Rounded Rectangle Tool U 을 사용하여도 무관하다.)

17. Enter↵ 눌러서 적용하고 Ctrl + T를 눌러 자유 변형에서 우클릭 메뉴 [Perspective]를 선택하고 모서리 부분 포인트를 좌우로 드래그하여 사다리 꼴 형태로 변형한다.

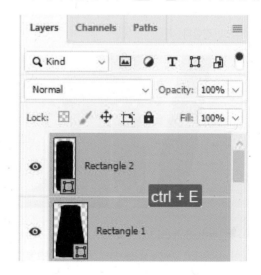

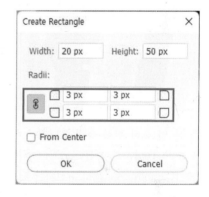

👤 민희 쌤의 빠른 합격 Tip

자유 변형 상태에서 포인트를 Alt + Ctrl + Shift 를 누르고 드래그하면 우클릭 메뉴를 선택하지 않아도 원근감 적용이 실행됩니다.

18. 아래에 세로로 긴 사각형을 그리고 [Properties] 패널에서 모서리 라운드 값을 3px로 변경한다.

19. 두 레이어를 선택하고 Ctrl + E를 눌러 병합한다.

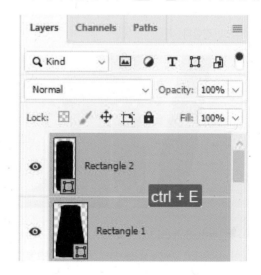

20. Esc를 한 번 눌러 편집 상태를 벗어난 후, ○ Ellispse Tool U로 옵션바 Path Operations 항목을 [Subtract Front Shape]로 선택한다.

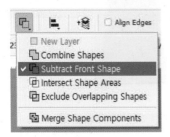

21. 위에서 그린 세로로 긴 사각형과 살짝 겹치게 그려서 모양을 제외한다.

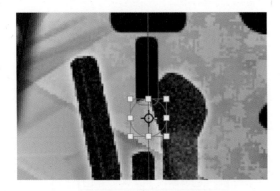

22. Esc를 한 번 눌러 편집 상태를 벗어난 후, ☐ Rectangle Tool U로 옵션바 Path Operations 항목을 [Combine Shapes]로 선택한 뒤 사각형을 추가하여 그린다.

23. [Properties] 패널에서 모서리 라운드 값을 5px로 변경한다.

24. ▶ Path Selection Tool A로 전체를 드래그하여 선택하고 Ctrl + T를 눌러 자유 변형으로 회전하여 손가락 사이에 맞춰 배치한다.

25. 손 모양 레이어를 선택하고 [Fill] 색상을 #ffcc99로 적용한다.

26. 레이어 스타일을 열고 Drop Shadow 효과를 적용한다.

27. 매니큐어 모양의 [Fill] 색상을 ##33cccc로 지정하고 레이어 스타일을 열어 Drop Shadow 효과를 적용한다.

민희 쌤의 빠른 합격 Tip

Alt를 누르고 효과 아이콘을 드래그하였다가 효과를 복사하고 싶은 레이어 위에서 마우스를 놓으면 레이어 스타일이 복제됩니다.

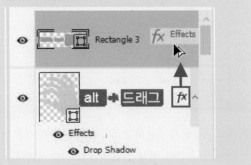

28. 🧩 Custom Shape Tool U로 옵션바에서 《출력형태》와 같은 모양을 선택하고 [Fill] 색상을 #cc66cc로 지정한 뒤, Shift 를 누르고 그린다.

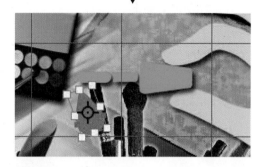

29. Drop Shadow 효과를 적용한다.

패스 그리는 법 동영상으로 확인하기

유형 14. 패턴 만들고 특정 영역에 패턴 적용

1. 《출력형태》를 보고 패턴 한 조각의 크기만큼 Rectangular Marquee Tool M로 사각형 영역을 지정한다. 대략 크기를 확인하고 Ctrl + D를 눌러 선택 영역을 해제한다.

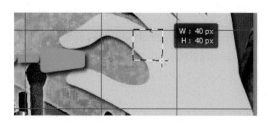

참고 패턴을 너무 크게 그리면 많이 채워지지 않고 너무 작게 그리면 사이즈를 키울 때 해상도가 떨어지므로 대략적인 크기를 가늠하여 그립니다.

2. Ctrl + N을 눌러 1번에서 확인한 사이즈로 새 문서를 생성한다. [Background Contents]는 Transparent 로 지정하여 투명한 새 문서에서 작업한다.

PRESET DETAILS

Untitled-1

Width
40   Pixels

Height   Orientation   Artboards
40

Resolution
72   Pixels/Inch

Color Mode
RGB Color   8 bit

Background Contents
Transparent

∨ Advanced Options

Color Profile
Don't Color Manage

Pixel Aspect Ratio
Square Pixels

Create   Close

3. 🧩 Custom Shape Tool U로 옵션바 [Shape] 항목에서 《출력형태》에 맞는 모양을 선택한다. 화면을 확대하여 #ffffff 색상으로 손바닥 모양을 그린다.

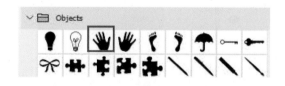

4. ✛ Move Tool V로 Alt 누르고 드래그하여 복제한다. Ctrl + T 하여 자유 변형 상태에서 우클릭 메뉴 [Flip Horizontal]로 좌우 반전하고 《출력형태》에 맞게 배치한다.

5. [Fill] 색상을 #ff9999로 변경한다

6. 메뉴바 [Edit] > [Define Pattern]을 눌러 패턴으로 등록한다.

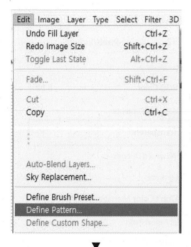

7. 작업 중인 파일에서 Alt + Ctrl + Shift + N을 눌러 새 레이어를 추가한다.

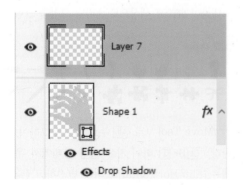

8. 메뉴바 [Edit] > [Fill] (Shift + F5)에서 [Contents] 항목을 Pattern으로 선택하고 저장한 패턴을 선택하여 채우고 자유 변형으로 크기를 조절한다.

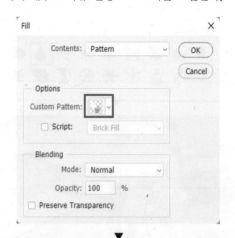

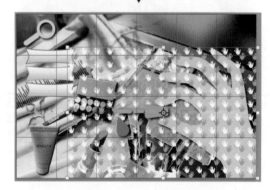

9. 손 모양 레이어의 섬네일을 Ctrl 누르고 클릭하여 선택 영역으로 지정한다.

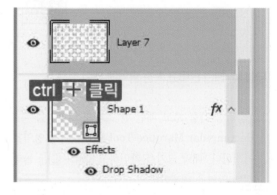

10. 패턴 레이어에서 Ctrl + Shift + I를 눌러 선택 영역을 반전하고 Delete를 눌러 필요 없는 부분의 패턴을 삭제한다.

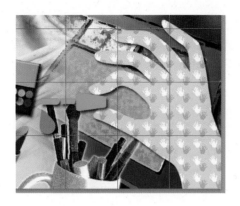

유형 9. 텍스트 뒤틀기(Text Warp)

유형 8. 문자, 이미지, 모양에 레이어 스타일 적용

1. **T** Horizontal Type Tool T로 화면을 클릭하여 "행사개요" 문자를 입력한다. 옵션바에서 지정된 서체와 크기, 텍스트 색상(돋움, 18pt, #000000)을 정확히 적용한다.

2. 레이어 스타일을 열고 Stroke(2px, #99ffff) 효과를 적용한다.

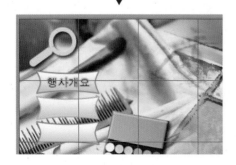

3. Ctrl + J를 눌러 레이어를 복제하여 아래에 배치하고 "주요행사", "참가업체"로 문자를 수정한다.

4. "주요행사" 문자 레이어를 더블클릭하여 레이어 스타일을 열고 Stroke 색상을 #cc99ff로 변경한다.

▼

5. "Korea Cosmetic Show" 문자를 입력하고 옵션바에서 지정된 서체와 크기(Times New Roman, Bold, 24pt)를 정확히 적용한다.

6. "K, C, S" 문자를 드래그하여 블록을 씌우고 문자 크기를 36pt로 변경한다.

7. 옵션바의 Create warped text 버튼(ℐ)을 클릭하여 [Flag] 스타일을 선택하고 《출력형태》와 비슷하게 세부 사항을 조절한다.

8. 레이어 스타일을 열고 Stroke(2px, #ccffff) 효과
를 적용한다.

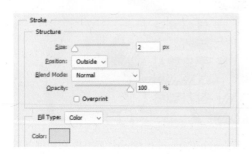

9. "뷰티 온라인 전시회" 문자를 입력하고 옵션바에
서 지정된 서체와 크기(굴림, 45pt)를 정확히 적용
한다.

10. 옵션바의 Create warped text 버튼(⌐)을 클릭
하여 [Fish] 스타일을 선택하고 《출력형태》와 비
슷하게 세부 사항을 조절한다.

11. 레이어 스타일을 열고 Gradient Overlay (#3300ff,
#339966, #ff6600), Stroke(3px, #ffffff) 효과를
적용한다.

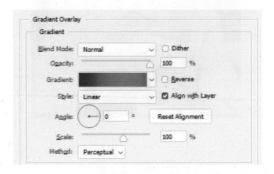

12. "참가신청 바로가기" 문자를 입력하고 옵션바에
서 지정된 서체와 크기, 텍스트 색상(궁서, 18pt,
#ff0000)을 정확히 적용한다.

13. 레이어 스타일을 열고 Stroke(2px, #ffffff) 효
과를 적용한다.

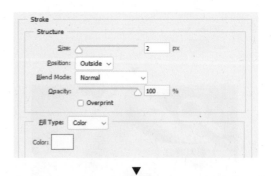

14. 작업하지 않은 부분은 없는지 확인하고 메뉴바 [File] 〉 [Export] 〉 [Export As]에서 포맷을 jpg로 선택하여 저장한다.

15. [Image] 〉 [Image Size] (Alt + Ctrl + I) 메뉴를 클릭하고 Width(폭)를 60, Height(높이)를 40으로 입력 후 [OK] 한다.

16. [File] 〉 [Save As]하여 psd 포맷으로 저장한다.

17. 실제 시험장에서는 문제 편집 작업이 모두 완료될 때마다 jpg와 psd 파일을 답안 작성요령에 맞게 저장한 후, [KOAS 수험자용] 프로그램의 [답안 전송하기] 버튼을 눌러 감독관 PC로 전송한다. 전송 후 답안 파일을 수정하였다면 저장 후 다시 답안 전송을 누른다.

수험자 정보 조회
답안 전송
답안 가져오기
첨부파일 폴더 보기
수험자 수험 종료

프로그램 종료(감독위원 작동)

문제 1　[기능평가] 고급 Tool(도구) 활용　20점

다음의 《조건》에 따라 아래의 《출력형태》와 같이 작업하시오.

조건　　　　　　　　　　　　　　　　　　　　　　　　　　**출력형태**

원본 이미지	문서₩GTQ₩Image₩1급-1.jpg, 1급-2.jpg, 1급-3.jpg		
파일저장 규칙	JPG	파일명	문서₩GTQ₩수험번호-성명-1.jpg
		크기	400 × 500 pixels
	PSD	파일명	문서₩GTQ₩수험번호-성명-1.psd
		크기	40 × 50 pixels

1. 그림 효과

① 1급-1.jpg : 필터 – Colored Pencil(색연필)
② Save Path(패스 저장) : 커피잔 모양
③ Mask(마스크) : 커피잔 모양, 1급-2.jpg를 이용하여 작성
　레이어 스타일 – Stroke(선/획)(3px, 그라디언트(#ff0099, #ffff00)),
　Inner Shadow(내부 그림자)
④ 1급-3.jpg : 레이어 스타일 – Bevel and Emboss(경사와 엠보스)
⑤ Shape Tool(모양 도구) :
　– 풀잎 모양(#ffff00, 레이어 스타일 – Inner Shadow(내부 그림자))
　– 나뭇잎 모양(#ffcccc, #993333, 레이어 스타일 – Outer Glow(외부 광선))

2. 문자 효과

① 달콤한 휴식(돋움, 50pt, 레이어 스타일 – 그라디언트 오버레이
　(#ccff00, #66ffff), Drop Shadow(그림자 효과))

문제 2　[기능평가] 사진편집 응용　20점

다음의 《조건》에 따라 아래의 《출력형태》와 같이 작업하시오.

조건　　　　　　　　　　　　　　　　　　　　　　　　　　**출력형태**

원본 이미지	문서₩GTQ₩Image₩1급-4.jpg, 1급-5.jpg, 1급-6.jpg		
파일저장 규칙	JPG	파일명	문서₩GTQ₩수험번호-성명-2.jpg
		크기	400 × 500 pixels
	PSD	파일명	문서₩GTQ₩수험번호-성명-2.psd
		크기	40 × 50 pixels

1. 그림 효과

① 1급-4.jpg : 필터 – Glass(유리)
② 색상 보정 : 1급-5.jpg . 파란색, 노란색 계열로 보정
③ 1급-5.jpg : 레이어 스타일 – Drop Shadow(그림자 효과)
④ 1급-6.jpg : 레이어 스타일 – Inner Shadow(내부 그림자)
⑤ Shape Tool(모양 도구) :
　– 꽃 모양(#660033, 레이어 스타일 – Stroke(선/획)(2px, #ffcccc))
　– 왕관 모양(#66cc33, 레이어 스타일 – Inner Shadow(내부 그림자))

2. 문자 효과

① Cafe Flower(Times New Roman, Bold, 45pt, 레이어 스타일 – 그라디언트 오
　버레이(#ffffff, #66ff00), Drop Shadow(그림자 효과))

문제 ❸   [실무응용] 포스터 제작 25점

다음의 《조건》에 따라 아래의 《출력형태》와 같이 작업하시오.

▶ 조건

원본 이미지	문서₩GTQ₩Image₩1급-7.jpg, 1급-8.jpg, 1급-9.jpg, 1급-10.jpg, 1급-11.jpg		
파일저장규칙	JPG	파일명	문서₩GTQ₩수험번호-성명-3.jpg
		크기	600 × 400 pixels
	PSD	파일명	문서₩GTQ₩수험번호-성명-3.psd
		크기	60 × 40 pixels

1. 그림 효과

① 배경 : #ffcc99

② 1급-7.jpg : Blending Mode(혼합 모드) – Linear Light(선형 라이트), Opacity(불투명도)(80%)

③ 1급-8.jpg : 필터 – Sprayed Strokes(스프레이 획), 레이어 마스크 – 가로 방향으로 흐릿하게

④ 1급-9.jpg : 레이어 스타일 – Outer Glow(외부 광선), Drop Shadow(그림자 효과)

⑤ 1급-10.jpg : 필터 – Wind(바람), 레이어 스타일 – Inner Shadow(내부 그림자)

⑥ 1급-11.jpg : 색상 보정 – 빨간색 계열로 보정, 레이어 스타일 – Stroke(선/획)(5px, 그라디언트(#cc0099, #ffffff))

⑦ 그 외 《출력형태》 참조

2. 문자 효과

① 카페 꾸미기 소품전시회(궁서, 42pt, 60pt, 레이어 스타일 – 그라디언트 오버레이(#cc33ff, #669933, #0066cc), Stroke(선/획)(2px, #ffffff), Drop Shadow(그림자 효과))

② Living & Life Style(Arial, Regular, 18pt, #003366, 레이어 스타일 – Stroke(선/획)(2px, #ffffff))

③ 2030년 12월 3일 ~ 5일 / aT센터전시장(돋움, 17pt, 레이어 스타일 – 그라디언트 오버레이(#333333, #ff0066), Stroke (선/획)(2px, #ffffcc))

④ 예약방문 / 사전등록(돋움, 18pt, #ffffff, #cccc00, 레이어 스타일 – Stroke(선/획)(2px, #333300))

▶ 출력형태

Shape Tool(모양 도구) 사용
#990033, #0077bb,
레이어 스타일 –
Drop Shadow(그림자 효과),
Opacity(불투명도)(70%)

Shape Tool(모양 도구) 사용
#ff9999, 레이어 스타일 –
Stroke(선/획)(3px, #ffffcc),
Opacity(불투명도)(70%)

Shape Tool(모양 도구) 사용
레이어 스타일 – 그라디언트 오버레이(#ffffff, #cc33cc),
Drop Shadow(그림자 효과)

다음의 《조건》에 따라 아래의 《출력형태》와 같이 작업하시오.

조건

원본 이미지	문서₩GTQ₩Image₩1급-12.jpg, 1급-13.jpg, 1급-14.jpg, 1급-15.jpg, 1급-16.jpg, 1급-17.jpg		
파일저장규칙	JPG	파일명	GTQ₩수험번호-성명-4.jpg
		크기	600 × 400 pixels
	PSD	파일명	문서₩GTQ₩수험번호-성명-4.psd
		크기	60 × 40 pixels

1. 그림 효과
   ① 배경 : #cccc99
   ② 패턴(곡선타일, 직선타일 모양) : #9999ff, #6699ff
   ③ 1급-12.jpg : Blending Mode(혼합 모드) – Color Burn(색상 번), 레이어 마스크 – 대각선 방향으로 흐릿하게
   ④ 1급-13.jpg : 필터 – Angled Strokes(각진 획), 레이어 마스크 – 가로 방향으로 흐릿하게
   ⑤ 1급-14.jpg : 레이어 스타일 – Bevel and Emboss(경사와 엠보스), Drop Shadow(그림자 효과)
   ⑥ 1급-15.jpg : 필터 – Film Grain(필름 그레인), 레이어 스타일 – Outer Glow(외부 광선)
   ⑦ 1급-16.jpg : 색상 보정 . 보라색 계열로 보정, 레이어 스타일 – Bevel and Emboss(경사와 엠보스)
   ⑧ 그 외 《출력형태》 참조

2. 문자 효과
   ① Cafe Foundation Training(Times New Roman, Bold, 36pt, 24pt, #330066,
      레이어 스타일 – Stroke(선/획)(2px, #ffffff))
   ② 카페플라워 창업교육(굴림, 45pt, 레이어 스타일 – 그라디언트 오버레이(#ffcc00, #339966, #ff6600),
      Stroke(선/획)(2px, #333333))
   ③ 프랜차이즈 등록(궁서, 18pt, #333333, 레이어 스타일 – Stroke(선/획)(2px, #ccff00))
   ④ 회원가입 본사안내 창업상담(돋움, 16pt, #000000, 레이어 스타일 – Stroke(선/획)(2px, #99ffff, #cc99ff))

출력형태

Shape Tool(모양 도구) 사용
#0055aa, 레이어 스타일 –
Drop Shadow(그림자 효과)

Shape Tool(모양 도구) 사용
#ff9944, 레이어 스타일 –
Inner Shadow(내부 그림자),
Opacity(불투명도)(80%)

Pen Tool(펜 도구) 사용
#ccffff, #ff9999, #9999ff,
레이어 스타일 –
Drop Shadow(그림자 효과)

Shape Tool(모양 도구) 사용
레이어 스타일 – 그라디언트 오버레이(#0066ff, #ffffff),
Stroke(선/획)(2px, #339999, #cc66cc)

0. 먼저 작업의 최적화를 위해 포토샵을 세팅한다. 가 이드 – 시험장 환경설정을 참고하여 격자 & 눈금 자와 작업 내역을 설정한다.

문제 1 [기능평가] 고급 Tool(도구) 활용

1. [File] 〉 [New] (Ctrl + N)하여 새 문서를 생성한 다. 수험번호는 임의로 지정하여 파일명은 G12345678-성명-1로 입력한다. [Width(폭)] 400, [Height(높이)] 500, [Resolution(해상도)] 72, [Color Mode(색상 모드)] RGB Color, 8bit, [Background Contents] White로 지정한 후 [Create] 한다.

2. [File] 〉 [Save As] (Ctrl + Shift + S)하여 psd 파 일로 저장한다. (저장 위치는 임의대로 설정한다.)

3. [File] 〉 [Open] (Ctrl + O)하여 📁최신기출문제 유형2₩Image 폴더에서 1급-1.jpg, 1급-2.jpg, 1 급-3.jpg 이미지를 선택하여 [Open] 한다.

유형 1. 이미지에 필터 적용

1. 1급-1.jpg 이미지에서 Ctrl + A 하여 전체 선택하 고 Ctrl + C 하여 복사 후 새로 만든 G12345678- 성명-1.psd 작업 파일에 Ctrl + V로 붙여 넣는다.

2. Ctrl + T 하여 자유 변형으로 크기 조절 후 문제의 《출력형태》에 맞게 배치한다.

3. [Filter] 〉 [Filter Gallery]에서 Artistic 그룹의 Colored Pencil을 적용한다.

유형 6. 펜 툴 사용하여 패스 그리고 패스 저장(Save Path)

1. ⬭ Ellispse Tool U로 도구 옵션바에서 [Shape] 모드를 선택한다. [Fill] 항목은 아무 색상이나 지정하고 [Stroke] 항목은 No Color(☐)로 색상 없음을 지정한다.

2. Shift를 누르고 드래그하여 정 원을 그린다.

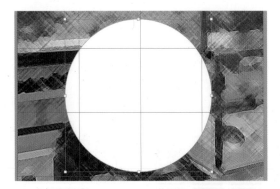

3. Esc를 한 번 눌러 편집 상태를 벗어난 후, 옵션바 Path Operations 항목을 [CSubtract Front Shape]로 변경한 뒤 위쪽에 타원을 그려 컵 형태를 만든다.

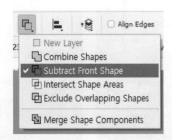

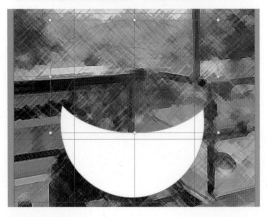

4. Esc를 한 번 눌러 편집 상태를 벗어난 뒤, ✐ Pen Tool P로 옵션바에서 모드를 [Shape]으로 변경한다. Path Operations 항목은 [Combine Shapes]로 선택한 뒤 컵의 상단 형태를 그린다.

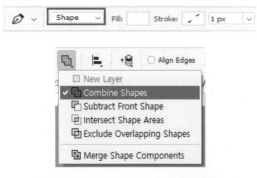

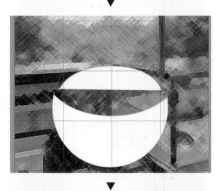

▼

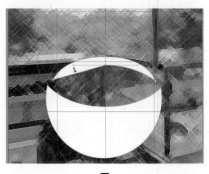

▼

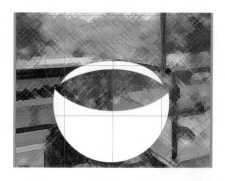

5. 같은 방법으로 하단의 컵 받침 형태도 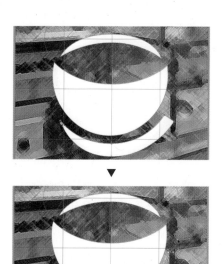 Pen Tool P로 그려 추가한다.

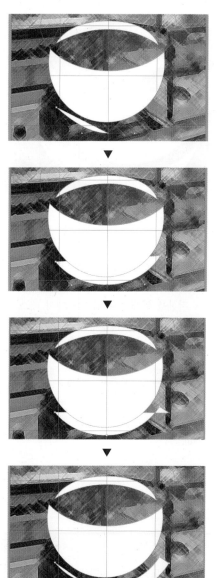

6. 같은 방법으로 오른쪽의 컵 손잡이도 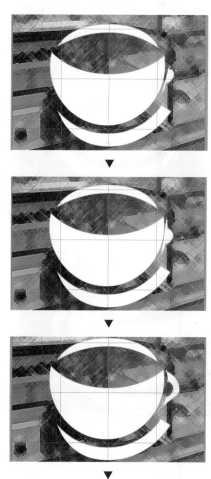 Pen Tool P로 그려 추가한다.

7. Esc를 한 번 눌러 편집 상태를 벗어난 후, ✿ Custom Shape Tool U로 옵션바에서 하트 모양을 선택한다. Path Operations 항목을 [Combine Shapes]로 지정하고 그려 넣는다.

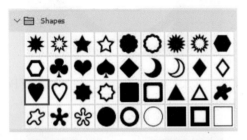

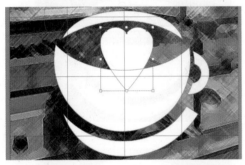

8. Enter↵를 눌러 적용하고 Ctrl + T를 눌러 자유 변형으로 회전한다.

9. 자유 변형 상태에서 우클릭하여 [Distort]를 선택하고 상단 가운데 포인트를 드래그하여 기울인다.

▼

🔍 민희 쌤의 빠른 합격 Tip

자유 변형 상태에서 Ctrl을 누르고 포인트를 드래그하면 우클릭 메뉴를 선택하지 않아도 왜곡 적용이 실행됩니다.

10. 패스 저장을 위해 [Path] 패널에서 패스 레이어를 더블클릭하여 《조건》에 언급된 "커피잔" 이름으로 저장한다.

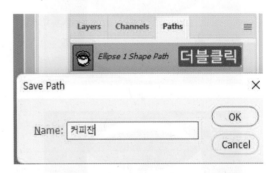

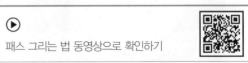

패스 그리는 법 동영상으로 확인하기

참고 Path Selection Tool A로 모양이 모두 포함되도록 드래그하면 전체 모양이 한 번에 선택되고 일부분의 모양만 클릭하면 단독 모양이 한 번에 선택이 됩니다. 하나의 레이어에 있는 모양도 단독 선택하여 개별 변형이 가능합니다. 세밀하게 위치를 조절할 때는 키보드 방향키를 사용합니다.

중요! 오류를 대비하여 작업 중 수시로 Ctrl + S 를 눌러 저장하는 습관을 들입니다.

> **민희 쌤의 빠른 합격 Tip**
>
> 1번 문제에 분배된 시간 내에 패스를 정확히 그려야 하지만, 똑같이 그리려다 시간을 너무 많이 할애하여 다른 조건 사항을 아예 작업하지 못한다면 감점이 더 많이 됩니다. 패스를 그릴 시간이 부족하다면 형태를 크게 벗어나지 않는 선에서 조금 단순화하여 그립니다.

유형 7. 패스 또는 특정 영역에 이미지를 Mask (클리핑 마스크)

유형 8. 문자, 이미지, 모양에 레이어 스타일 적용

1. 1급-2.jpg 이미지에서 Ctrl + A 하여 전체 선택하고 Ctrl + C 하여 복사 후 작업 중인 파일에 Ctrl + V 로 붙여 넣는다.

2. Ctrl + T 하여 자유 변형으로 크기 조절 후 문제의 《출력형태》에 맞게 배치한다. 레이어에서 우클릭하여 [Create Clipping Mask]를 클릭하거나 단축키 Ctrl + Alt + G 하여 아래의 커피잔 모양 레이어에 클리핑 마스크 한다.

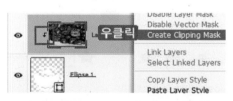

참고 저장된 패스의 선이 화면에 계속 보인다면 [Path] 패널에서 패스 주변의 빈 공간을 클릭하여 패스 선택을 해제하세요.

3. 저울 모양 레이어를 더블클릭하여 레이어 스타일을 열고 Stroke 효과의 [Size(크기)]를 3px, [Fill Type]을 Gradient로 선택 후 그라디언트 에디터에서 색상 정지점을 더블클릭하여 《조건》에 지정된 #ff0099, #ffff00 색상을 각각 입력한다. 그라디언트의 [Style]과 [Angle(각도)] 값을 《출력형태》와 비슷하게 지정한다.

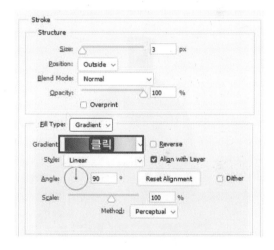

4. Inner Shadow 효과를 적용한다.

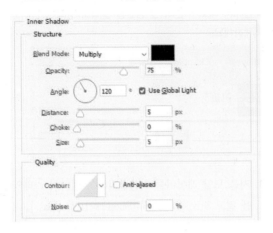

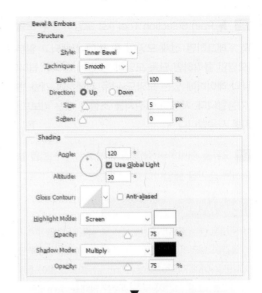

유형 2. 이미지 오려내기

1. 1급-3.jpg 이미지에서 ✐Quick Selection Tool W로 도자기 영역을 드래그하여 선택한다.

참고 격자가 불편할 경우 Ctrl + ⌐(따옴표)를 눌러 숨기기 하고 필요할 때 다시 Ctrl + ⌐(따옴표)를 눌러 표시합니다.

2. Ctrl + C로 복사, 작업 중인 파일에 Ctrl + V로 붙여 넣고 Ctrl + T 하여 자유 변형으로 크기 조절 후 문제의 《출력형태》에 맞게 배치한다.

3. 레이어를 더블클릭하여 레이어 스타일을 열고 Bevel and Emboss 효과를 적용한다.

유형 5. 모양 도구(Shape Tool) 사용

유형 8. 문자, 이미지, 모양에 레이어 스타일 적용

1. 🐾 Custom Shape Tool U로 옵션바에서 [Shape] 모드 선택 후 《출력형태》와 같은 모양을 선택한다.

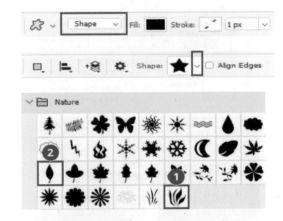

2. [Fill] 항목의 색상 피커를 클릭하여 《조건》에 언급된 #ffff00 색상 코드를 입력한다. [Stroke] 항목은 No Color(☑)로 색상 없음을 지정한다.

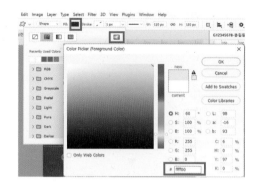

3. 화면에서 Shift 누르고 드래그하여 비율에 맞게 그려 넣는다. Ctrl + T 하여 자유 변형으로 《출력형태》에 맞게 회전하고 크기 조절하여 배치한다.

4. 레이어 스타일을 열고 Inner Shadow 효과를 적용한다.

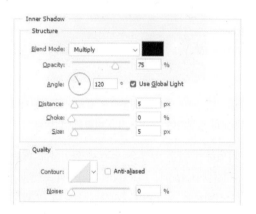

5. Ctrl + T 하여 자유 변형 상태에서 우클릭 메뉴 [Flip Horizontal]로 좌우 반전한다. 크기 조절 후 《출력형태》에 맞게 배치한다.

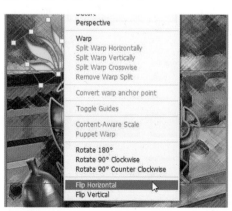

6. 🎨 Custom Shape Tool U로 나뭇잎 모양을 선택하고 [Fill] 색상을 #993333으로 지정하여 그린다.

7. 레이어 스타일을 열고 Outer Glow 효과를 적용한다.

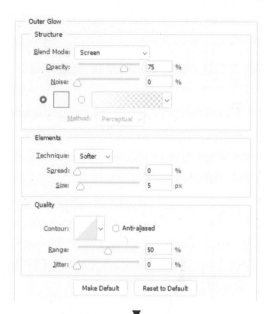

▼

8. ⊕ Move Tool V로 Alt 누르고 드래그하여 복사한 뒤 [Fill] 색상을 #993333으로 변경한다.

참고 모양 레이어의 색상을 변경할 옵션바 항목이 나타나지 않을 경우 모양 도구 U나 패스 선택 도구 A 또는 펜도구 P를 선택합니다.

유형 8. 문자, 이미지, 모양에 레이어 스타일 적용

1. **T** Horizontal Type Tool T로 화면을 클릭하여 《조건》에 지시된 "달콤한 휴식" 문자를 입력한다. 옵션바에서 지정된 서체와 크기(돋움, 50pt)를 정확히 적용한다.

2. 옵션바의 Create warped text 버튼(🗍)을 클릭하여 [Shell Lower] 스타일을 선택하고 《출력형태》와 비슷하게 세부 사항을 조절한다.

3. 텍스트 레이어를 더블클릭하여 레이어 스타일을 열고 Gradient Overlay(#ccff00, #66ffff), Drop Shadow 효과를 적용한다.

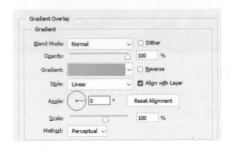

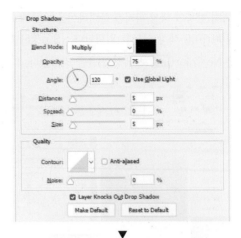

▼

🔲 **참고** 한글 서체 이름이 영문으로 표시되어 불편하다면 21page를 참고하여 영문 표기를 비활성화합니다.

4. 작업하지 않은 부분은 없는지 확인하고 메뉴바 [File] 〉 [Export] 〉 [Export As]에서 포맷을 jpg로 선택하여 저장한다. (시험에서는 내 PC₩문서 ₩GTQ 폴더에 저장하여야 제출이 되므로 GTQ 폴더를 만들어 두고 연습한다.)

5. [Image] 〉 [Image Size] (Alt + Ctrl + I) 메뉴를 클릭하고 Width(폭)를 40, Height(높이)를 50으로 입력 후 [OK] 한다.

6. [File] 〉 [Save As]하여 psd 포맷으로 저장한다.

7. 실제 시험장에서는 문제 편집 작업이 모두 완료될 때마다 jpg와 psd 파일을 답안 작성요령에 맞게 저장한 후, [KOAS 수험자용] 프로그램의 [답안 전송하기] 버튼을 눌러 감독관 PC로 전송한다. 전송 후 답안 파일을 수정하였다면 저장 후 다시 답안 전송을 누른다.

중요! 혹여 사이즈를 축소한 뒤 다시 늘린다면 해상도가 상당히 떨어지며 원본 상태로 되돌릴 수 없으므로 사이즈를 줄이기 전의 원본 파일과 최종 사이즈 축소 파일은 저장 위치나 파일명 등을 구분하여 각각 저장합니다. 시험에서는 반드시 지정된 사이즈로 축소한 파일을 제출하여야 합니다.

문제 2 [기능평가] 사진편집 응용

1. [File] 〉 [New] (Ctrl + N)하여 새 문서를 생성한다. 파일명은 G12345678-성명-2로 입력한다. [Width] 400, [Height] 500, [Resolution] 72, [Color Mode] RGB Color, 8bit, [Background Contents] White로 지정한 후 [Create] 한다.

2. [File] 〉 [Save As] (Ctrl + Shift + S)하여 psd 파일로 저장한다.

3. [File] 〉 [Open] (Ctrl + O)하여 📁최신기출문제 유형2₩Image 폴더에서 1급-4.jpg, 1급-5.jpg, 1급-6.jpg 이미지를 선택하여 [Open] 한다.

유형 1. 이미지에 필터 적용

1. 1급-4.jpg 이미지에서 Ctrl + A 하여 전체 선택하고 Ctrl + C 하여 복사 후 새로 만든 G12345678-성명-2.psd 작업 파일에 Ctrl + V로 붙여 넣는다.

2. Ctrl + T 하여 자유 변형으로 크기 조절 후 문제의 《출력형태》에 맞게 배치한다.

3. [Filter] 〉 [Filter Gallery]에서 Distort 그룹의 Glass를 적용한다.

 ▶

유형 2. 이미지 오려내기

유형 4. 이미지 색상 보정

1. 1급-5.jpg 이미지에서 ✐Quick Selection Tool W로 컵 영역을 드래그하여 선택한다.

2. 복사하여 작업 중인 파일에 붙여 넣고 제거되지 않은 손잡이 안쪽 부분은 ✐Eraser Tool E로 우클릭하여 사전 설정 창에서 [Hard Round] 브러시를 선택하고 지운다.

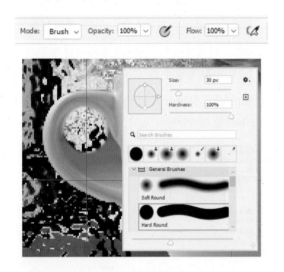

3. ✐Quick Selection Tool W로 빨간색 위쪽 꽃잎 영역만 드래그하여 선택한다.

4. [Layer] 패널에서 조정 레이어 버튼을 누르고 [Hue/Saturation]을 선택한다.

5. [Properties] 패널에서 [Hue] 슬라이더를 드래그하여 색상을 파란색 계열로 보정한다. 먼저 선택 영역을 지정하였기 때문에 자동으로 레이어 마스크가 지정되어 위쪽 꽃잎 부분만 색 보정이 적용된다.

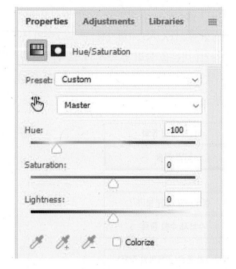

6. 컵 레이어를 선택하고 ✐Quick Selection Tool W로 아래쪽 꽃잎 영역을 드래그하여 선택한다.

7. [Layer] 패널에서 조정 레이어 버튼을 누르고 [Hue/Saturation]을 선택한다.

8. [Properties] 패널에서 [Hue] 슬라이더를 드래그하여 색상을 노란색 계열로 보정한다.

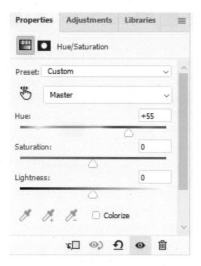

9. 컵 레이어를 더블클릭하여 레이어 스타일을 열고 Drop Shadow 효과를 적용한다.

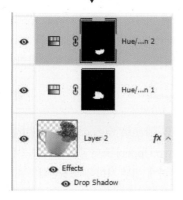

유형 2. 이미지 오려내기

1. 1급-6.jpg 이미지에서 Magic Wand Tool W로 배경 검정색 영역을 클릭하여 선택하고 Ctrl + Shift + I 눌러 선택 영역을 반전한다.

2. 복사하여 작업 중인 파일에 붙여 넣고 자유 변형으로 《출력형태》에 맞게 배치한다. 레이어 스타일을 열고 Inner Shadow 효과를 적용한다.

유형 5. 모양 도구(Shape Tool) 사용

1. ✿ Custom Shape Tool U로 옵션바 [Shape] 항
   목에서 《출력형태》와 같은 모양을 선택하고 [Fill]
   색상을 #660033으로 지정한 뒤, Shift 누르고 드
   래그하여 그린다.

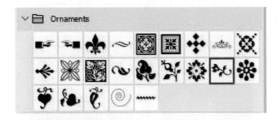

2. 레이어 스타일을 열고 Stroke(2px, #ffcccc) 효과
   를 적용한다.

3. Ctrl + J를 눌러 레이어를 복제하고 Ctrl + T 하여
   자유 변형 상태에서 우클릭 메뉴 [Flip Horizontal]
   로 좌우 반전한다. 회전하여 《출력형태》에 맞게 배
   치한다.

4. ✿ Custom Shape Tool U로 옵션바 [Shape] 항
   목에서 《출력형태》와 같은 모양을 선택하고 [Fill]
   색상을 #66cc33으로 지정한 뒤, Shift 누르고 드
   래그하여 그린다.

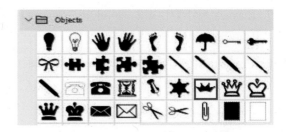

5. 레이어 스타일을 열고 Inner Shadow 효과를 적용
   한다.

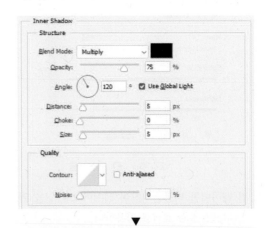

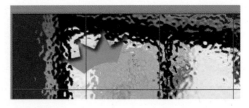

유형 9. 텍스트 뒤틀기(Text Warp)

유형 8. 문자, 이미지, 모양에 레이어 스타일 적용

1. T Horizontal Type Tool T로 화면을 클릭하여
   《조건》에 지시된 "Cafe Flower" 문자를 입력한
   다. 옵션바에서 지정된 서체와 크기(Times New
   Roman, Bold, 45pt)를 정확히 적용한다.

2. 옵션바의 Create warped text 버튼(✁)을 클릭
   하여 [Arc Upper] 스타일을 선택하고 《출력형태》
   와 비슷하게 세부 사항을 조절한다.

3. 레이어를 더블클릭하여 레이어 스타일을 열고 Gradient Overlay(#ffffff, #66ff00), Drop Shadow 효과를 적용한다.

▼

Q 민희 쌤의 빠른 합격 Tip

#ffffff는 흰색, #000000은 검정색이므로 두 가지 색상 코드는 외워두고 색상 피커에서 흰색 또는 검정색을 바로 적용합니다.

4. 작업하지 않은 부분은 없는지 확인하고 메뉴바 [File] 〉 [Export] 〉 [Export As]에서 포맷을 jpg로 선택하여 저장한다.

5. [Image] 〉 [Image Size] (Alt + Ctrl + I) 메뉴를 클릭하고 Width(폭)를 40, Height(높이)를 50으로 입력 후 [OK] 한다.

6. [File] 〉 [Save As]하여 psd 포맷으로 저장한다.

7. 실제 시험장에서는 문제 편집 작업이 모두 완료될 때마다 jpg와 psd 파일을 답안 작성요령에 맞게 저장한 후, [KOAS 수험자용] 프로그램의 [답안 전송하기] 버튼을 눌러 감독관 PC로 전송한다. 전송 후 답안 파일을 수정하였다면 저장 후 다시 답안 전송을 누른다.

문제 ❸ [실무응용] 포스터 제작

1. [File] 〉 [New] (Ctrl + N)하여 새 문서를 생성한다. 파일명은 G12345678-성명-3으로 입력한다. [Width] 600, [Height] 400, [Resolution] 72, [Color Mode] RGB Color, 8bit, [Background Contents] White로 지정한 후 [Create] 한다.

2. [File] 〉 [Save As] (Ctrl + Shift + S)하여 psd 파일로 저장한다.

3. [File] 〉 [Open] (Ctrl + O)하여 📁최신기출문제 유형2₩Image 폴더에서 1급-7.jpg, 1급-8.jpg, 1급-9.jpg, 1급-10.jpg, 1급-11.jpg 이미지를 선택하여 [Open] 한다.

유형 10. 배경색 칠

1. 색상 피커의 전경색을 #88bb44로 지정하고 [Alt] +
   [Delete]를 눌러 작업 파일의 [Background Layer]에
   색을 칠한다.

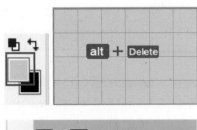

유형 12. 레이어 Blending Mode(혼합 모드) 지정

유형 13. 레이어 Opacity(불투명도) 조절

1. 1급-7.jpg 이미지에서 [Ctrl] + [A] 하여 전체 선택하
   고 [Ctrl] + [C] 하여 복사 후 새로 만든 G12345678-
   성명-3.psd 작업 파일에 [Ctrl] + [V]로 붙여 넣는다.

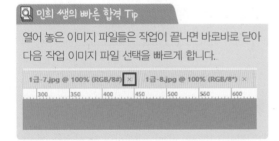

민희 쌤의 빠른 합격 Tip

열어 놓은 이미지 파일들은 작업이 끝나면 바로바로 닫아
다음 작업 이미지 파일 선택을 빠르게 합니다.

2. 자유 변형([Ctrl] + [T])으로 《출력형태》에 맞게 배치
   하고 [Layer] 패널에서 [Blending Mode]는
   Linear Light, [Opacity]를 80%로 적용한다.

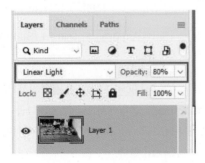

유형 1. 이미지에 필터 적용

유형 11. 레이어 마스크 사용하여 이미지 일부를 가리기

1. 1급-8.jpg 이미지에서 [Ctrl] + [A] 하여 전체 선택하
   고 [Ctrl] + [C] 하여 복사 후 작업 중인 파일에 [Ctrl] +
   [V]로 붙여 넣고 자유 변형([Ctrl] + [T])으로 《출력형
   태》에 맞게 배치한다.

2. [Filter] 〉 [Filter Gallery]에서 Brush Strokes
   그룹의 Sprayed Strokes를 적용한다.

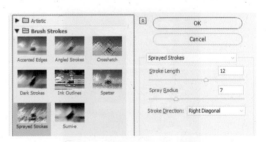

3. [Layer] 패널에서 레이어 마스크 버튼을 클릭하여
   마스크를 씌운 뒤 ▣ Gradient Tool G로 색상 정
   지점은 흰색, 검정색으로 선택하여 가려질 곳은 검
   정색, 나타낼 곳은 흰색으로 칠해지도록 가로 방향
   으로 드래그한다.

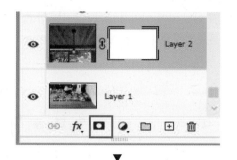

▼

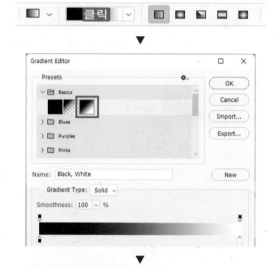

▼

▼

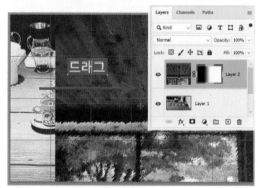

유형 1. 이미지에 필터 적용

유형 2. 이미지 오려내기

유형 11. 레이어 마스크 사용하여 이미지 일부를 가리기

1. 1급-9.jpg 이미지에서 🖌Quick Selection Tool W로 컵과 원두 영역을 드래그하여 선택한다.

2. 복사하여 작업 중인 파일에 붙여 넣고 자유 변형으로 《출력형태》에 맞게 배치한다.

3. 1급-10.jpg 이미지에서 Ctrl + A 하여 전체 선택하고 Ctrl + C 하여 복사 후 작업 중인 파일에 붙여 넣는다.

4. 메뉴바 [Filter] 〉 [Stylize] 〉 [Wind] 필터를 방향에 맞게 적용한다.

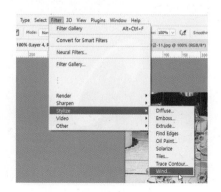

6. 다시 야외 카페 이미지 레이어를 선택하고 가시성 버튼을 클릭하여 활성화한 뒤, 레이어 마스크 버튼을 눌러 마스크를 씌운다.

▼

5. 야외 카페 이미지 레이어의 가시성 버튼을 클릭하여 비활성화한 뒤 컵 레이어를 선택한다.

🖌 Quick Selection Tool W로 컵 받침을 제외한 컵과 원두 영역만 드래그하여 선택한다.

▼

7. 야외 카페 레이어를 더블클릭하여 레이어 스타일을 열고 Inner Shadow 효과를 적용한다.

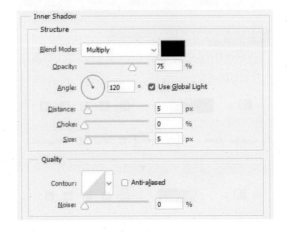

8. 컵 레이어를 더블클릭하여 레이어 스타일을 열고 Outer Glow, Drop Shadow 효과를 적용한다.

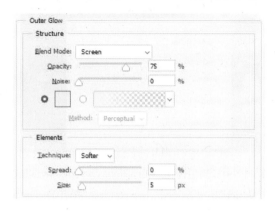

레이어 마스크 하는 법 동영상으로 확인하기

유형 2. 이미지 오려내기

유형 4. 이미지 색상 보정

1. 1급-11.jpg 이미지에서 ✏️Quick Selection Tool W로 케이크 접시를 드래그하여 선택한다.

2. 복사하여 작업 중인 파일에 붙여 넣고 자유 변형으로 《출력형태》에 맞게 배치한다. ✏️Quick Selection Tool W로 케이크 영역만 드래그하여 선택한다.

3. [Layer] 패널에서 조정 레이어 버튼을 누르고 [Hue/Saturation]을 선택한다.

4. [Properties] 패널에서 [Hue] 슬라이더를 드래그 하여 색상을 빨간색 계열로 보정한다. 먼저 선택 영역을 지정하였기 때문에 자동으로 레이어 마스 크가 지정되어 케이크 부분만 색 보정이 적용된다.

5. 케이크 접시 레이어를 더블클릭하여 레이어 스타
   일을 열고 Stroke(5px, 그라디언트(#cc0099,
   #ffffff)) 효과를 적용한다.

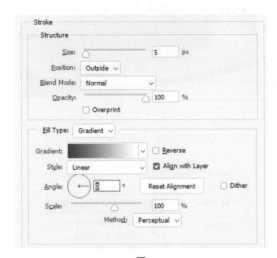

▼

4. 레이어 스타일을 열고 Gradient Overlay(#cc33ff,
   #669933, #0066cc), Stroke(2px, #ffffff), Drop
   Shadow 효과를 적용한다.

유형 9. 텍스트 뒤틀기(Text Warp)

유형 8. 문자, 이미지, 모양에 레이어 스타일 적용

1. **T** Horizontal Type Tool T로 화면을 클릭하여
   《조건》에 지시된 "카페 꾸미기 소품전시회" 문자
   를 입력한다. 옵션바에서 지정된 서체와 크기(궁
   서, 42pt)를 정확히 적용한다.

2. "꾸미기" 문자에 블록을 씌우고 60pt로 변경한다.

3. 옵션바의 Create warped text 버튼(𝕀)을 클릭
   하여 [Flag] 스타일을 선택하고 《출력형태》와 비
   슷하게 세부 사항을 조절한다.

▼

5. "Living & Life Style" 문자를 입력하고 옵션바에서 지정된 서체와 크기, 텍스트 색상(Arial, Regular, 18pt, #003366)을 정확히 적용한다.

6. 옵션바의 Create warped text 버튼(⊥)을 클릭하여 [Arc] 스타일을 선택하고 《출력형태》와 비슷하게 세부 사항을 조절한다.

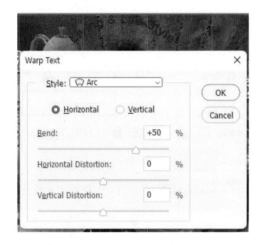

7. 레이어 스타일을 열고 Stroke(2px, #ffffff) 효과를 적용한다.

8. "예약방문 / 사전등록" 문자를 입력하고 옵션바에서 지정된 서체와 크기, 텍스트 색상(돋움, 18pt, #ffffff)을 정확히 적용한다. "사전등록" 문자를 드래그하여 블록을 씌우고 텍스트 색상을 #cccc00으로 변경한다.

9. 레이어 스타일을 열고 Stroke(2px, #333300) 효과를 적용한다.

10. "2030년 12월 3일 ~ 5일 / aT센터전시장" 문자를 입력하고 옵션바에서 지정된 서체와 크기(돋움, 17pt)를 정확히 적용한다.

11. 레이어 스타일을 열고 Gradient Overlay (#333333, #ff0066), Stroke(2px, #ffffcc) 효과를 적용한다.

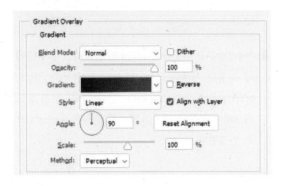

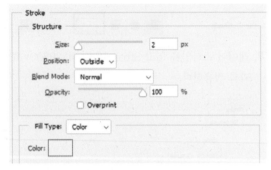

유형 5. 모양 도구(Shape Tool) 사용

유형 13. 레이어 Opacity(불투명도) 조절

1. ✿ Custom Shape Tool U로 옵션바 [Shape] 항목에서 《출력형태》와 같은 모양을 선택하고 [Fill] 색상을 #990033으로 지정한 뒤, Shift 누르고 드래그하여 그린다.

2. 레이어 스타일을 열고 Drop Shadow 효과를 적용한다.

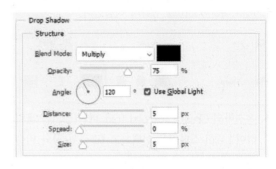

3. [Layer] 패널에서 [Opacity]를 70%로 적용한다.

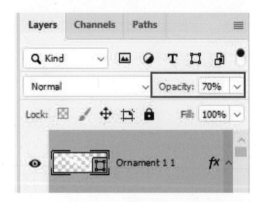

▼

4. ✛ Move Tool V로 Alt 누르고 드래그하여 복사하고 《출력형태》에 맞게 배치한다. [Fill] 색상을 #0077bb로 변경한다.

5. ✿ Custom Shape Tool U로 옵션바 [Shape] 항목에서 《출력형태》와 같은 모양을 선택하고 Shift 눌러 드래그하여 그린다.

6. 레이어 스타일을 열고 Gradient Overlay(#ffffff, #cc33cc), Drop Shadow 효과를 적용한다.

7. ✿ Custom Shape Tool U로 옵션바 [Shape] 항목에서 《출력형태》와 같은 모양을 선택하고 [Fill] 색상을 #ff9999로 지정한 뒤, Shift 누르고 드래그하여 그린다.

8. 레이어 스타일을 열고 Stroke(3px, #ffffcc) 효과를 적용한다.

9. [Layer] 패널에서 [Opacity]를 70%로 적용한다.

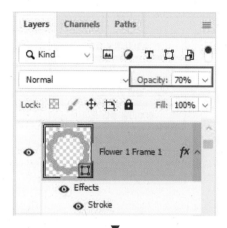

10. 작업하지 않은 부분은 없는지 확인하고 메뉴바 [File] 〉 [Export] 〉 [Export As]에서 포맷을 jpg로 선택하여 저장한다.

11. [Image] 〉 [Image Size] (Alt + Ctrl + I) 메뉴를 클릭하고 Width(폭)를 40, Height(높이)를 50으로 입력 후 [OK] 한다.

12. [File] 〉 [Save As]하여 psd 포맷으로 저장한다.

13. 실제 시험장에서는 문제 편집 작업이 모두 완료될 때마다 jpg와 psd 파일을 답안 작성요령에 맞게 저장한 후, [KOAS 수험자용] 프로그램의 [답안 전송하기] 버튼을 눌러 감독관 PC로 전송한

다. 전송 후 답안 파일을 수정하였다면 저장 후
다시 답안 전송을 누른다.

문제 4 [실무응용] 웹 페이지 제작

1. [File] 〉 [New] (Ctrl + N)하여 새 문서를 생성한
   다. 파일명은 G12345678-성명-4로 입력한다.
   [Width] 600, [Height] 400, [Resolution] 72,
   [Color Mode] RGB Color, 8bit, [Background
   Contents] White로 지정한 후 [Create] 한다.

2. [File] 〉 [Save As] (Ctrl + Shift + S)하여 psd
   파일로 저장한다.

3. [File] 〉 [Open] (Ctrl + O)하여 📁최신기출문제
   유형2WImage 폴더에서 1급-12.jpg, 1급-13.jpg,
   1급-14.jpg, 1급-15.jpg, 1급-16.jpg, 1급-17.jpg
   이미지를 선택하여 [Open] 한다.

유형 10. 배경색 칠

1. 색상 피커의 전경색을 #88bb44로 지정하고 Alt +
   Delete를 눌러 작업 파일의 [Background Layer]에
   색을 칠한다.

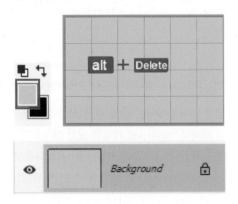

유형 12. 레이어 Blending Mode(혼합 모드) 지정

유형 13. 레이어 Opacity(불투명도) 조절

유형 11. 레이어 마스크 사용하여 이미지 일부를 가리기

1. 1급-12.jpg 이미지에서 Ctrl + A 하여 전체 선택하
   고 Ctrl + C 하여 복사 후 새로 만든 G12345678-
   성명-4.psd 작업 파일에 Ctrl + V로 붙여 넣고 자유
   변형(Ctrl + T)으로 《출력형태》에 맞게 배치한다.

2. [Layer] 패널에서 [Blending Mode]를 Color
   Burn으로 지정하고 레이어 마스크를 씌운다.

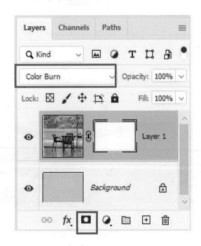

3. ▢ Gradient Tool G로 색상 정지점은 흰색, 검정
   색으로 선택하여 가려질 곳은 검정색, 나타낼 곳은
   흰색으로 칠해지도록 대각선 방향으로 드래그한다.

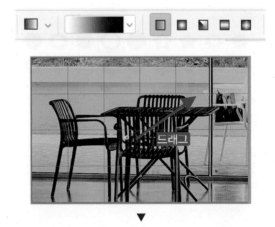

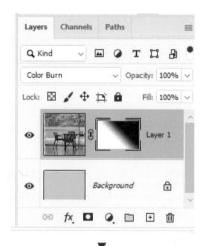

3. Layer] 패널에서 레이어 마스크를 씌우고 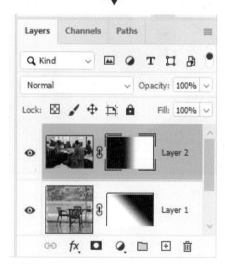 Gradient Tool G로 색상 정지점은 흰색, 검정색으로 선택하여 가려질 곳은 검정색, 나타낼 곳은 흰색으로 칠해지도록 가로 방향으로 드래그한다.

유형 2. 이미지 오려내기

유형 1. 이미지에 필터 적용

1. 1급-13.jpg 이미지에서 Ctrl + A 하여 전체 선택하고 Ctrl + C 하여 복사 후 작업 중인 파일에 붙여넣고 자유 변형으로 《출력형태》에 맞게 배치한다.

2. [Filter] 〉 [Filter Gallery]에서 Brush Strokes 그룹의 Angled Strokes를 적용한다.

유형 2. 이미지 오려내기

유형 8. 문자, 이미지, 모양에 레이어 스타일 적용

1. 1급-14.jpg 이미지에서 ✏️Quick Selection Tool W로 디저트 접시 영역을 드래그하여 선택한다. 선택이 잘 안되는 부분은 🎗️Polygonal Lasso Tool L로 Alt 누르고 영역을 지정하여 제외한다.

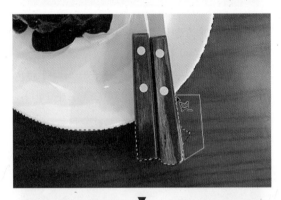

▼

2. 복사하여 작업 중인 파일에 붙여 넣고 자유 변형으로 《출력형태》에 맞게 배치한다. 레이어 스타일을 열고 Bevel and Emboss, Drop Shadow 효과를 적용한다.

▼

유형 2. 이미지 오려내기

유형 1. 이미지에 필터 적용

1. 1급-15.jpg 이미지에서 Quick Selection
   Tool W로 티스푼 영역을 드래그하여 선택한다.

2. 복사하여 작업 중인 파일에 붙여 넣고 자유 변형으
   로 《출력형태》에 맞게 배치한다.

3. [Filter] 〉 [Filter Gallery]에서 Artistic 그룹의
   Film Grain을 적용한다.

4. 레이어 스타일을 열고 Outer Glow 효과를 적용한다.

5. 1급-16.jpg 이미지에서 Quick Selection
   Tool W로 컵 영역을 드래그하여 선택한다.

6. 복사하여 작업 중인 파일에 붙여 넣고 자유 변형으
   로 《출력형태》에 맞게 배치한다. 제거되지 않은 손
   잡이 안쪽 부분은 Eraser Tool E로 우클릭하
   여 사전 설정 창에서 [Hard Round] 브러시를 선
   택하고 지운다.

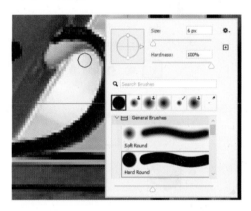

7. [Layer] 패널에서 조정 레이어 버튼을 누르고
   [Hue/Saturation]을 선택한다.

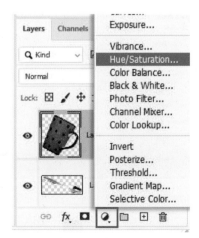

8. [Properties] 패널에서 [Hue] 슬라이더를 드래그하여 색상을 보라색 계열로 보정한다. 조정 레이어는 하위 모든 레이어에 영향을 주므로 컵 이미지 레이어에만 색상 보정을 나타내기 위해 Clip to the Layer 버튼(🔲)을 눌러 클리핑 마스크를 적용한다. 컵 이미지의 검은색과 흰색 부분은 무채색으로 색상 변화가 없다.

▼

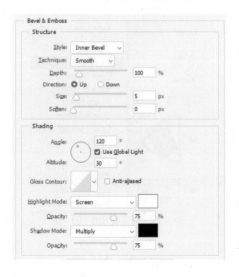

9. 컵 레이어를 더블클릭하여 레이어 스타일을 열고 Bevel and Emboss 효과를 적용한다.

10. 1급-17.jpg 이미지에서 ✎ Magic Wand Tool W을 선택한다. 선택 색상 허용 범위를 높이기 위해 옵션바의 Tolerance 값을 60으로 변경하고 흰색 배경 영역을 클릭하여 선택한다.

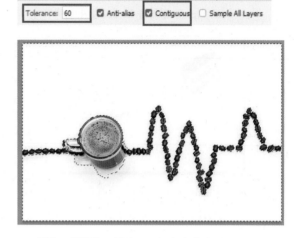

11. [Ctrl] + [Shift] + [I]를 눌러 선택 영역을 반전한다.

12. 컵 부분은 필요가 없으므로 🔲 Rectangular Marquee Tool M으로 [Alt]와 [Shift]를 동시에 누르고 필요한 부분만 드래그한다.

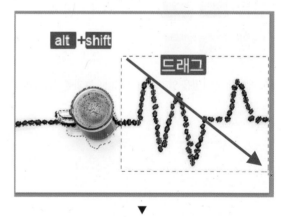

▼

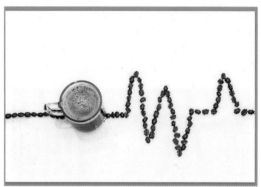

13. 복사하여 작업 중인 파일에 붙여 넣고 자유 변형으로 《출력형태》에 맞게 배치한다. [Layer] 패널에서 원두 레이어를 아래로 내려 레이어의 순서를 정리한다.

유형 5. 모양 도구(Shape Tool) 사용

유형 8. 문자, 이미지, 모양에 레이어 스타일 적용

유형 13. 레이어 Opacity(불투명도) 조절

1. ✿ Custom Shape Tool U로 옵션바에서 《출력형태》와 같은 모양을 선택하고 [Fill] 색상을 #0055aa로 지정한 뒤 Shift를 누르고 그려 넣는다.

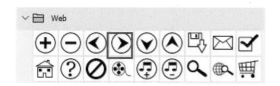

2. 레이어 스타일을 열고 Drop Shadow 효과를 적용한다.

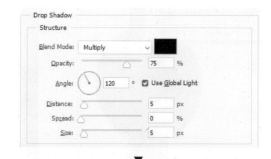

3. ✿ Custom Shape Tool U로 옵션바에서 《출력형태》와 같은 모양을 선택하고 [Fill] 색상을 #ff9944로 지정한 뒤 Shift를 누르고 그려 넣는다.

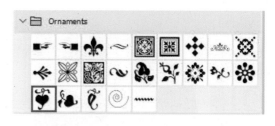

4. 레이어 스타일을 열고 Inner Shadow 효과를 적용한다.

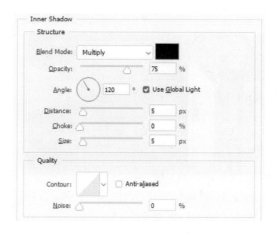

5. [Layer] 패널에서 [Opacity]를 80%로 적용한다.

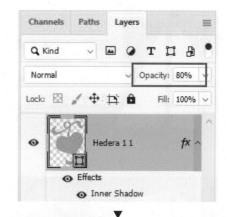

6. ✐Pen Tool P로 옵션바에서 모드를 [Shape]으로 선택하고 왼쪽 건물 형태를 그린다.

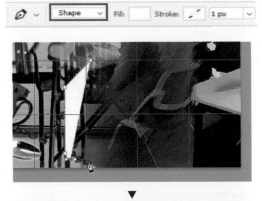

7. Esc를 한 번 눌러 편집 상태를 벗어난 후, 옵션바 Path Operations 항목을 [Combine Shapes]로 지정한 뒤 가운데 건물 형태를 그린다.

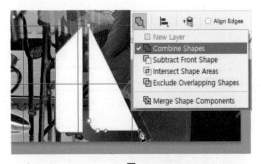

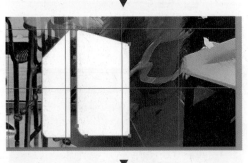

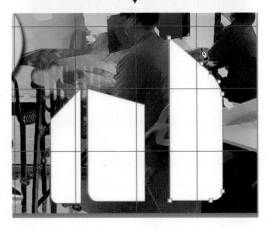

8. Esc를 한 번 눌러 편집 상태를 벗어난 후, ⭕ Ellispse Tool U로 옵션바 Path Operations 항목을 [Subtract Front Shape]로 지정한 뒤 건물 가운데 정원을 그린다.

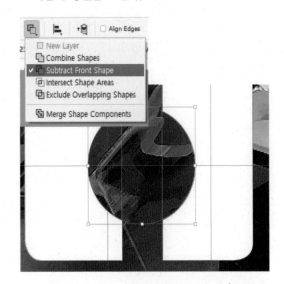

9. Esc를 한 번 눌러 편집 상태를 벗어난 후, ⬡Pen Tool P로 옵션바 Path Operations 항목을 [Subtract Front Shape]로 지정한 뒤 정원 하단에 삼각형 모양을 그린다.

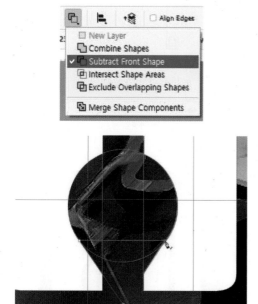

10. 새로운 모양 레이어를 만들기 위해 ◯Ellispse Tool U로 옵션바 Path Operations 항목을 [New Layer]로 지정한 뒤 모양 가운데 정원을 그린다.

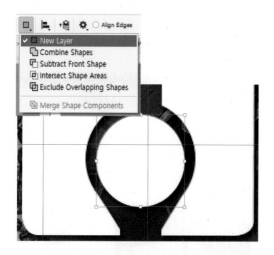

11. Esc를 한 번 눌러 편집 상태를 벗어난 후, ⬡Pen Tool P로 옵션바 Path Operations 항목을 [Combine Shapes]로 지정한 뒤 정원 하단에 삼각형 모양을 그린다.

12. Esc를 한 번 눌러 편집 상태를 벗어난 후, ◯ Ellispse Tool U로 옵션바 Path Operations 항목을 [Subtract Front Shape]로 지정한 뒤 모양 가운데 정원을 그린다.

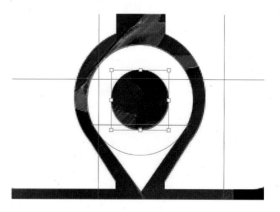

13. 새로운 모양 레이어를 만들기 위해 ⬡Pen Tool P로 옵션바 Path Operations 항목을 [New Layer]로 지정한 뒤 모양 가운데 깃발 형태를 그린다.

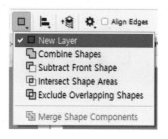

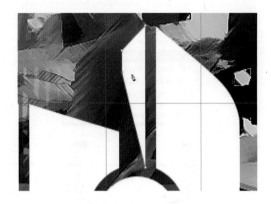

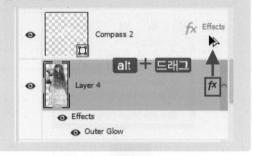

참고 ▶ Path Selection Tool A로 모양이 모두 포함되도록 드래그하면 전체 모양이 한 번에 선택되고 일부분의 모양만 클릭하면 단독 모양이 한 번에 선택이 됩니다. 하나의 레이어에 있는 모양도 단독 선택하여 개별 변형이 가능합니다. 세밀하게 위치를 조절할 때는 키보드 방향키를 사용합니다.

14. 건물 모양은 #ccffff 색상, 장소 아이콘 모양은 #ff9999 색상, 깃발 모양은 #9999ff 색상을 적용하고 모두 Drop Shadow 효과를 적용한다.

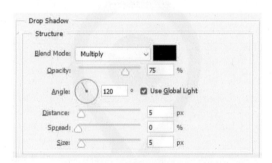

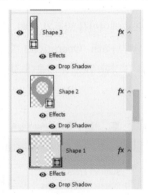

패스 그리는 법 동영상으로 확인하기

유형 14. 패턴 만들고 특정 영역에 패턴 적용

유형 11. 레이어 마스크 사용하여 이미지 일부를 가리기

1. 《출력형태》를 보고 패턴 한 조각의 크기만큼 ⬚ Rectangular Marquee Tool M로 사각형 영역을 지정한다. 대략 크기를 확인하고 Ctrl + D를 눌러 선택 영역을 해제한다.

참고 패턴을 너무 크게 그리면 많이 채워지지 않고 너무 작게 그리면 사이즈를 키울 때 해상도가 떨어지므로 대략적인 크기를 가늠하여 그립니다.

2. Ctrl + N을 눌러 1번에서 확인한 사이즈로 새 문서를 생성한다. [Background Contents]는 Transparent로 지정하여 투명한 새 문서에서 작업한다.

3. 🎨 Custom Shape Tool U로 옵션바 [Shape] 항목에서 《출력형태》에 맞는 모양을 선택한다. 화면을 확대하여 #9999ff 색상으로 곡선타일 모양을 그리고 #6699ff 색상으로 직선 타일 모양을 그린다.

참고 모양을 그리고 여백이 남는다면 패턴을 저장할 부분만큼 ▫️Rectangular Marquee Tool M으로 영역을 지정한 뒤 패턴을 등록한다.

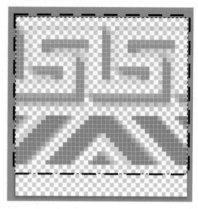

4. 메뉴바 [Edit] 〉 [Define Pattern]을 눌러 패턴으로 등록한다.

▼

5. 작업 중인 파일에서 Alt + Ctrl + Shift + N을 눌러 새 레이어를 추가한다.

6. 메뉴바 [Edit] 〉 [Fill] (Shift + F5)에서 [Contents] 항목을 Pattern으로 선택하고 저장한 패턴을 선택한다.

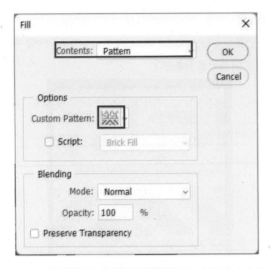

7. Ctrl + T를 눌러 자유 변형으로 크기를 조절한다.

8. Ctrl을 누르고 건물 모양 레이어의 섬네일을 클릭하여 선택 영역으로 지정한다.

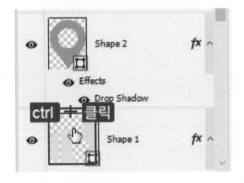

9. 패턴 레이어를 선택하고 Ctrl + Shift + I를 눌러 선택 영역을 반전한 뒤, Delete를 눌러 불필요한 패턴을 삭제한다.

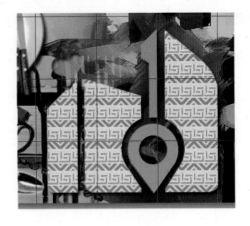

유형 5. 모양 도구(Shape Tool) 사용

유형 8. 문자, 이미지, 모양에 레이어 스타일 적용

1. ✿ Custom Shape Tool U로 옵션바 [Shape] 항목에서 《출력형태》에 맞는 모양을 선택하여 Shift 를 누르지 않고 가로가 긴 형태로 그린다.

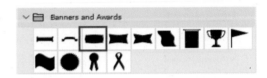

2. 레이어 스타일을 열고 Gradient Overlay(#0066ff, #ffffff), Stroke(2px, #339999) 효과를 적용한다.

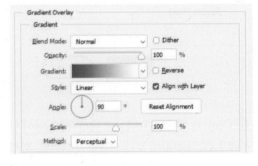

3. Ctrl + J를 두 번 눌러 레이어를 두 개 더 복제한 뒤 《출력형태》에 맞게 배치한다. 레이어를 모두 선택하고 ✛Move Tool V로 옵션바의 정렬 아이콘을 클릭하여 세로 등간격 정렬 버튼을 누른다.

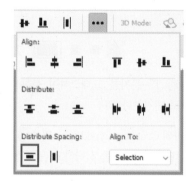

4. 가운데 모양 레이어를 더블클릭하여 레이어 스타일을 열고 Stroke 색상을 #cc66cc로 변경한다.

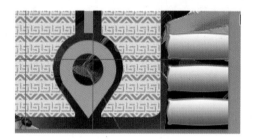

유형 9. 텍스트 뒤틀기(Text Warp)

유형 8. 문자, 이미지, 모양에 레이어 스타일 적용

1. T Horizontal Type Tool T로 화면을 클릭하여 《조건》에 지시된 "회원가입" 문자를 입력한다. 옵션바에서 지정된 서체와 크기, 텍스트 색상(돋움, 16pt, #000000)을 정확히 적용한다.

2. 레이어 스타일을 열고 Stroke(2px, #99ffff) 효과를 적용한다.

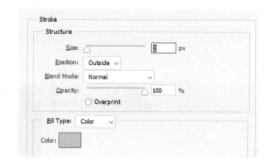

3. ✛Move Tool V로 문자를 Alt 누르고 아래로 드래그하여 복제하고 "본사안내", "창업상담"으로 문자를 수정한다. "본사안내" 문자 레이어를 더블클릭하여 레이어 스타일을 열고 Stroke 색상을 #cc99ff로 변경한다.

4. "프랜차이즈 등록" 문자를 입력하고 옵션바에서 지정된 서체와 크기, 텍스트 색상(궁서, 18pt, #333333)을 정확히 적용한다.

5. 레이어 스타일을 열고 Stroke(2px, #ccff00) 효과를 적용한다.

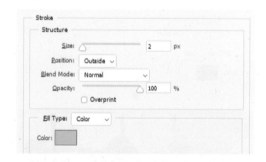

6. "카페플라워 창업교육" 문자를 입력하고 옵션바에서 지정된 서체와 크기(굴림, 45pt)를 정확히 적용한다.

7. 옵션바의 Create warped text 버튼(T)을 클릭하여 [Fish] 스타일을 선택하고 《출력형태》와 비슷하게 세부 사항을 조절한다.

8. 레이어 스타일을 열고 Gradient Overlay(#ffcc00, #339966, #ff6600), Stroke(2px, #333333) 효과를 적용한다.

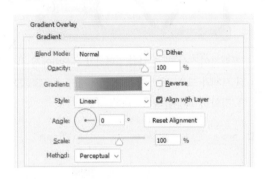

▼

9. "Cafe Foundation Training" 문자를 입력하고 옵션바에서 지정된 서체와 크기, 텍스트 색상 (Times New Roman, Bold, 24pt, #330066)을 정확히 적용한다.

10. "C, F, T" 문자를 드래그하여 블록을 씌우고 36pt로 변경한다.

11. 옵션바의 Create warped text 버튼(T)을 클릭하여 [Flag] 스타일을 선택하고 《출력형태》와 비슷하게 세부 사항을 조절한다.

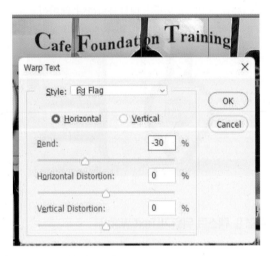

12. 레이어 스타일을 열고 Stroke(2px, #ffffff) 효과를 적용한다.

13. 작업하지 않은 부분은 없는지 확인하고 메뉴바 [File] 〉 [Export] 〉 [Export As]에서 포맷을 jpg로 선택하여 저장한다.

14. [Image] 〉 [Image Size] (Alt + Ctrl + I) 메뉴를 클릭하고 Width(폭)를 60, Height(높이)를 40으로 입력 후 [OK] 한다.

15. [File] 〉 [Save As]하여 psd 포맷으로 저장한다.

16. 실제 시험장에서는 문제 편집 작업이 모두 완료될 때마다 jpg와 psd 파일을 답안 작성요령에 맞게 저장한 후, [KOAS 수험자용] 프로그램의 [답안 전송하기] 버튼을 눌러 감독관 PC로 전송한다. 전송 후 답안 파일을 수정하였다면 저장 후 다시 답안 전송을 누른다.

| 수험자 정보 조회 |
| 답안 전송 |
| 답안 가져오기 |
| 첨부파일 폴더 보기 |
| 수험자 수험 종료 |

| 프로그램 종료(감독위원 작동) |

문제 1   [기능평가] 고급 Tool(도구) 활용   20점

다음의 《조건》에 따라 아래의 《출력형태》와 같이 작업하시오.

조건

원본 이미지	문서₩GTQ₩Image₩1급-1.jpg, 1급-2.jpg, 1급-3.jpg		
파일저장 규칙	JPG	파일명	문서₩GTQ₩수험번호-성명-1.jpg
		크기	400 × 500 pixels
	PSD	파일명	문서₩GTQ₩수험번호-성명-1.psd
		크기	40 × 50 pixels

출력형태

1. 그림 효과

① 1급-1.jpg : 필터 – Crosshatch(그물눈)
② Save Path(패스 저장) : 자동차 모양
③ Mask(마스크) : 자동차 모양, 1급-2.jpg를 이용하여 작성
   레이어 스타일 – Stroke(선/획)(3px, 그라디언트(#00ff00, #ff33cc)),
   Inner Shadow(내부 그림자)
④ 1급-3.jpg : 레이어 스타일 – Outer Glow(외부 광선)
⑤ Shape Tool(모양 도구) :
   – 재활용 모양(#333333, 레이어 스타일 – Bevel and Emboss(경사와 엠보스))
   – 자동차 모양(#669966, #66cccc, 레이어 스타일 – Drop Shadow(그림자 효과))

2. 문자 효과

① FLYING CAR(Arial, Bold, 50pt, 레이어 스타일 – 그라디언트 오버레이(#ff33ff, #666699, #ffffff), Stroke(선/획)(2px, #003333), Drop Shadow(그림자 효과))

문제 2   [기능평가] 사진편집 응용   20점

다음의 《조건》에 따라 아래의 《출력형태》와 같이 작업하시오.

조건

원본 이미지	문서₩GTQ₩Image₩1급-4.jpg, 1급-5.jpg, 1급-6.jpg		
파일저장 규칙	JPG	파일명	문서₩GTQ₩수험번호-성명-2.jpg
		크기	400 × 500 pixels
	PSD	파일명	문서₩GTQ₩수험번호-성명-2.psd
		크기	40 × 50 pixels

출력형태

1. 그림 효과

① 1급-4.jpg : 필터 – Dry Brush(드라이 브러시)
② 색상 보정 : 1급-5.jpg – 분홍색, 녹색 계열로 보정
③ 1급-5.jpg : 레이어 스타일 – Drop Shadow(그림자 효과)
④ 1급-6.jpg : 레이어 스타일 – Outer Glow(외부 광선)
⑤ Shape Tool(모양 도구) :
   – 나침반 모양(#ffffff, 레이어 스타일 – Outer Glow(외부 광선))
   – 나선형 모양(#ffcc66, #9999cc, 레이어 스타일 – Drop Shadow(그림자 효과))

2. 문자 효과

① Virtual Vehicle(Times New Roman, Bold, 50pt, 레이어 스타일 – 그라디언트 오버레이(#cc6699, #33cc99), Stroke(선/획)(2px, #000033))

다음의 《조건》에 따라 아래의 《출력형태》와 같이 작업하시오.

▶ 조건

원본 이미지	문서₩GTQ₩Image₩1급-7.jpg, 1급-8.jpg, 1급-9.jpg, 1급-10.jpg, 1급-11.jpg		
파일저장규칙	JPG	파일명	문서₩GTQ₩수험번호-성명-3.jpg
		크기	600 × 400 pixels
	PSD	파일명	문서₩GTQ₩수험번호-성명-3.psd
		크기	60 × 40 pixels

1. 그림 효과

① 배경 : #66cc99
② 1급-7.jpg : Blending Mode(혼합 모드) – Difference(차이), Opacity(불투명도)(60%)
③ 1급-8.jpg : 필터 – Texturizer(텍스처화), 레이어 마스크 – 세로 방향으로 흐릿하게
④ 1급-9.jpg : 필터 – Film Grain(필름 그레인), 레이어 스타일 – Inner Shadow(내부 그림자)
⑤ 1급-10.jpg : 레이어 스타일 – Stroke(선/획)(5px, 그라디언트(#cc6600, 투명으로)), Bevel and Emboss(경사와 엠보스)
⑥ 1급-11.jpg : 색상 보정 – 노란색 계열로 보정, 레이어 스타일 – Bevel and Emboss(경사와 엠보스)
⑦ 그 외 《출력형태》 참조

2. 문자 효과

① 미래 자동차 산업전(궁서, 37pt, 50pt, 레이어 스타일 – 그라디언트 오버레이(#9966cc, #ff3333, #ffff33), Stroke(선/획)(2px, #333333), Drop Shadow(그림자 효과))
② Future Mobility Exhibition(Times New Roman, Bold, 20pt, #cccccc, 레이어 스타일 – Stroke(선/획)(3px, #333300))
③ AUTO DRIVING(Arial, Regular, 30pt, 레이어 스타일 – 그라디언트 오버레이(#ff9900, #336633), Stroke(선/획)(2px, #ffffcc))
④ 매주 토요일 오후 2시 한국산업 컨벤션(돋움, 18pt, #ffcccc, #cc6666, 레이어 스타일 – Stroke(선/획)(2px, #000000))

▶ 출력형태

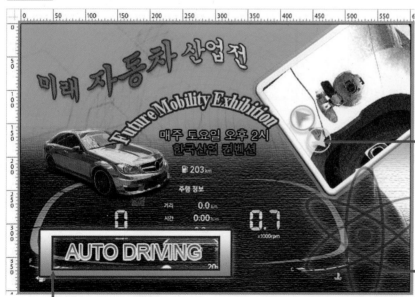

Shape Tool(모양 도구) 사용
#66ff00, #ffff00,
레이어 스타일 –
Drop Shadow(그림자 효과)

Shape Tool(모양 도구) 사용
#006600, 레이어 스타일 –
Outer Glow(외부 광선),
Opacity(불투명도)(50%)

Shape Tool(모양 도구) 사용
레이어 스타일 – 그라디언트 오버레이(#669999, #ffffff),
Storke(선/획)(3px, #333333), Outer Glow(외부 광선)

다음의 《조건》에 따라 아래의 《출력형태》와 같이 작업하시오.

조건

원본 이미지	문서₩GTQ₩Image₩1급-12.jpg, 1급-13.jpg, 1급-14.jpg, 1급-15.jpg, 1급-16.jpg, 1급-17.jpg		
파일저장규칙	JPG	파일명	GTQ₩수험번호-성명-4.jpg
		크기	600 × 400 pixels
	PSD	파일명	문서₩GTQ₩수험번호-성명-4.psd
		크기	60 × 40 pixels

1. 그림 효과
   ① 배경 : #999966
   ② 패턴(비행기, 별 모양) : #996666, #ffff00
   ③ 1급-12.jpg : Blending Mode(혼합 모드) – Hard Light(하드 라이트), 레이어 마스크 – 대각선 방향으로 흐릿하게
   ④ 1급-13.jpg : 필터 – Film Grain(필름 그레인), 레이어 마스크 – 가로 방향으로 흐릿하게
   ⑤ 1급-14.jpg : 레이어 스타일 – Bevel and Emboss(경사와 엠보스), Drop Shadow(그림자 효과)
   ⑥ 1급-15.jpg : 필터 – Wind(바람), 레이어 스타일 – Drop Shadow(그림자 효과)
   ⑦ 1급-16.jpg : 색상 보정 – 녹색 계열로 보정, 레이어 스타일 – Drop Shadow(그림자 효과)
   ⑧ 그 외 《출력형태》 참조

2. 문자 효과
   ① Drone Delivery Service(Arial, Bold, 50pt, 25pt, 레이어 스타일 – 그라디언트 오버레이(#ffcc33, #ffffff), Stroke(선/획)(3px, #006666), Drop Shadow(그림자 효과))
   ② 스마트 드론 배송 서비스(궁서, 28pt, 레이어 스타일 – 그라디언트 오버레이(#3300cc, #cc3399, #663333), Stroke(선/획)(2px, #66ffff))
   ③ 드론 허용지역 안내(바탕, 18pt, #ffff66, 레이어 스타일 – Stroke(선/획)(2px, #660033))
   ④ 배송안내 배송신청 배송체험(돋움, 16pt, #000000, 레이어 스타일 – Stroke(선/획)(2px, #ff99ff, #9999ff))

출력형태

Pen Tool(펜 도구) 사용
#cccc66, #999933, 레이어 스타일 –
Drop Shadow(그림자 효과)

Shape Tool(모양 도구) 사용
#ff6600, 레이어 스타일 –
Inner Shadow(내부 그림자)

Shape Tool(모양 도구) 사용
#ffff66, 레이어 스타일 –
Stroke(선/획)(2px, #660033)

Shape Tool(모양 도구) 사용
레이어 스타일 – 그라디언트
오버레이(#66cccc, #ffffff),
Stroke(선/획)(2px, #996600)

참고 도구나 기능의 자세한 내용은 **포토샵 기능 익히기**의 각 파트에 자세히 설명하였습니다. 연습 시 문제 풀이 설명과 다르게 적용된다면 **포토샵 기능 익히기**를 참고하여 각 도구의 옵션바, 패널 등의 세부 기능을 먼저 이해하고 적절히 선택하였는지 확인하여 작업합니다.

0. 먼저 작업의 최적화를 위해 포토샵을 세팅한다.
   가이드 – 시험장 환경설정을 참고하여 격자 & 눈금자와 작업 내역을 설정한다.

🔍 민희 쌤의 빠른 합격 Tip

실제 시험장에서는 시험지를 배부하므로 빨간 펜 등으로 시험지의 《출력형태》 사진에도 100px마다 가로, 세로 격자를 그려둡니다.

문제 1 [기능평가] 고급 Tool(도구) 활용

1. [File] 〉 [New] (Ctrl + N)하여 새 문서를 생성한다. 수험번호는 임의로 지정하여 파일명은 G12345678-성명-1로 입력한다. [Width(폭)] 400, [Height (높이)] 500, [Resolution(해상도)] 72, [Color Mode(색상 모드)] RGB Color, 8bit, [Background Contents] White로 지정한 후 [Create] 한다.

2. [File] 〉 [Save As] (Ctrl + Shift + S)하여 psd 파일로 저장한다. (저장 위치는 임의대로 설정한다.)

🎖 버전 안내

CC 버전의 경우 [Save on your computer or to cloud documents] 창이나 버튼이 표시되면 클라우드가 아닌 컴퓨터에 저장하기 위해 [Save on your computer]를 클릭합니다.

3. [File] 〉 [Open] (Ctrl + O) 하고 📁실전문제1회 ₩Image 폴더에서 1급-1.jpg, 1급-2.jpg, 1급-3.jpg 이미지를 선택하여 [Open] 한다.

유형 1. 이미지에 필터 적용

1. 1급-1.jpg 이미지에서 Ctrl + A 하여 전체 선택하고 Ctrl + C 하여 복사 후 새로 만든 G12345678-성명-1.psd 작업 파일에 Ctrl + V로 붙여 넣는다.

2. Ctrl + T 하여 자유 변형으로 크기 조절 후 문제의 《출력형태》에 맞게 배치한다.

3. [Filter] 〉 [Filter Gallery]에서 Brush Strokes 그룹의 Crosshatch를 적용한다.

유형 6. 펜 툴 사용하여 패스 그리고 패스 저장 (Save Path)

1. 🖊️ Pen Tool P로 도구 옵션바에서 [Shape] 모드를 선택한다. [Fill] 항목은 아무 색상이나 지정하고 [Stroke] 항목은 No Color(▱)로 색상 없음을 지정한다.

2. 자동차의 외곽 모양을 먼저 그린다.

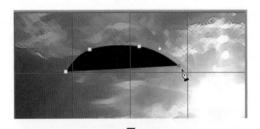

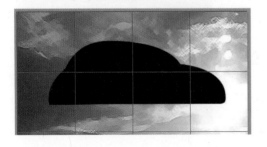

3. 작업이 완료 되면 Esc를 한 번 눌러 편집 상태를 벗어난다.

4. 왼쪽 둥근 부분을 원형 도형으로 합치기 위해 옵션바 Path Operations 항목을 [Combine Shapes]로 선택하고 ⭕ Ellispse Tool U로 원을 추가하여 그린다.

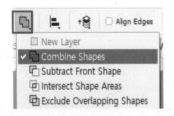

5. 원을 그린 뒤 Esc를 한 번 눌러 편집 상태를 벗어난다.

> **중요!** Esc를 눌러 편집 상태를 벗어나지 않으면 현재의 모양 작업이 유지되고 있으므로 다음 단계에서 Path Operations를 변경하였을 때 원하는 작업이 제대로 적용되지 않을 수 있습니다. 한 번만 눌러 편집 상태만 벗어나고 여러 번 누르지 않도록 합니다.

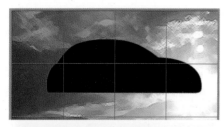

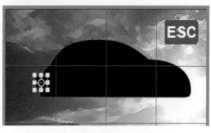

▼

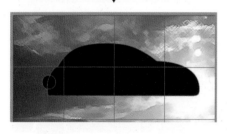

참고 만약 레이어가 합쳐지지 않고 새로 그려진다면 합칠 레이어를 모두 선택하고 Ctrl + E를 눌러 병합합니다. 이후 작업들도 하나의 모양 레이어에서 계속 작업이 이루어져야 합니다.

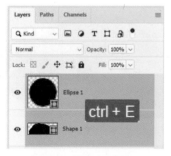

6. 창문 부분을 제외하기 위해 옵션바 Path Operations 항목을 [Subtract Front Shape]으로 선택하고 ✎ Pen Tool P로 창문을 그린다.

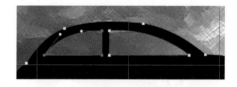

참고 모양을 다 그린 뒤 수정할 경우 ▷ Direct Selecttion Tool A로 수정할 고정점 영역을 부분 선택하고 고정점의 위치나 핸들을 조절하여 수정합니다.

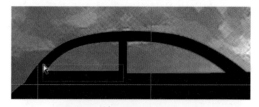

7. 바퀴 주변 영역을 반원 모양으로 제외하기 위해 path Operations 항목을 [Subtract Front Shape]으로 선택하고 ◯ Ellispse Tool U로 원을 추가하여 그린다.

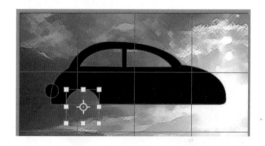

8. 반대쪽에도 똑같은 모양을 만들기 위해 ▶ Path Selection Tool A로 원형 도형을 선택 후 Alt를 누르고 드래그하여 복사한다. 세밀하게 위치조절을 할 때에는 키보드 방향키로 조절한다.

9. Esc를 한 번 눌러 편집 상태를 벗어난다.

10. 바퀴를 추가하기 위해 Path Operations 항목을 [Combine Shapes]로 선택하고 ◯ Ellispse Tool U로 원을 그린다.

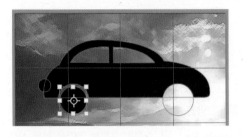

11. 반대쪽에도 똑같은 모양을 만들기 위해 원형 도형을 ⏶ Path Selection Tool A로 선택 후 [Alt] 를 누르고 드래그하여 복사한다.

12. 전체적으로 《출력형태》와 비슷한지 비교한 뒤, 수정할 부분이 있다면 ⏶ Direct Selecttion Tool A로 부분 선택하여 수정하고 전체 크기는 [Ctrl] + [T]를 눌러 자유 변형으로 조정한다.

13. 패스 저장을 위해 [Path] 패널에서 패스 레이어를 더블클릭하여 《조건》에 언급된 "자동차" 이름으로 저장한다.

참고 ⏶ Path Selection Tool A로 모양이 모두 포함되도록 드래그하면 전체 모양이 한 번에 선택되고 일부분의 모양만 클릭하면 단독 모양이 한 번에 선택이 됩니다. 하나의 레이어에 있는 모양도 단독 선택하여 개별 변형이 가능합니다. 세밀하게 위치를 조절할 때는 키보드 방향키를 사용합니다.

중요! 오류를 대비하여 작업중 수시로 [Ctrl] + [S]를 눌러 저장하는 습관을 들입니다.

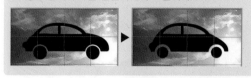

민희 쌤의 빠른 합격 Tip

1번 문제에 분배된 시간 내에 패스를 정확히 그려야 하지만, 똑같이 그리려다 시간을 너무 많이 할애하여 다른 조건 사항을 아예 작업하지 못한다면 감점이 더 많이 됩니다. 패스를 그릴 시간이 부족하다면 형태를 크게 벗어나지 않는 선에서 조금 단순화하여 그립니다.

▶ 패스 그리는 법 동영상으로 확인하기

유형 7. 패스 또는 특정 영역에 이미지를 Mask(클리핑 마스크)

유형 8. 문자, 이미지, 모양에 레이어 스타일 적용

1. 1급-2.jpg 이미지에서 Ctrl + A 하여 전체 선택하고 Ctrl + C 하여 복사 후 작업 중인 파일에 Ctrl + V로 붙여 넣는다.

2. Ctrl + T 하여 자유 변형으로 크기 조절 후 문제의 《출력형태》에 맞게 배치한다. 레이어에서 우클릭하여 [Create Clipping Mask]를 클릭하거나 단축키 Ctrl + Alt + G 하여 아래의 자동차 모양 레이어에 클리핑 마스크 한다.

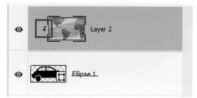

참고 저장된 패스의 선이 화면에 계속 보인다면 [Path] 패널에서 패스 주변의 빈 공간을 클릭하여 패스 선택을 해제하세요.

3. 자동차 모양 레이어를 더블클릭하여 레이어 스타일을 열고 Stroke 효과의 [Size(크기)]를 3px, [Fill Type]을 Gradient로 선택 후 그레이언트 에디터에서 색상 정지점을 더블클릭하여 《조건》에 지정된 #00ff00, #ff33cc 색상을 각각 입력한다. 그라디언트의 [Style]과 [Angle(각도)] 값을 《출력형태》와 비슷하게 지정한다.

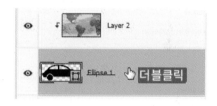

▼

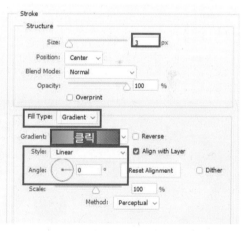

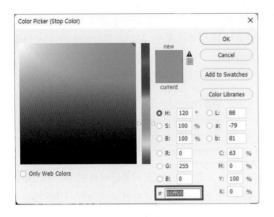

4. Inner Shadow 효과를 클릭하고 색상 피커에서 검정색을 선택한 다음 《출력형태》와 비슷한 크기와 방향으로 [Angle], [Distance(거리)], [Size] 항목을 조절하고 [OK] 한다.

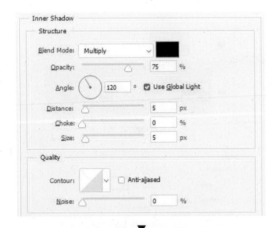

▼

유형 2. 이미지 오려내기

1. 1급-3.jpg 이미지에서 ✏️Quick Selection Tool W로 자동차 영역을 드래그하여 선택한다.

참고 격자가 불편할 경우 [Ctrl] + [·](따옴표)를 눌러 숨기기하고 필요할 때 다시 [Ctrl] + [·](따옴표)를 눌러 표시합니다.

2. 배경과 색상 차이가 많이 나지 않는 부분은 정확하게 지정되지 않으므로 🪶Polygonal Lasso Tool L로 도구를 변경한 뒤 [Shift] 누르고 클릭하여 영역을 세밀하게 추가한다.

3. 선택을 제외하고 싶은 영역은 [Alt]를 누르고 클릭하여 제외한다.

4. Ctrl + C로 복사, 작업 중인 파일에 Ctrl + V로 붙여 넣고 Ctrl + T 하여 자유 변형으로 크기 조절 후 문제의 《출력형태》에 맞게 배치한다.

5. 레이어를 더블클릭하여 지시사항의 Outer Glow 레이어 스타일을 적용한다.

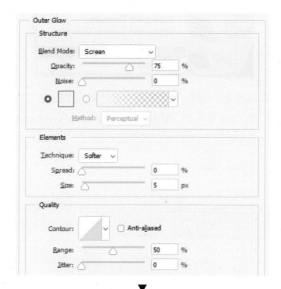

▼

이미지 빠르게 오려내는 법 동영상으로 확인하기

유형 5. 모양 도구(Shape Tool) 사용

유형 3. 이미지 또는 모양 변형

유형 8. 문자, 이미지, 모양에 레이어 스타일 적용

1. ✿ Custom Shape Tool U로 옵션바에서 [Shape] 모드 선택 후 《출력형태》와 같은 모양을 선택한다.

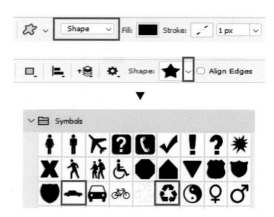

2. [Fill] 항목의 색상 피커를 클릭하여 《조건》에 언급된 #669966 색상 코드를 입력한다. [Stroke] 항목은 No Color(☑)로 색상 없음을 지정한다.

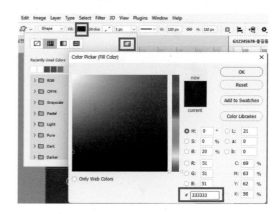

3. 화면에서 Shift 누르고 드래그하여 비율에 맞게 그려 넣는다. Ctrl + T 하여 자유 변형으로 《출력형태》에 맞게 회전하고 크기를 조절하여 배치한다.

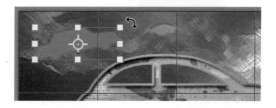

4. 레이어를 더블클릭하여 Drop Shadow 효과를 선택하고 색상 피커에서 검정색을 선택한 다음 《출력형태》와 비슷한 크기와 방향으로 [Angle], [Distance], [Size] 항목을 조절한다.

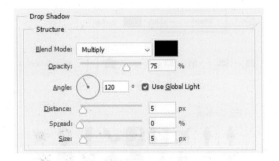

5. Ctrl + J를 눌러 자동차 모양 레이어를 복제하고 옵션바에서 색상 피커를 클릭하여 [Fill] 색상을 #66cccc로 변경하고 배치한다.

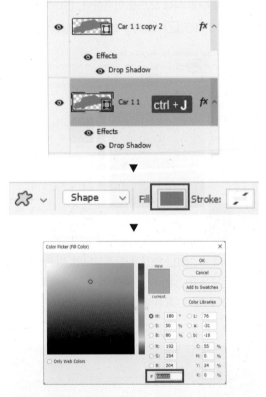

참고 모양 레이어의 색상을 변경할 옵션바 항목이 나타나지 않을 경우 **모양 도구 U**나 **패스 선택 도구 A** 또는 **펜 도구 P**를 선택합니다.

6. 중간의 자동차 모양은 방향이 반대이므로 Ctrl + T 하여 자유 변형 상태에서 우클릭 메뉴 [Flip Horizontal]로 좌우 반전한다.

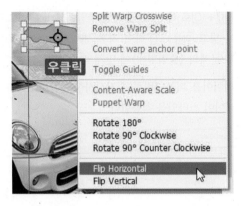

7. 재활용 모양을 선택하고 지정된 #333333 색상으로 그려 넣은 뒤, 레이어 스타일을 열어 Bevel and Emboss 효과를 적용한다.

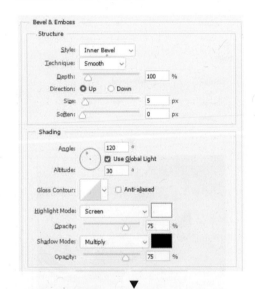

⚠️ 버전 안내

CC 버전은 기본 모양 그룹이 이전 버전과 다르기 때문에 모양이 없는 경우 71page를 참고하여 지난 버전의 모양을 모두 불러옵니다.

유형 9. 텍스트 뒤틀기(Text Warp)

유형 8. 문자, 이미지, 모양에 레이어 스타일 적용

1. **T** Horizontal Type Tool T로 화면을 클릭하여 《조건》에 지시된 "FLYING CAR" 문자를 입력한다. 옵션바에서 지정된 서체와 크기(Arial, Bold, 50pt)를 정확히 적용한다.

2. 옵션바의 Create warped text 버튼(𝕀)을 클릭하여 [Fish] 스타일을 선택하고 《출력형태》와 비슷하게 세부 사항을 조절한다.

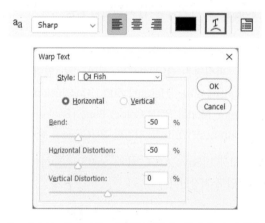

3. 텍스트 레이어를 더블클릭하여 레이어 스타일을 열고 Gradient Overlay 효과에서 색상 정지점 3개에 각각 #ff33ff, #666699, #ffffff 색상을 적용한다. 색상 정지점이 없으면 필요한 부분에 클릭하여 생성하고, 삭제할 경우 색상 정지점을 선택 후 아래로 드래그하여 삭제한다.

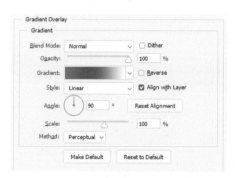

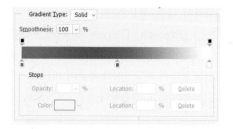

4. Stroke 효과를 선택하고 [Size] 2px, [Position] Outside, [Fill Type]을 Color로 선택 후 #003333 색상을 적용한다.

5. Drop Shadow 효과를 적용한다.

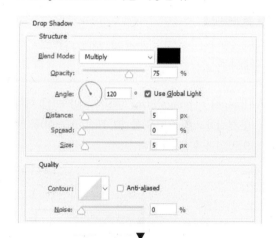

6. 작업하지 않은 부분은 없는지 확인하고 메뉴바 [File] 〉 [Export] 〉 [Export As]에서 포맷을 jpg 로 선택하여 저장한다. (시험에서는 내 PCＷ문서 ＷGTQ 폴더에 저장하여야 제출이 되므로 GTQ 폴더를 만들어 두고 연습한다.)

🔔 버전 안내

CS4, CS6 버전 사용자는 [Save As]에서 jpg 형식으로 저장합니다.

7. [Image] 〉 [Image Size] ([Alt] + [Ctrl] + [I]) 메뉴를 클릭하고 Width(폭)를 40, Height(높이)를 50 으로 입력 후 [OK] 한다.

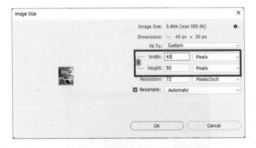

8. [File] 〉 [Save As]하여 psd 포맷으로 저장한다.

9. 실제 시험장에서는 문제 편집 작업이 모두 완료될 때마다 jpg와 psd 파일을 답안 작성요령에 맞게 저장한 후, [KOAS 수험자용] 프로그램의 [답안 전송하기] 버튼을 눌러 감독관 PC로 전송한다. 전송 후 답안 파일을 수정하였다면 저장 후 다시 답안 전송을 누른다.

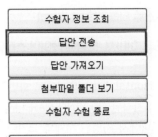

중요! 혹여 사이즈를 축소한 뒤 다시 늘린다면 해상도가 상당히 떨어지며 원본 상태로 되돌릴 수 없으므로 사이즈를 줄이기 전의 원본 파일과 최종 사이즈 축소 파일은 저장 위치나 파일명 등을 구분하여 각각 저장합니다. 시험에서는 반드시 지정된 사이즈로 축소한 파일을 제출하여야 합니다.

문제 2 [기능평가] 사진편집 응용

1. [File] 〉 [New] ([Ctrl] + [N])하여 새 문서를 생성한다. 파일명은 G12345678-성명-2로 입력한다. [Width] 400, [Height] 500, [Resolution] 72, [Color Mode] RGB Color, 8bit, [Background Contents] White로 지정한 후 [Create] 한다.

2. [File] 〉 [Save As] ([Ctrl] + [Shift] + [S])하여 psd 파일로 저장한다.

3. [File] 〉 [Open] ([Ctrl] + [O])하여 📁실전문제1회 ＷImage 폴더에서 1급-4.jpg, 1급-5.jpg, 1급-6.jpg 이미지를 선택하여 [Open] 한다.

유형 1. 이미지에 필터 적용

1. 1급-4.jpg 이미지에서 Ctrl + A 하여 전체 선택하고 Ctrl + C 하여 복사 후 새로 만든 G12345678-성명-2.psd 작업 파일에 Ctrl + V로 붙여 넣는다.

2. Ctrl + T 하여 자유 변형으로 크기 조절 후 문제의 《출력형태》에 맞게 배치한다.

3. [Filter] 〉 [Filter Gallery]에서 Artistic 그룹의 Dry Brush를 적용한다.

유형 2. 이미지 오려내기

유형 3. 이미지 또는 모양 변형

1. 1급-5.jpg 이미지에서 Quick Selection Tool W로 기차 영역을 드래그하여 선택한다.

2. Polygonal Lasso Tool L로 도구를 변경한 뒤 Alt 를 누르고 클릭하여 선택 영역에서 제외할 하단 그림자 영역을 지정한다.

3. 선택 영역에 추가하여야 할 부분이 있다면 Shift 를 누르고 클릭하여 추가한다.

4. 작업 중인 파일에 붙여 넣고 Ctrl + T 하여 자유 변형 상태에서 우클릭 메뉴 [Flip Horizontal]로 좌우 반전한다. 크기 조절 후 《출력형태》에 맞게 배치한다.

▼

유형 4. 이미지 색상 보정

1. [Layer] 패널에서 조정 레이어 버튼을 누르고 [Hue/Saturation]을 선택한다.

2. [Properties] 패널에서 [Hue] 슬라이더를 드래그 하여 색상을 분홍색, 녹색 계열로 보정한다. 조정 레이어는 하위 모든 레이어에 영향을 주므로 기차 이미지 레이어에만 색상 보정을 나타내기 위해 Clip to the Layer 버튼(⌐□)을 눌러 클리핑 마스 크를 적용한다.

3. 레이어를 더블클릭하여 레이어 스타일을 열고 Drop Shadow 효과를 적용한다.

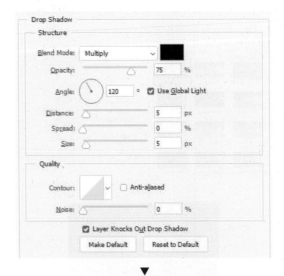

▼

유형 2. 이미지 오려내기

1. 1급-6.jpg 이미지에서 ✏️Quick Selection Tool W로 사람 영역을 드래그하여 선택한다.

2. 복사하여 작업 중인 파일에 붙여 넣고 자유 변형 (Ctrl + T)으로 크기 조절 후 배치한 다음, 레이어를 더블클릭하여 Outer Glow 레이어 스타일을 적용한다.

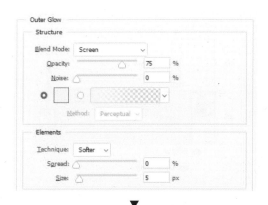

▼

📖 민희 쌤의 빠른 합격 Tip

자르기 도구 C, 펜 도구 P, 모양 도구 U, 패스 선택 도구 A 를 제외한 나머지 도구 사용 중 Ctrl 을 누르면 잠시 ✛, Move Tool V로 변환되어 레이어 이동을 편하게 할 수 있습니다.

유형 5. 모양 도구(Shape Tool) 사용

1. 🖾 Custom Shape Tool U로 옵션바 [Shape] 항목에서 《출력형태》와 같은 모양을 선택한다.

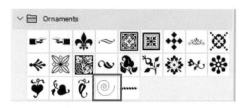

2. [Fill] 항목의 색상 피커를 클릭하여 《조건》에 언급된 #9999cc 색상 코드를 입력한다. [Stroke] 항목은 No Color(☐)로 색상 없음을 지정한다.

3. 레이어를 더블클릭하여 레이어 스타일을 열고 Drop Shadow 효과를 적용한다.

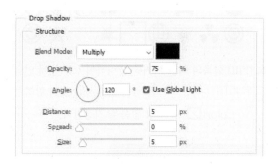

4. 《출력형태》에 맞에 배치하고 Ctrl + J로 복제한 뒤 자유 변형(Ctrl + T)으로 방향을 회전하여 배치하고 [Fill] 색상을 #ffcc66d로 변경한다.

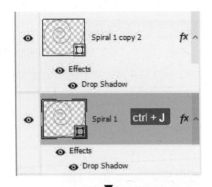

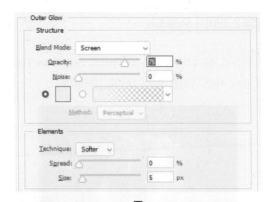

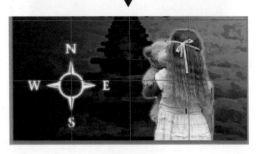

5. 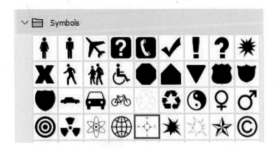 사용자 정의 모양 도구 U로 옵션바 [Shape] 항목에서 《출력형태》와 같은 모양을 선택한다.

6. [Fill] 항목의 색상 피커를 클릭하여 《조건》에 언급된 #ffffff 색상 코드를 입력한다. [Stroke] 항목은 No Color(☑)로 색상 없음을 지정한다.

🔍 **민희 쌤의 빠른 합격 Tip**

#ffffff는 흰색, #000000은 검정색이므로 두 가지 색상 코드는 외워두고 색상 피커에서 흰색 또는 검정색을 바로 적용합니다.

7. 《출력형태》에 맞에 배치하고 레이어를 더블클릭하여 레이어 스타일을 열고 Outer Glow를 적용한다.

🔍 **민희 쌤의 빠른 합격 Tip**

Alt 를 누르고 효과 아이콘을 드래그하였다가 효과를 복사하고 싶은 레이어 위에서 마우스를 놓으면 레이어 스타일이 복제됩니다.

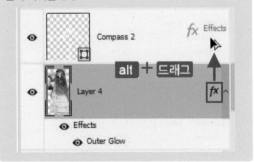

유형 9. 텍스트 뒤틀기(Text Warp)

유형 8. 문자, 이미지, 모양에 레이어 스타일 적용

1. **T** Horizontal Type Tool T로 화면을 클릭하여 《조건》에 지시된 "Virtual Vehicle" 문자를 입력한다. 옵션바에서 지정된 서체와 크기(Times New Roman, Bold, 50pt)를 정확히 적용한다.

2. 옵션바의 Create warped text 버튼(ㅈ)을 클릭
   하여 [Fisheye] 스타일을 선택하고 《출력형태》와
   비슷하게 세부 사항을 조절한다.

3. 텍스트 레이어를 더블클릭하여 레이어 스타일을
   열고 Gradient Overlay 효과에서 색상 정지점 2
   개에 각각 #cc6699, #33cc99 색상을 적용한다.

4. Stroke 효과에서 [Size]를 2px, [Fill Type]을
   Color로 선택 후 #000033 색상을 적용한다.

▼

5. 작업하지 않은 부분은 없는지 확인하고 메뉴바
   [File] 〉 [Export] 〉 [Export As]에서 포맷을 jpg
   로 선택하여 저장한다.

6. [Image] 〉 [Image Size] (Alt + Ctrl + I) 메뉴
   를 클릭하고 Width(폭)를 40, Height(높이)를 50
   으로 입력 후 [OK] 한다.

7. [File] 〉 [Save As]하여 psd 포맷으로 저장한다.

8. 실제 시험장에서는 문제 편집 작업이 모두 완료될
   때마다 jpg와 psd 파일을 답안 작성요령에 맞게
   저장한 후, [KOAS 수험자용] 프로그램의 [답안 전
   송하기] 버튼을 눌러 감독관 PC로 전송한다. 전송
   후 답안 파일을 수정하였다면 저장 후 다시 답안
   전송을 누른다.

1. [File] 〉 [New] (Ctrl + N)하여 새 문서를 생성한다. 파일명은 G12345678-성명-3으로 입력한다. [Width] 600, [Height] 400, [Resolution] 72, [Color Mode] RGB Color, 8bit, [Background Contents] White로 지정한 후 [Create] 한다.

2. [File] 〉 [Save As] (Ctrl + Shift + S)하여 psd 파일로 저장한다.

3. [File] 〉 [Open] (Ctrl + O)하여 📁 실전문제1회 WImage 폴더에서 1급-7.jpg, 1급-8.jpg, 1급-9.jpg, 1급-10.jpg, 1급-11.jpg 이미지를 선택하여 [Open] 한다.

유형 10. 배경색 칠

1. 색상 피커의 전경색을 #66cc99로 지정하고 Alt + Delete를 눌러 작업 파일의 [Background Layer]에 색을 칠한다.

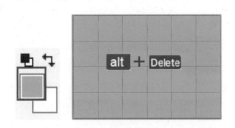

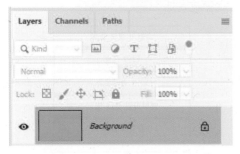

유형 12. 레이어 Blending Mode(혼합 모드) 지정

유형 13. 레이어 Opacity(불투명도) 조절

1. 1급-7.jpg 이미지에서 Ctrl + A 하여 전체 선택하고 Ctrl + C 하여 복사 후 새로 만든 G12345678-성명-3.psd 작업 파일에 Ctrl + V로 붙여 넣는다.

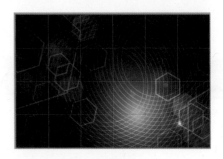

🔍 민희 쌤의 빠른 합격 Tip

열어 놓은 이미지 파일들은 작업이 끝나면 바로바로 닫아 다음 작업 이미지 파일 선택을 빠르게 합니다.

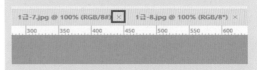

2. 자유 변형(Ctrl + T)으로 《출력형태》에 맞게 배치하고 [Layer] 패널에서 [Blending Mode]는 Difference, [Opacity]를 60%로 적용한다.

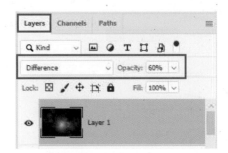

유형 1. 이미지에 필터 적용

유형 11. 레이어 마스크 사용하여 이미지 일부를 가리기

1. 1급-8.jpg 이미지에서 Ctrl + A 하여 전체 선택하고 Ctrl + C 하여 복사 후 작업 중인 파일에 Ctrl + V로 붙여 넣고 자유 변형(Ctrl + T)으로 《출력형태》에 맞게 배치한다.

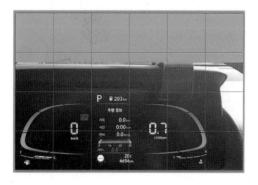

2. [Filter] 〉 [Filter Gallery]에서 Texture 그룹의 Texturizer를 적용한다.

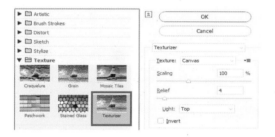

3. [Layer] 패널에서 레이어 마스크 버튼을 클릭하여 마스크를 씌운 뒤 ▨Gradient Tool G로 색상 정지점은 흰색, 검정색으로 선택하여 가려질 곳은 검정색, 나타낼 곳은 흰색으로 칠해지도록 세로 방향으로 드래그한다.

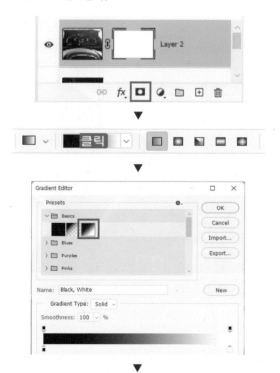

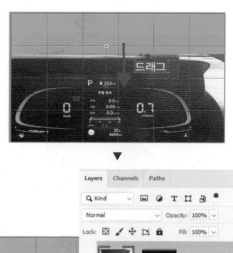

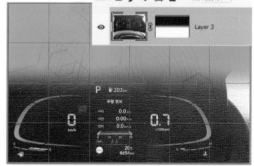

유형 2. 이미지 오려내기

유형 8. 문자, 이미지, 모양에 레이어 스타일 적용

1. 1급-10.jpg 이미지에서 ✐Quick Selection Tool W로 태블릿PC 영역을 드래그하여 선택한다.

2. 복사하여 작업 파일에 붙여 넣고 자유 변형([Ctrl] + [T])으로 《출력형태》에 맞게 배치한다.

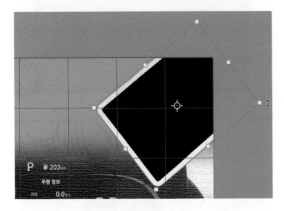

3. 레이어를 더블클릭하여 레이어 스타일을 열고 Stroke 효과에서 [Size]를 5px, [Position]을 Outside, [Fill Type]을 Gradient로 선택 후 그라디언트 에디터를 클릭한다.

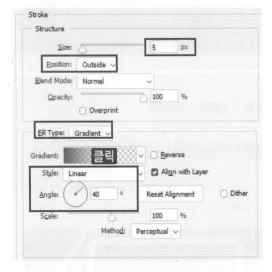

4. 왼쪽 색상 정지점은 #cc6600 색상, 오른쪽은 투명이므로 왼쪽 색상 정지점을 [Alt] 누르고 드래그하여 같은 색상 정지점을 복사한다. 필요 없는 색상 정지점은 클릭하여 아래로 드래그하여 삭제한다.

5. 그라디언트 슬라이더 오른쪽 상단의 불투명도 정지점을 클릭하여 Opacity 값을 0%로 입력한다. 《출력형태》에 맞는 방향으로 [Angle]을 조절한다.

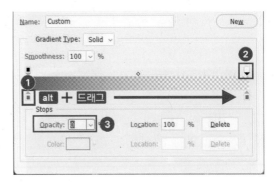

6. Bevel and Emboss 효과를 적용한다.

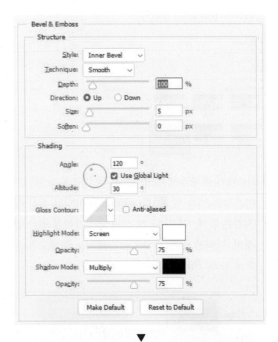

▼

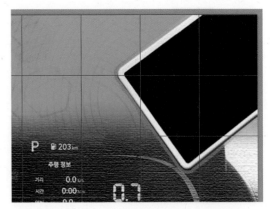

유형 1. 이미지에 필터 적용

유형 11. 레이어 마스크 사용하여 이미지 일부를 가리기

1. 1급-9.jpg 이미지에서 Ctrl + A 하여 전체 선택하고 Ctrl + C 하여 복사 후 작업 중인 파일에 Ctrl + V로 붙여 넣고 자유 변형(Ctrl + T)으로 《출력형태》에 맞게 배치한다.

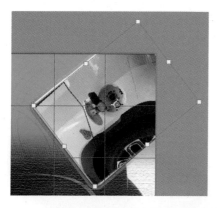

2. 자동차 주유구 이미지 레이어의 가시성 버튼을 클릭하여 비활성화한 뒤 ✏️Magic Wand Tool W로 태블릿PC 레이어의 화면 부분을 클릭하여 선택 영역으로 지정한다.

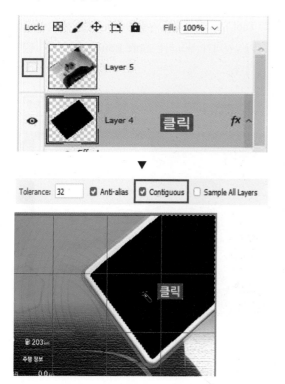

3. 다시 자동차 주유구 이미지 레이어를 선택하고 가시성 버튼을 클릭하여 활성화한 뒤, 레이어 마스크 버튼을 눌러 마스크를 씌운다.

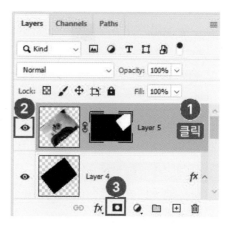

4. 이미지에 필터를 적용하기 위해 섬네일을 레이어 마스크 영역이 아닌 원본 영역으로 클릭하고 [Filter] 〉 [Filter Gallery]에서 Artistic 그룹의 Film Grain을 적용한다.

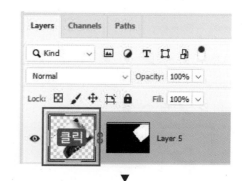

5. 레이어를 더블클릭하여 레이어 스타일을 열고 Inner Shadow 효과를 적용한다.

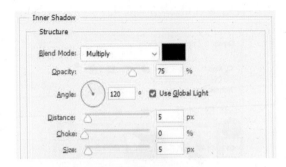

민희 쌤의 빠른 합격 Tip

레이어 마스크를 씌운 뒤 《출력형태》에 맞지 않는 경우
원본 섬네일과 마스크 섬네일 사이의 링크 버튼(🔗)을
클릭하여 비활성화한 뒤, 원본 섬네일을 선택한 상태로
작업 화면에서 크기나 위치 등을 조절하면 원본이 변형되
어도 마스크의 영역은 그대로 유지됩니다. 작업을 마친
후에는 다시 클릭하여 링크 🔗 를 활성화합니다.

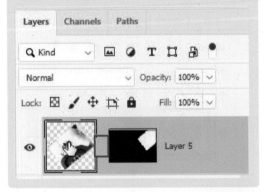

레이어 마스크 하는 법 동영상으로 확인하기

유형 2. 이미지 오려내기

유형 4. 이미지 색상 보정

1. 1급-10.jpg 이미지에서 ✨Magic Wand Tool W로 배경 흰색 영역을 클릭하여 선택한다.

2. 메뉴바 [Select] 〉 [Inverse] (Ctrl + Shift + I)를 눌러 선택 영역을 반전한다.

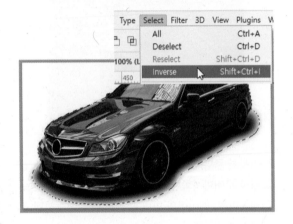

3. 복사하여 작업 중인 파일에 붙여 넣고 ✐Eraser Tool E로 화면에서 우클릭하여 사전 설정 창에서 가장자리가 부드러운 Soft Round 브러시를 선택한다.

4. 브러시 사이즈를 조절하고 그림자 주변의 흰 픽셀을 드래그하여 지운다.

5. 자유 변형(Ctrl + T) 상태에서 우클릭 메뉴 [Flip Horizontal]로 좌우 반전하고 크기 조절 후 배치한다.

6. [Layer] 패널에서 조정 레이어 버튼을 누르고 [Hue/Saturation]을 선택한다.

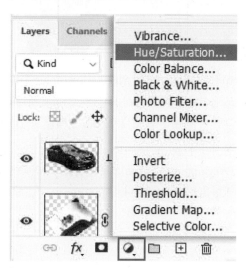

7. [Properties] 패널에서 [Hue] 슬라이더를 드래그하여 색상을 노랑색 계열로 보정한다. 조정 레이어는 하위 모든 레이어에 영향을 주므로 자동차 레이어에만 색상 보정을 나타내기 위해 Clip to the Layer 버튼(⬚)을 눌러 클리핑 마스크를 적용한다.

▼

8. 레이어 스타일을 열고 Bevel and Emboss 효과를
   적용한다.

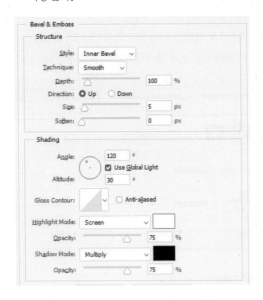

▼

유형 5. 모양 도구(Shape Tool) 사용

유형 3. 이미지 또는 모양 변형

1.  Custom Shape Tool U로 옵션바에서 《출력
   형태》와 같은 모양을 선택한다.

2. [Fill] 항목에 #66ff00 색상, [Stroke] 항목은 No
   Color(◻)로 색상 없음을 지정하고 《출력형태》에
   맞게 그려 넣는다. 레이어를 더블클릭하여 레이어
   스타일을 열고 Drop Shadow 효과를 적용한다.

3. Ctrl + J로 복제하고 [Fill] 색상을 #ffff00로 변
   경한다.

4. 자유 변형으로 방향에 맞게 회전하여 배치한다.

5. 배터리 모양을 그리기 위해 ◻Rectangle Tool U
   로 옵션바에서 [Shape] 모드를 선택하고 사각형을
   그린 다음 Esc를 한 번 눌러 편집 상태를 벗어난다.

6. 옵션바의 path Operations 항목을 [Exclude
   Overlapping Shapes]으로 선택한 뒤, 안쪽에 사
   각형을 하나 더 그린다.

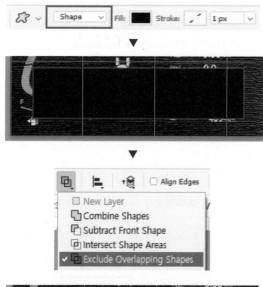

▼

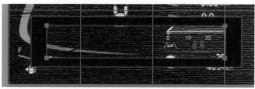

▼

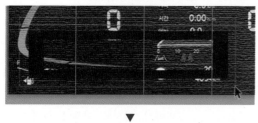

참고 두 개 사각형의 중앙을 맞추기 위해 정렬이 필요한 경우 ▶ Path Selection Tool A로 모양 주변을 드래그하여 모든 패스를 선택하고 옵션바의 수평 가운데, 수직 가운데 정렬 아이콘을 클릭하여 정렬합니다.

▼

7. 레이어 스타일을 열고 Stroke(3px, #333333), Outer Glow, Gradient Overlay(#669999, #ffffff) 효과를 적용한다.

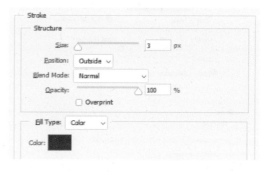

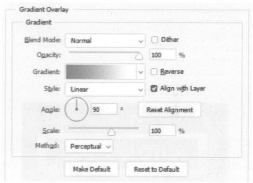

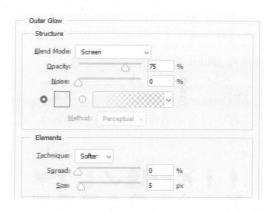

8. **T** Horizontal Type Tool T로 화면을 클릭하여 《조건》에 지시된 "AUTO DRIVING" 문자를 입력한다. 옵션바에서 지정된 서체와 크기(Arial, Regular, 30pt)를 정확히 적용한다.

9. 레이어 스타일을 열고 Gradient Overlay(#ff9900, #336633), Stroke(2px, #ffffcc) 효과를 적용한다.

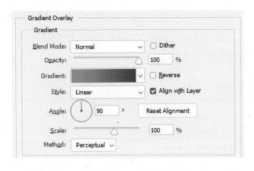

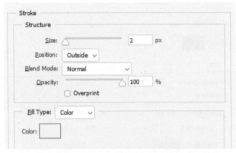

▼

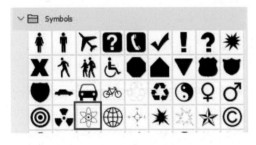

유형 13. 레이어 Opacity(불투명도) 조절

1. ✿ Custom Shape Tool U로 옵션바 [Shape] 항목에서 《출력형태》와 같은 모양을 선택한다.

2. #006600 색상으로 《출력형태》에 맞게 그려 넣고 Outer Glow 레이어 스타일을 적용한다.

3. 레이어의 불투명도를 50%로 적용한다.

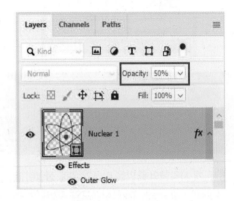

유형 9. 텍스트 뒤틀기(Text Warp)

유형 8. 문자, 이미지, 모양에 레이어 스타일 적용

1. T Horizontal Type Tool T로 화면을 클릭하여 《조건》에 지시된 "미래 자동차 산업전" 문자를 입력한다. 옵션바에서 지정된 서체와 크기(궁서, 37pt, 50pt)를 정확히 적용한다. "자동차" 문자를 드래그하여 블록을 씌우고 50pt로 지정한다.

참고 한글 서체 이름이 영문으로 표시되어 불편하다면 21page를 참고하여 영문 표기를 비활성화합니다.

2. 옵션바의 Create warped text 버튼(ℐ)을 클릭하여 [Flag] 스타일을 선택하고 《출력형태》와 비슷하게 세부 사항을 조절한다.

3. 레이어 스타일을 열고 Gradient Overlay(#9966cc, #ff3333, #ffff33), Storke(2px, #333333), Drop Shadow 효과를 적용한다.

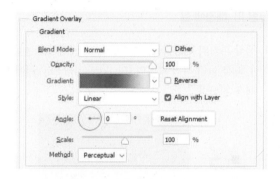

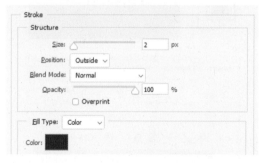

4. "Future Mobility Exhibition" 문자를 입력하고 옵션바에서 지정된 서체와 크기, 텍스트 색상 (Times New Roman, Bold, 20pt, #cccccc)을 정확히 적용한다.

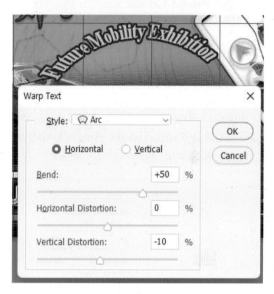

5. 옵션바의 Create warped text 버튼(𝕴)을 클릭하여 [Arc] 스타일을 선택하고 《출력형태》와 비슷하게 세부 사항을 조절한다.

6. 돋움, 18pt, #ffcccc 텍스트 색상으로 "매주 토요일 오후 2시 한국산업 컨벤션" 문자를 입력하고 "한국산업 컨벤션" 문자를 드래그하여 블록을 씌우고 #cc6666 텍스트 색상을 적용한다.

7. 레이어를 더블클릭하여 레이어스타일을 열고 Stroke (2px, #000000) 효과를 적용한다.

▼

8. 작업하지 않은 부분은 없는지 확인하고 메뉴바 [File] > [Export] > [Export As]에서 포맷을 jpg 로 선택하여 저장한다.

9. [Image] > [Image Size] (Alt + Ctrl + I) 메뉴를 클릭하고 Width(폭)를 60, Height(높이)를 40 으로 입력 후 [OK] 한다.

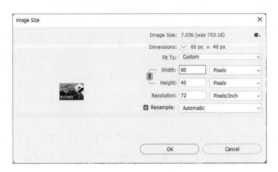

10. [File] > [Save As]하여 psd 포맷으로 저장한다.

11. 실제 시험장에서는 문제 편집 작업이 모두 완료될 때마다 jpg와 psd 파일을 답안 작성요령에 맞게 저장한 후, [KOAS 수험자용] 프로그램의 [답안 전송하기] 버튼을 눌러 감독관 PC로 전송한다. 전송 후 답안 파일을 수정하였다면 저장 후 다시 답안 전송을 누른다.

1. [File] > [New] (Ctrl + N)하여 새 문서를 생성한다. 파일명은 G12345678-성명-4로 입력한다. [Width] 600, [Height] 400, [Resolution] 72, [Color Mode] RGB Color, 8bit, [Background Contents] White로 지정한 후 [Create] 한다.

2. [File] > [Save As] (Ctrl + Shift + S)하여 psd 파일로 저장한다.

3. [File] > [Open] (Ctrl + O)하여 📁실전문제1회 ₩Image 폴더에서 1급-12.jpg, 1급-13.jpg, 1급-14.jpg, 1급-15.jpg, 1급-16.jpg, 1급-17.jpg 이미지를 선택하여 [Open] 한다.

유형 10. 배경색 칠

1. 색상 피커의 전경색을 #999966으로 지정하고 Alt + Delete를 눌러 작업 파일의 [Background Layer]에 색을 칠한다.

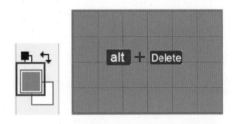

유형 11. 레이어 마스크 사용하여 이미지 일부를 가리기

유형 12. 레이어 Blending Mode(혼합 모드) 지정

1. 1급-12.jpg 이미지에서 Ctrl + A 하여 전체 선택하고 Ctrl + C 하여 복사 후 새로 만든 G12345678-성명-4.psd 작업 파일에 Ctrl + V로 붙여 넣고 자유 변형(Ctrl + T)으로 《출력형태》에 맞게 배치한다.

2. [Layer] 패널에서 [Blending Mode]를 Hard Light로 지정하고 레이어 마스크를 씌운다.

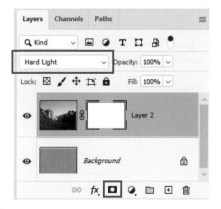

3. 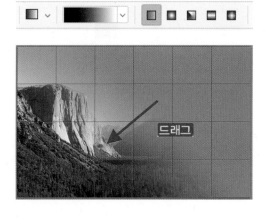 Gradient Tool G로 색상 정지점은 흰색, 검정색으로 선택하여 가려질 곳은 검정색, 나타낼 곳은 흰색으로 칠해지도록 대각선 방향으로 드래그한다.

유형 1. 이미지에 필터 적용

유형 11. 레이어 마스크 사용하여 이미지 일부를 가리기

1. 1급-13.jpg 이미지에서 Ctrl + A 하여 전체 선택하고 Ctrl + C 하여 복사 후 작업 중인 파일에 Ctrl + V로 붙여 넣고 자유 변형(Ctrl + T)으로 《출력형태》에 맞게 배치한다.

2. [Filter] > [Filter Gallery]에서 Artistic 그룹의 Film Grain을 적용한다.

▼

3. 레이어 마스크를 씌우고 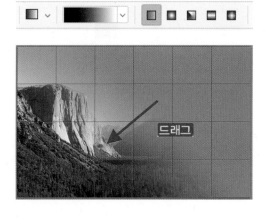 Gradient Tool G로 색상 정지점은 흰색, 검정색으로 선택하여 가려질 곳은 검정색, 나타낼 곳은 흰색으로 칠해지도록 가로 방향으로 드래그한다.

Layer 3

유형 2. 이미지 오려내기

유형 3. 이미지 또는 모양 변형

1. 1급-14.jpg 이미지에서 ✐Quick Selection Tool W로 사람 영역을 드래그하여 선택한다.

2. 복사하여 작업 중인 파일에 붙여 넣고 ✐Eraser Tool E로 우클릭하여 사전 설정 창에서 [Hard Round] 브러시를 선택하고 불필요한 부분을 지운다.

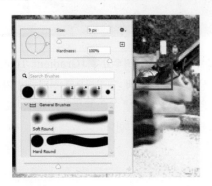

3. Ctrl + T 하여 자유 변형 상태에서 우클릭 메뉴 [Flip Horizontal]로 좌우 반전하고 Bevel and Emboss, Drop Shadow 레이어 스타일을 적용한다.

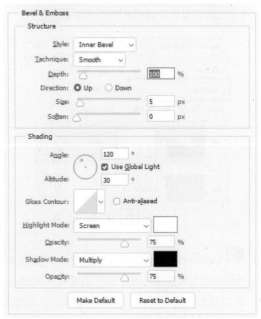

유형 1. 이미지에 필터 적용

유형 2. 이미지 오려내기

1. 1급-15.jpg 이미지에서 ✨Magic Wand Tool W로 배경 하늘색 부분을 클릭한다. 선택되지 않은 영역은 Shift 를 누르고 클릭하여 추가한다.

2. Ctrl + Shift + I 를 눌러 선택 영역을 반전하고 복사한 뒤 작업 중인 파일에 붙여 넣는다.

3. ✏️Eraser Tool E로 우클릭하여 사전 설정 창에서 [Hard Round] 브러시를 선택하고 불필요한 부분을 지운다.

4. 자유 변형으로 크기를 조절한 뒤《출력형태》에 맞게 배치하고 메뉴바 [Filter] 〉 [Stylize] 〉 [Wind] 필터를 방향에 맞게 적용한다.

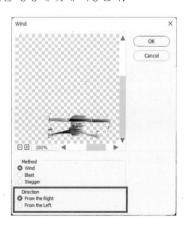

5. 레이어 스타일을 열고 Drop Shadow 효과를 적용한다.

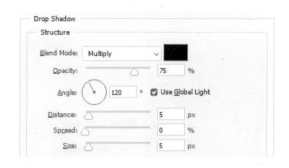

유형 2. 이미지 오려내기

유형 4. 이미지 색상 보정

1. 1급-16.jpg 이미지에서 🖌️Quick Selection Tool W로 드론 영역을 드래그하여 선택한다.

2. 가장자리가 선명하지 않은 프로펠러 부분은 🔾Lasso Tool L로 Shift 를 누르고 주변을 드래그하여 자유롭게 추가 선택한다.

3. 가장자리가 선명한 부분은 🔾Polygonal Lasso Tool L로 Shift 누르고 클릭하여 추가한다.

4. 복사한 뒤 작업 중인 파일에 붙여 넣고 ✐Eraser Tool E로 우클릭하여 사전 설정 창에서 [Soft Round] 브러시를 선택하고 불필요한 부분을 지운다.

이미지 선택하는 법 동영상으로 확인하기

5. 조정 레이어에서 [Hue/Saturation]을 선택하고 드론 레이어에만 적용하기 위해 Alt + Ctrl + G를 눌러 클리핑 마스크 한다. [Properties] 패널에서 색상 슬라이더를 조절하여 녹색 계열로 보정한다.

6. 레이어 스타일을 열고 Drop Shadow 효과를 적용한다.

유형 2. 이미지 오려내기

1. 1급-17.jpg 이미지에서 Object Selection Tool W로 오려낼 이미지 주변을 드래그한다.

▼

2. 선택 영역으로 변환되면 복사하여 작업 중인 파일에 붙여 넣고 자유 변형으로 《출력형태》에 맞게 배치한다.

🛑 **버전 안내**

📱 Object Selection Tool W이 없는 버전은

✗ Polygonal Lasso Tool L로 표지판 가장자리를 따라 클릭하여 선택합니다.

📖 **민희 쌤의 빠른 합격 Tip**

📱 Object Selection Tool W은 자동으로 선택 영역을 지정해주므로 먼저 📱 Object Selection Tool W을 사용한 뒤 영역을 더하거나 빼야 하는 경우 다른 선택 도구들을 사용하면 시간을 단축할 수 있습니다.

유형 5. 모양 도구(Shape Tool) 사용

1. 🖎 Custom Shape Tool U로 옵션바 [Shape] 항목에서 《출력형태》와 같은 모양을 선택한다.

2. [Fill] 색상을 #ffff66로 지정하여 그리고 《출력형태》에 맞게 배치한다.

3. 레이어 스타일을 열고 Stroke 효과에서 [size] 2px, #660033 색상을 적용한다.

4. 🖎 Custom Shape Tool U로 옵션바 [Shape] 항목에서 《출력형태》와 같은 모양을 선택한다.

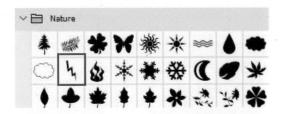

5. #ff6600 색상으로 《출력형태》와 맞게 배치하고 레이어 스타일을 열어 Inner Shadow 효과를 적용한다.

6. Ctrl + T 하여 자유 변형 상태에서 우클릭 메뉴 [Flip Horizontal]로 좌우 반전한다.

7. 톱니바퀴 모양을 그리기 위해 ✿ Custom Shape Tool U로 옵션바 [Shape] 항목에서 원형 프레임 모양을 선택한다.

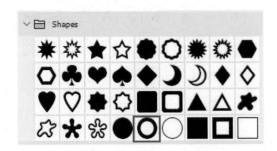

8. 중앙을 맞춰 그리기 위해 가로선과 세로선이 교차되는 격자의 교차점에 클릭하고, Alt 와 Shift 를 동시에 누른 상태에서 드래그하여 모양을 그린다.

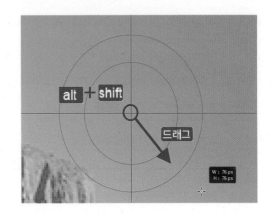

9. ⬜ Rectangle Tool U로 사각형을 그리고 격자의 세로선에 사각형의 중심이 맞게 배치한다. Ctrl + T 를 눌러 자유 변형에서 우클릭 메뉴 [Perspective]를 선택하고 모서리 부분 포인트를 좌우로 드래그하여 사다리꼴 형태로 변형한다.

🔍 인희 쌤의 빠른 합격 Tip

자유 변형 상태에서 포인트를 Alt + Ctrl + Shift 를 누르고 드래그하면 우클릭 메뉴를 선택하지 않아도 원근감 적용이 실행됩니다.

참고 고정점 수정 시 보통 패스로 변환 안내 창이 뜨면 [Yes]를 누릅니다.

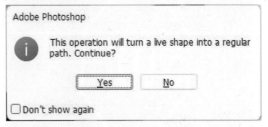

10. Ctrl + J 를 눌러 레이어를 복제하고 Ctrl + T 를 눌러 자유 변형 상태에서 Alt 를 누르고 참조점을 드래그하여 사각형의 중앙이 아닌 원형의 중앙으로 옮긴다.

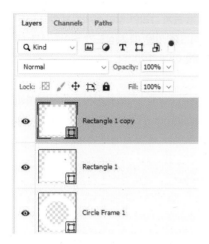

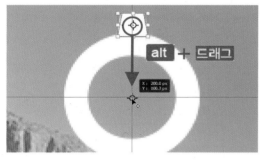

11. 자유 변형 상태에서 옵션바의 각도를 30°로 입력
하고 [Enter↵]를 눌러 적용한다.

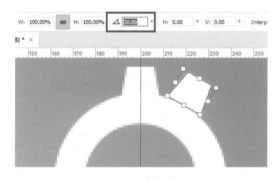

🔍 인희 쌤의 빠른 합격 Tip

각도를 모르겠다면 "360/필요한 개체 수"를 입력합니다.
예) 360/12

12. [Ctrl] + [J]를 눌러 레이어를 복제하고 직전에 작업
한 자유 변형을 [Again]으로 적용한다.

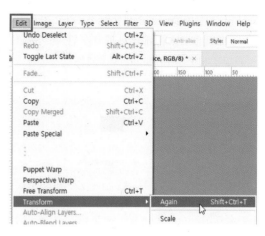

13. [Ctrl] + [J]를 눌러 레이어를 복제하고 [Shift] + [Ctrl]
+ [T](Transform Again)를 눌러 변형을 반복한다.

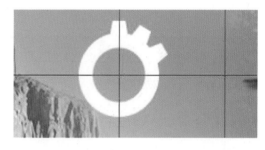

14. 12개가 될 때까지 12번 작업을 반복하고 모든 레
이어를 선택한 뒤 [Ctrl] + [E]를 눌러 하나의 레이
어로 병합한다.

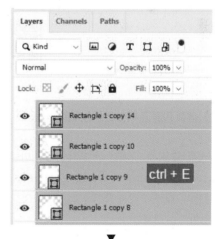

15. [Fill] 항목에 #cccc66 색상을 적용하고 자유 변형으로 《출력형태》에 맞게 배치한 뒤, 레이어 스타일을 열고 Drop Shadow 효과를 적용한다.

16. Ctrl + J를 눌러 레이어를 복제하고 [Fill] 색상을 #999933으로 변경한 뒤 《출력형태》에 맞게 배치한다.

패스 그리는 법 동영상으로 확인하기

유형 14. 패턴 만들고 특정 영역에 패턴 적용

1. 《출력형태》를 보고 패턴 한 조각의 크기만큼 Rectangular Marquee Tool M로 사각형 영역을 지정한다. 대략 크기를 확인하고 Ctrl + D를 눌러 선택 영역을 해제한다.

참고 패턴을 너무 크게 그리면 많이 채워지지 않고 너무 작게 그리면 사이즈를 키울 때 해상도가 떨어지므로 대략적인 크기를 가늠하여 그립니다.

2. Ctrl + N을 눌러 1번에서 확인한 사이즈로 새 문서를 생성한다. [Background Contents]는 Transparent 로 지정하여 투명한 새 문서에서 작업한다.

3. Custom Shape Tool U로 옵션바 [Shape] 항목에서 《출력형태》에 맞는 모양을 선택한다. 화면을 확대하여 #ffff00 색상으로 별 모양을 그리고 #996666 색상으로 비행기 모양을 그린다.

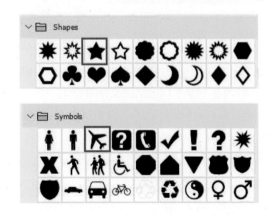

4. 패턴이 반복될 때의 사이 간격을 생각하여 적당한 여백을 두어 배치한다.

5. 메뉴바 [Edit] 〉 [Define Pattern]을 눌러 패턴으로 등록한다.

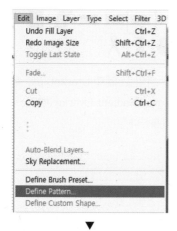

▼

6. 작업 중인 파일에서 Alt + Ctrl + Shift + N을 눌러 새 레이어를 추가한다.

7. 메뉴바 [Edit] 〉 [Fill] (Shift + F5)에서 [Contents] 항목을 Pattern으로 선택하고 저장한 패턴을 선택한다.

▼

8. 《출력형태》와 패턴을 비교하여 자유 변형으로 크기를 조절한다.

9. [Layer] 패널에서 톱니바퀴 모양 레이어의 섬네일을 Ctrl + Shift 누르고 클릭하여 선택 영역으로 지정한다.

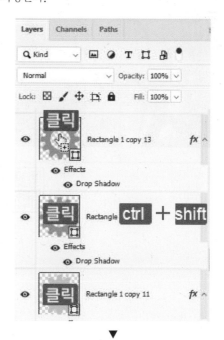

▼

10. 패턴 레이어를 Ctrl + Shift + I 를 눌러 선택 영역을 반전하고 Delete 를 눌러 필요 없는 영역의 패턴을 삭제한다.

▼

패턴 적용 동영상으로 확인하기

유형 5. 모양 도구(Shape Tool) 사용

유형 8. 문자, 이미지, 모양에 레이어 스타일 적용

1. Custom Shape Tool U로 옵션바 [Shape] 항목에서 《출력형태》에 맞는 모양을 선택하여 Shift 를 누르지 않고 가로가 긴 형태로 그린다.

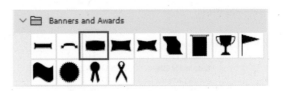

2. 레이어 스타일을 열고 Storke(2px, #996600), Outer Glow, Gradient Overlay(#66cccc, #ffffff) 효과를 적용한다.

3. Ctrl + J 를 두 번 눌러 레이어를 두 개 더 복제한 뒤 《출력형태》에 맞게 배치한다. 레이어를 모두 선택하고 Move Tool V로 옵션바의 정렬 아이콘을 클릭하여 세로 등간격 정렬 버튼을 누른다.

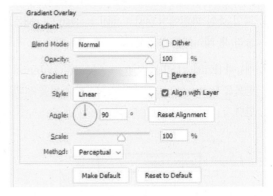

4. **T** Horizontal Type Tool T로 화면을 클릭하여 《조건》에 지시된 "배송안내" 문자를 입력한다. 옵션바에서 지정된 서체와 크기, 텍스트 색상(돋움, 16pt, #000000)을 정확히 적용한다.

5. 레이어 스타일을 열고 Stroke(2px, #9999ff) 효과를 적용한다.

6. Ctrl + J를 눌러 복제하여 배치하고 "배송신청", "배송체험"으로 문자를 수정한다.

7. "배송신청"은 레이어 스타일을 열고 Stroke 효과의 색상을 #ff99ff로 변경한다.

8. "드론 허용지역 안내" 문자를 입력한다. 옵션바에서 지정된 서체와 크기, 텍스트 색상(바탕, 18pt, #ffff66)을 정확히 적용한다.

9. 레이어 스타일을 열고 Stroke(2px, #660033) 효과를 적용한 뒤 《출력형태》에 맞게 배치한다.

유형 9. 텍스트 뒤틀기(Text Warp)

유형 8. 문자, 이미지, 모양에 레이어 스타일 적용

1. "스마트 드론 배송 서비스" 문자를 입력한다. 옵션
바에서 지정된 서체와 크기(궁서, 28pt)를 정확히
적용한다.

2. 옵션바의 Create warped text 버튼( )을 클릭
하여 [Arc] 스타일을 선택하고 《출력형태》와 비슷
하게 세부 사항을 조절한다.

3. 레이어 스타일을 열고 Storke(2px, #66ffff), Gradient
Overlay(#3300cc, #cc3399, #663333) 효과를 적
용한다.

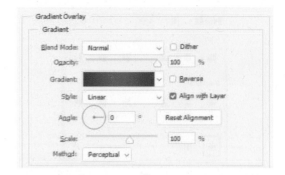

4. "Drone Delivery Service" 문자를 입력한다. 옵
션바에서 지정된 서체와 크기(Arial, Bold, 50pt,
25pt)를 정확히 적용한다. "Drone" 문자를 드래
그하여 블록을 씌우고 50pt로 지정한다.

5. 옵션바의 Create warped text 버튼( )을 클릭
하여 [Arc] 스타일을 선택하고 《출력형태》와 비슷
하게 세부 사항을 조절한다.

6. 레이어 스타일을 열고 Storke(3px, #006666), Gradient Overlay(#ffcc33, #ffffff), Drop Shadow 효과를 적용한다.

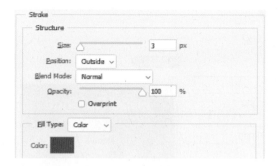

▼

7. 작업하지 않은 부분은 없는지 확인하고 메뉴바 [File] 〉 [Export] 〉 [Export As]에서 포맷을 jpg 로 선택하여 저장한다.

8. [Image] 〉 [Image Size] (Alt + Ctrl + I) 메뉴를 클릭하고 Width(폭)를 60, Height(높이)를 40 으로 입력 후 [OK] 한다.

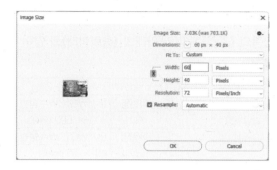

9. [File] 〉 [Save As]하여 psd 포맷으로 저장한다.

10. 실제 시험장에서는 문제 편집 작업이 모두 완료 될 때마다 jpg와 psd 파일을 답안 작성요령에 맞게 저장한 후, [KOAS 수험자용] 프로그램의 [답안 전송하기] 버튼을 눌러 감독관 PC로 전송한다. 전송 후 답안 파일을 수정하였다면 저장 후 다시 답안 전송을 누른다.

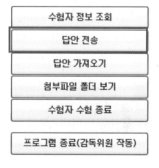

최신 기출유형 4회

04

문제 **1**   [기능평가] 고급 Tool(도구) 활용   20점

다음의 《조건》에 따라 아래의 《출력형태》와 같이 작업하시오.

조건

출력형태

원본 이미지	문서₩GTQ₩Image₩1급-1.jpg, 1급-2.jpg, 1급-3.jpg		
파일저장 규칙	JPG	파일명	문서₩GTQ₩수험번호-성명-1.jpg
		크기	400 × 500 pixels
	PSD	파일명	문서₩GTQ₩수험번호-성명-1.psd
		크기	40 × 50 pixels

1. 그림 효과

   ① 1급-1.jpg : 필터 – Rough Pastels(거친 파스텔 효과)

   ② Save Path(패스 저장) : 저울 모양

   ③ Mask(마스크) : 저울 모양, 1급-2.jpg를 이용하여 작성

     레이어 스타일 – Inner Glow(내부 광선), Stroke(선/획)(4px,

     그라디언트(#ff0000, #009933))

   ④ 1급-3.jpg : 레이어 스타일 – Drop Shadow(그림자 효과)

   ⑤ Shape Tool(모양 도구) :

     – 카트 모양(#ccff66, 레이어 스타일 – Outer Glow(외부 광선))

     – 화살표 모양(#3300cc, #993399, 레이어 스타일 – Drop Shadow(그림자 효과))

2. 문자 효과

   ① Food Balance(Arial, Bold, 45pt, 레이어 스타일 – 그라디언트 오버레이

     (#ffff00, #ff6699), Stroke(선/획)(3px, #660066))

문제 **2**   [기능평가] 사진편집 응용   20점

다음의 《조건》에 따라 아래의 《출력형태》와 같이 작업하시오.

조건

출력형태

원본 이미지	문서₩GTQ₩Image₩1급-4.jpg, 1급-5.jpg, 1급-6.jpg		
파일저장 규칙	JPG	파일명	문서₩GTQ₩수험번호-성명-2.jpg
		크기	400 × 500 pixels
	PSD	파일명	문서₩GTQ₩수험번호-성명-2.psd
		크기	40 × 50 pixels

1. 그림 효과

   ① 1급-4.jpg : 필터 – Spatter(뿌리기)

   ② 색상 보정 : 1급-5.jpg – 보라색 계열로 보정

   ③ 1급-5.jpg : 레이어 스타일 – Inner Glow(내부 광선)

   ④ 1급-6.jpg : 레이어 스타일 – Drop Shadow(그림자 효과)

   ⑤ Shape Tool(모양 도구) :

     – 해 모양(#ffaa00, 레이어 스타일 – Stroke(선/획)(5px, #ffff66))

     – 하트 모양(#ffff00, 레이어 스타일 – Outer Glow(외부 광선))

2. 문자 효과

   ① 맛있는 계절 과일(궁서, 40pt, 레이어 스타일 – 그라디언트 오버레이

     (#cc3333, #339933, #3333cc), Stroke(선/획)(2px, #ffffff))

다음의 《조건》에 따라 아래의 《출력형태》와 같이 작업하시오.

조건

원본 이미지			문서₩GTQ₩Image₩1급-7.jpg, 1급-8.jpg, 1급-9.jpg, 1급-10.jpg, 1급-11.jpg
파일저장규칙	JPG	파일명	문서₩GTQ₩수험번호-성명-3.jpg
		크기	600 × 400 pixels
	PSD	파일명	문서₩GTQ₩수험번호-성명-3.psd
		크기	60 × 40 pixels

1. 그림 효과
① 배경 : #88bb44
② 1급-7.jpg : Blending Mode(혼합 모드) – Hard Light(하드 라이트), Opacity(불투명도)(60%)
③ 1급-8.jpg : 필터 – Paint Daubs(페인트 덥스/페인트 바르기), 레이어 마스크 – 세로 방향으로 흐릿하게
④ 1급-9.jpg : 필터 – Sponge(스폰지), 레이어 스타일 – Inner Shadow(내부 그림자)
⑤ 1급-10.jpg : 색상 보정 – 파란색 계열로 보정, 레이어 스타일 – Stroke(선/획)(6px, #ff6666)
⑥ 1급-11.jpg : 레이어 스타일 – Stroke(선/획)(5px, 그라디언트(#333366, #33ffcc))
⑦ 그 외 《출력형태》 참조

2. 문자 효과
① HEALTHY EATING SEMINAR(Arial, Bold, 16pt, #ff6600,
  레이어 스타일 – Inner Shadow(내부 그림자), Outer Glow(외부 광선))
② 식생활 건강 세미나(돋움, 24pt, 레이어 스타일 – 그라디언트 오버레이(#003300, #ff0033), Stroke(선/획)(2px, #ffffff),
  Drop Shadow(그림자 효과))
③ 영양가이드를 무료 배포합니다(궁서, 30pt, #ffffff, 레이어 스타일 – Stroke(선/획)(2px, 그라디언트(#990099, #006600))
④ 장소 : 문화회관강당 일시 : 2030.05.20 / 오후5시(돋움, 18pt, #663300, 레이어 스타일 – Stroke(선/획)(2px, #ffffff))

출력형태

Shape Tool(모양 도구) 사용
#66ccff, 레이어 스타일 –
Inner Glow(내부 광선)

Shape Tool(모양 도구) 사용
레이어 스타일 – 그라디언트
오버레이(#ffff66, #66ffff),
Drop Shadow(그림자 효과)

Shape Tool(모양 도구) 사용
#ffffff, 레이어 스타일 –
Outer Glow(외부 광선)

다음의 《조건》에 따라 아래의 《출력형태》와 같이 작업하시오.

조건

원본 이미지	문서₩GTQ₩Image₩1급−12.jpg, 1급−13.jpg, 1급−14.jpg, 1급−15.jpg, 1급−16.jpg, 1급−17.jpg		
파일저장규칙	JPG	파일명	GTQ₩수험번호−성명−4.jpg
		크기	600 × 400 pixels
	PSD	파일명	문서₩GTQ₩수험번호−성명−4.psd
		크기	60 × 40 pixels

1. 그림 효과

① 배경 : #ffcccc
② 패턴(별, 달 모양) : #66ccff, #ff9999, Opacity(불투명도)(70%)
③ 1급−12.jpg : Blending Mode(혼합 모드) − Luminosity(광도), 레이어 마스크 − 가로 방향으로 흐릿하게
④ 1급−13.jpg : 필터 − Texturizer(텍스처화)
⑤ 1급−14.jpg : 필터 − Dry Brush(드라이 브러쉬), 레이어 스타일 − Drop Shadow(그림자 효과)
⑥ 1급−15.jpg : 색상 보정 − 보라색 계열로 보정, 레이어 스타일 − Inner Shadow(내부 그림자)
⑦ 1급−16.jpg, 1급−17.jpg : Blending Mode(혼합 모드) − Multiply(곱하기), Opacity(불투명도)(80%)
⑧ 그 외 《출력형태》 참조

2. 문자 효과

① Korean Food Guide(Arial, Bold, 18pt, 레이어 스타일 − 그라디언트 오버레이(#ff00cc, #ccccff, #00cc99), Stroke(선/획)(2px, #ffffff))
② 영양코칭신청 / 쿠킹클래스 / 영양사강의(돋움, 16pt, 레이어 스타일 − 그라디언트 오버레이(#ff3333, #0066cc), Stroke(선/획)(2px, #ffffff), Drop Shadow(그림자 효과))
③ 균형잡힌 식생활을 위한 기초 영양 지식(굴림, 15pt, #ccffff, 레이어 스타일 − Stroke(선/획)(2px, #663399))
④ 국민식품영양가이드(돋움, 28pt, #ffffff, 레이어 스타일 − Stroke(선/획)(3px, #663300))

출력형태

Pen Tool(펜 도구) 사용
레이어 스타일 − 그라디언트
오버레이(#ffcc33, #006600),
Outer Glow(외부 광선)

Shape Tool(모양 도구) 사용
#660033, 레이어 스타일 − Outer Glow(외부 광선),
Bevel and Emboss(경사와 엠보스)

Pen Tool(펜 도구) 사용
레이어 스타일 − 그라디언트
오버레이(#ff0000, #ffff00),

Shape Tool(모양 도구) 사용
#ff0000, 레이어 스타일 −
Inner Shadow(내부 그림자),
Opacity(불투명도)(70%)

Shape Tool(모양 도구) 사용
레이어 스타일 − 그라디언트
오버레이(#ffffff, #ffcc33),
Drop Shadow(그림자 효과)

0. 먼저 작업의 최적화를 위해 포토샵을 세팅한다.
가이드 – 시험장 환경설정을 참고하여 격자 & 눈
금자와 작업 내역을 설정한다.

문제 1 [기능평가] 고급 Tool(도구) 활용

1. [File] 〉 [New] (Ctrl + N)하여 새 문서를 생성한
다. 수험번호는 임의로 지정하여 파일명은
G12345678-성명-1로 입력한다. [Width(폭)]
400, [Height(높이)] 500, [Resolution(해상도)]
72, [Color Mode(색상 모드)] RGB Color, 8bit,
[Background Contents] White로 지정한 후
[Create] 한다.

2. [File] 〉 [Save As] (Ctrl + Shift + S)하여 psd 파
일로 저장한다. (저장 위치는 임의대로 설정한다.)

3. [File] 〉 [Open] (Ctrl + O)하여 📁실전문제1회
WImage 폴더에서 1급-1.jpg, 1급-2.jpg, 1급
-3.jpg 이미지를 선택하여 [Open] 한다.

유형 1. 이미지에 필터 적용

1. 1급-1.jpg 이미지에서 Ctrl + A 하여 전체 선택하
고 Ctrl + C 하여 복사 후 새로 만든 G12345678-
성명-1.psd 작업 파일에 Ctrl + V로 붙여 넣는다.

2. Ctrl + T 하여 자유 변형으로 크기 조절 후 문제의
《출력형태》에 맞게 배치한다.

3. [Filter] 〉 [Filter Gallery]에서 Artistic 그룹의
Rough Pastels를 적용한다.

유형 6. 펜 툴 사용하여 패스 그리고 패스 저장(Save Path)

1. ⬭Ellispse Tool U로 도구 옵션바에서 [Shape] 모드를 선택한다. [Fill] 항목은 아무 색상이나 지정하고 [Stroke] 항목은 No Color(⬚)로 색상 없음을 지정한다.

2. 저울 상단 모양의 반원 형태를 위해 타원을 그린다.

3. Esc를 한 번 눌러 편집 상태를 벗어난 뒤, ⬜ Rectangle Tool U로 옵션바 Path Operations 항목을 [Subtract Front Shape]로 변경하고 타원의 반을 가릴만큼 사각형을 그린다.

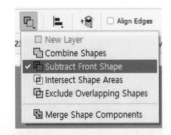

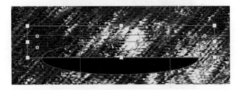

4. Esc를 한 번 눌러 편집 상태를 벗어난 뒤, ⬜ Rectangle Tool U로 옵션바 Path Operations 항목을 [Combine Shapes]로 변경하고 아래쪽의 사각형을 추가한다.

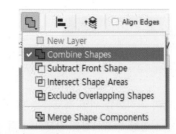

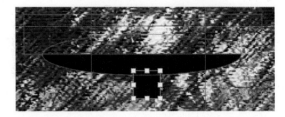

5. ⬜Rectangle Tool U로 큰 사각형을 하나 더 그린 뒤 [Properties] 패널에서 모서리 라운드 수치를 15px로 변경한다. (⬭ Rounded Rectangle Tool U을 사용하여도 무관하다.)

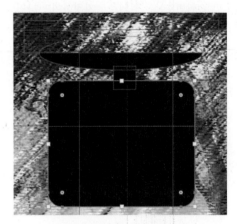

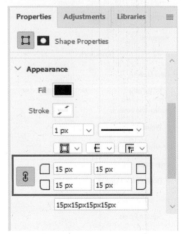

6. Ctrl + T를 눌러 자유변형 상태에서 우클릭하여 [Perspective]를 선택하고 하단 왼쪽이나 오른쪽 포인트를 드래그하여 사다리꼴 형태로 변형한다.

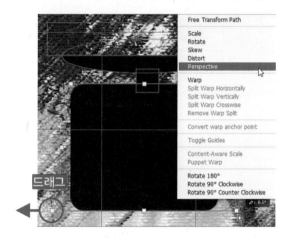

참고 만약 레이어가 합쳐지지 않고 새로 그려진다면 합칠 레이어를 모두 선택하고 Ctrl + E를 눌러 병합합니다. 이후 작업들도 하나의 모양 레이어에서 계속 작업이 이루어져야 합니다.

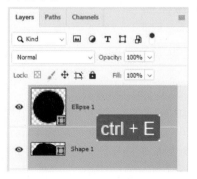

7. Esc를 한 번 눌러 편집 상태를 벗어난 후, ⬭ Ellispse Tool U로 옵션바 Path Operations 항목을 [Subtract Front Shape]로 선택한 뒤, 가운데에 원을 그린다.

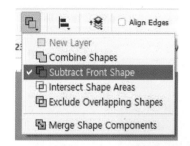

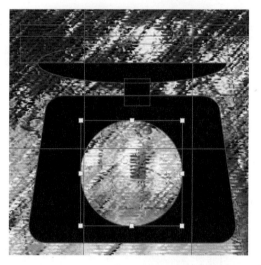

8. Esc를 한 번 눌러 편집 상태를 벗어난 후, ⬭ Ellispse Tool U로 옵션바 Path Operations 항목을 [Combine Shapes]로 선택한 뒤, 가운데에 원을 그린다.

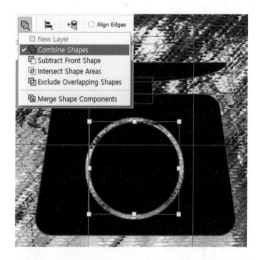

9. ▶ Path Selection Tool A로 전체를 드래그하여 모두 선택하고 옵션바 정렬 메뉴에서 수평 가운데 정렬 버튼을 눌러 정렬한다.

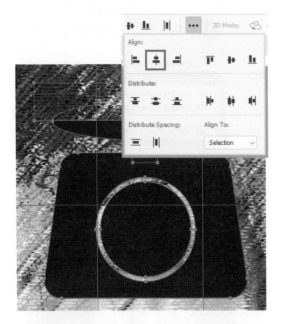

10. 아래 사진의 ❶번과 ❷번 도형만 선택하고 수직 가운데 정렬 버튼을 눌러 정렬한다.

11. ☐Rectangle Tool U로 맨 하단에 사각형을 추가한다.

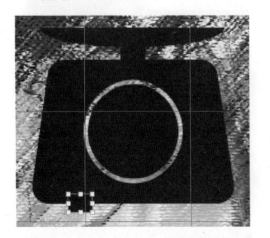

12. ▶ Path Selection Tool A로 Alt 누르고 드래그하여 복사한다.

13. 패스 저장을 위해 [Path] 패널에서 패스 레이어를 더블클릭하여 《조건》에 언급된 "저울" 이름으로 저장한다.

참고 ▶ Path Selection Tool A로 모양이 모두 포함되도록 드래그하면 전체 모양이 한 번에 선택되고 일부분의 모양만 클릭하면 단독 모양이 한 번에 선택이 됩니다. 하나의 레이어에 있는 모양도 단독 선택하여 개별 변형이 가능합니다. 세밀하게 위치를 조절할 때는 키보드 방향키를 사용합니다.

중요! 오류를 대비하여 작업중 수시로 Ctrl + S를 눌러 저장하는 습관을 들입니다.

🔍 민희 쌤의 빠른 합격 Tip

1번 문제에 분배된 시간 내에 패스를 정확히 그려야 하지만, 똑같이 그리려다 시간을 너무 많이 할애하여 다른 조건 사항을 아예 작업하지 못한다면 감점이 더 많이 됩니다. 패스를 그릴 시간이 부족하다면 형태를 크게 벗어나지 않는 선에서 조금 단순화하여 그립니다.

유형 7. 패스 또는 특정 영역에 이미지를 Mask (클리핑 마스크)

유형 8. 문자, 이미지, 모양에 레이어 스타일 적용

1. 1급-2.jpg 이미지에서 Ctrl + A 하여 전체 선택하고 Ctrl + C 하여 복사 후 작업 중인 파일에 Ctrl + V로 붙여 넣는다.

2. Ctrl + T 하여 자유 변형으로 크기 조절 후 문제의 《출력형태》에 맞게 배치한다. 레이어에서 우클릭하여 [Create Clipping Mask]를 클릭하거나 단축키 Ctrl + Alt + G 하여 아래의 저울 모양 레이어에 클리핑 마스크 한다.

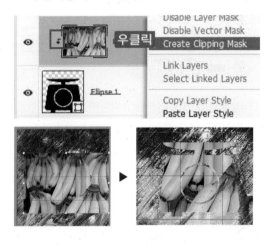

> **참고** 저장된 패스의 선이 화면에 계속 보인다면 [Path] 패널에서 패스 주변의 빈 공간을 클릭하여 패스 선택을 해제하세요.

3. 저울 모양 레이어를 더블클릭하여 레이어 스타일을 열고 Stroke 효과의 [Size(크기)]를 4px, [Fill Type]을 Gradient로 선택 후 그라디언트 에디터에서 색상 정지점을 더블클릭하여 《조건》에 지정된 #ff0000, #009933 색상을 각각 입력한다. 그라디언트의 [Style]과 [Angle(각도)] 값을 《출력형태》와 비슷하게 지정한다.

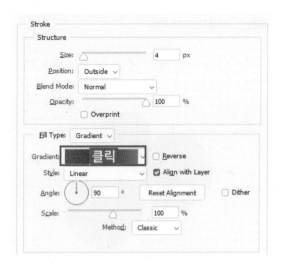

4. Inner Glow 효과를 적용한다.

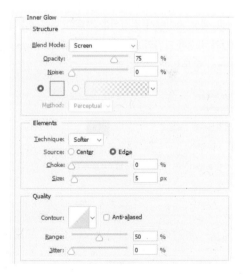

유형 2. 이미지 오려내기

1. 1급-3.jpg 이미지에서 Quick Selection Tool
   W로 과일 영역을 드래그하여 선택한다.

> **참고** 격자가 불편할 경우 Ctrl + '(따옴표)를 눌러 숨기
> 기하고 필요할 때 다시 Ctrl + '(따옴표)를 눌러 표시합
> 니다.

2. Ctrl + C로 복사, 작업 중인 파일에 Ctrl + V로 붙
   여 넣고 Ctrl + T 하여 자유 변형으로 크기 조절
   후 문제의 《출력형태》에 맞게 배치한다.

3. 레이어를 더블클릭하여 Drop Shadow 효과를 선택
   하고 색상 피커에서 검정색을 선택한 다음 《출력형
   태》와 비슷한 크기와 방향으로 [Angle], [Distance],
   [Size] 항목을 조절한다.

유형 5. 모양 도구(Shape Tool) 사용

유형 8. 문자, 이미지, 모양에 레이어 스타일 적용

1. Custom Shape Tool U로 옵션바에서
   [Shape] 모드 선택 후 《출력형태》와 같은 모양을
   선택한다.

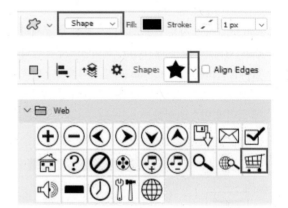

2. [Fill] 항목의 색상 피커를 클릭하여 《조건》에 언급
   된 #ccff66 색상 코드를 입력한다. [Stroke] 항목
   은 No Color(⬜)로 색상 없음을 지정한다.

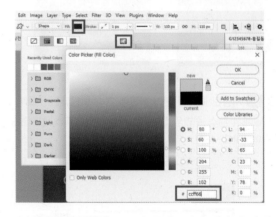

3. 화면에서 Shift 누르고 드래그하여 비율에 맞게
   그려 넣는다. Ctrl + T 하여 자유 변형으로 《출력
   형태》에 맞게 회전하고 크기 조절하여 배치한다.

4. 레이어 스타일을 열고 Outer Glow 효과를 적용
   한다.

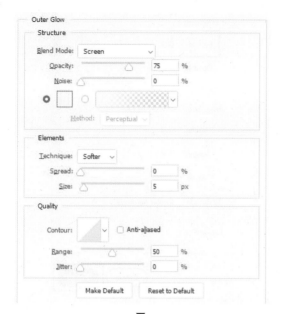

5. ✿ Custom Shape Tool U로 옵션바에서 [Shape] 모드 선택 후 《출력형태》와 같은 모양을 선택한다.

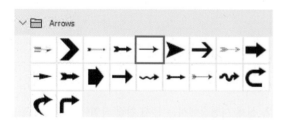

6. [Fill] 항목을 #3300cc 색상으로 지정하고 화면에 서 [Shift] 눌러 드래그하여 비율에 맞게 그려 넣는 다. 자유 변형으로 《출력형태》에 맞게 회전하고 크 기 조절하여 배치한다.

7. 레이어을 더블클릭하여 레이어 스타일을 열고 Drop Shadow 효과를 적용한다.

8. ✛.Move Tool V로 [Alt] 누르고 드래그하여 복사 하고 [Fill] 색상을 #993399로 변경한 뒤 《출력형 태》에 맞게 회전하고 크기 조절하여 배치한다.

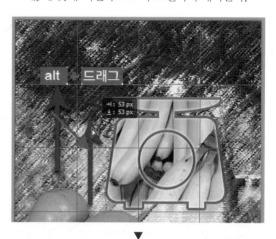

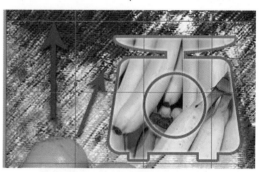

참고 모양 레이어의 색상을 변경할 옵션바 항목이 나타 나지 않을 경우 **모양 도구 U나 패스 선택 도구 A 또는 펜 도구 P**를 선택합니다.

🔺 버전 안내

CC 버전은 기본 모양 그룹이 이전 버전과 다르기 때문에 모양이 없는 경우 71page를 참고하여 지난 버전의 모양을 모두 불러옵니다.

유형 8. 문자, 이미지, 모양에 레이어 스타일 적용

1. **T** Horizontal Type Tool T로 화면을 클릭하여 《조건》에 지시된 "Food Balance" 문자를 입력한 다. 옵션바에서 지정된 서체와 크기(Arial, Bold, 45pt)를 정확히 적용한다.

2. 텍스트 레이어를 더블클릭하여 레이어 스타일을 열고 Gradient Overlay((#ffff00, #ff6699) 효과를 적용한다.

3. Stroke(3px, #660066) 효과를 적용한다.

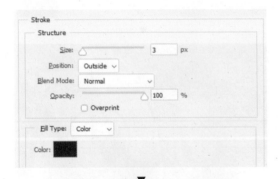

4. 작업하지 않은 부분은 없는지 확인하고 메뉴바 [File] > [Export] > [Export As]에서 포맷을 jpg로 선택하여 저장한다. (시험에서는 내 PC₩문서 ₩GTQ 폴더에 저장하여야 제출이 되므로 GTQ 폴더를 만들어 두고 연습한다.)

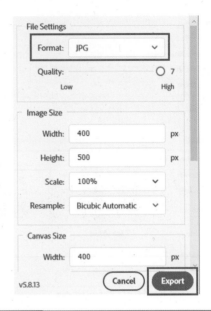

🔺 버전 안내

CS4, CS6 버전 사용자는 [Save As]에서 jpg 형식으로 저장합니다.

5. [Image] > [Image Size] (Alt + Ctrl + I) 메뉴를 클릭하고 Width(폭)를 40, Height(높이)를 50으로 입력 후 [OK] 한다.

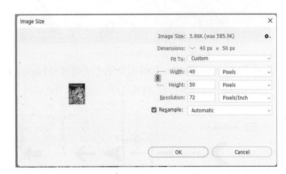

6. [File] > [Save As]하여 psd 포맷으로 저장한다.

7. 실제 시험장에서는 문제 편집 작업이 모두 완료될 때마다 jpg와 psd 파일을 답안 작성요령에 맞게 저장한 후, [KOAS 수험자용] 프로그램의 [답안 전송하기] 버튼을 눌러 감독관 PC로 전송한다. 전송후 답안 파일을 수정하였다면 저장 후 다시 답안 전송을 누른다.

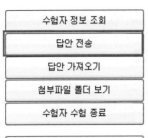

중요! 혹여 사이즈를 축소한 뒤 다시 늘린다면 해상도가
상당히 떨어지며 원본 상태로 되돌릴 수 없으므로 사이즈
를 줄이기 전의 원본 파일과 최종 사이즈 축소 파일은 저
장 위치나 파일명 등을 구분하여 각각 저장합니다. 시험
에서는 반드시 지정된 사이즈로 축소한 파일을 제출하여
야 합니다.

문제 2 [기능평가] 사진편집 응용

1. [File] 〉 [New] (Ctrl + N)하여 새 문서를 생성한
   다. 파일명은 G12345678-성명-2로 입력한다.
   [Width] 400, [Height] 500, [Resolution] 72,
   [Color Mode] RGB Color, 8bit, [Background
   Contents] White로 지정한 후 [Create] 한다.

2. [File] 〉 [Save As] (Ctrl + Shift + S)하여 psd
   파일로 저장한다.

3. [File] 〉 [Open] (Ctrl + O)하여 📁실전문제2회
   WImage 폴더에서 1급-4.jpg, 1급-5.jpg, 1급
   -6.jpg 이미지를 선택하여 [Open] 한다.

유형 1. 이미지에 필터 적용

1. 1급-4.jpg 이미지에서 Ctrl + A 하여 전체 선택하
   고 Ctrl + C 하여 복사 후 새로 만든 G12345678-
   성명-2.psd 작업 파일에 Ctrl + V로 붙여 넣는다.

2. Ctrl + T 하여 자유 변형으로 크기 조절 후 문제의
   《출력형태》에 맞게 배치한다.

3. [Filter] 〉 [Filter Gallery]에서 Brush Strokes
   그룹의 Spatter를 적용한다.

유형 2. 이미지 오려내기

유형 4. 이미지 색상 보정

1. 1급-5.jpg 이미지에서 🖌️Quick Selection Tool
   W로 파프리카 영역을 드래그하여 선택한다.

2. 필요 없는 부분은 Alt 누르고 드래그하여 제외한다.

3. 복사하여 작업 중인 파일에 자유 변형으로《출력형 태》에 맞게 배치한다.

4. ✑Quick Selection Tool W로 빨간색 파프리카 영역만 드래그하여 선택한다.

5. [Layer] 패널에서 조정 레이어 버튼을 누르고 [Hue/Saturation]을 선택한다.

6. [Properties] 패널에서 [Hue] 슬라이더를 드래그 하여 색상을 보라색 계열로 보정한다. 먼저 선택 영역을 지정하였기 때문에 자동으로 레이어 마스 크가 지정되어 빨간 파프리카 부분만 색 보정이 적 용된다.

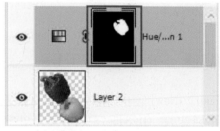

7. 파프리카 레이어를 더블클릭하여 레이어 스타일을 열고 Inner Glow 효과를 적용한다.

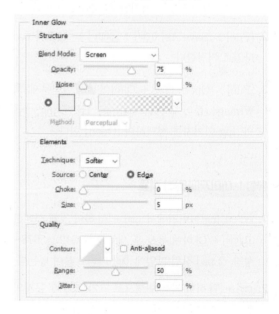

유형 2. 이미지 오려내기

1. 1급-6.jpg 이미지에서 🖌️Quick Selection Tool W로 사과 영역을 드래그하여 선택한다.

2. 복사하여 작업 중인 파일에 붙여 넣고 자유 변형 (Ctrl + T)으로 크기 조절 후 배치한다. 불필요한 부분은 🖌️Eraser Tool E로 우클릭하여 사전 설정 창에서 [Hard Round] 브러시를 선택하고 지운다.

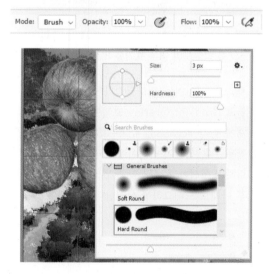

3. 레이어를 더블클릭하여 레이어 스타일을 열고 Drop Shadow 효과를 적용한다.

유형 5. 모양 도구(Shape Tool) 사용

1. 🔷Custom Shape Tool U로 옵션바 [Shape] 항목에서 《출력형태》와 같은 모양을 선택한다.

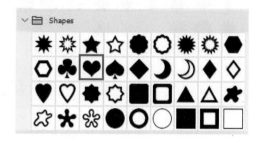

2. [Fill] 항목의 색상 피커를 클릭하여 ##ffff00 색상 코드를 입력한다. [Stroke] 항목은 No Color(⬜) 로 색상 없음을 지정한다.

3. 레이어 스타일을 열고 Outer Glow 효과를 적용한다.

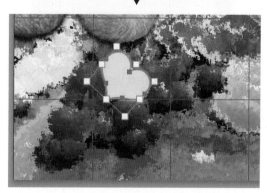

4. 🔷Custom Shape Tool U로 옵션바 [Shape] 항목에서 《출력형태》와 같은 모양을 선택한다.

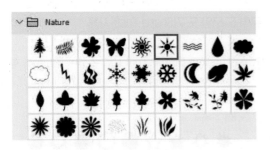

5. [Fill] 항목의 색상 피커를 클릭하여 #ffaa00 색상 코드를 입력한다. [Stroke] 항목은 No Color(☑)로 색상 없음을 지정한다.

6. 《출력형태》에 맞게 배치한 뒤, 레이어를 더블클릭하여 레이어 스타일을 열고 Stroke(5px, #ffff66) 효과를 적용한다.

▼

유형 9. 텍스트 뒤틀기(Text Warp)

유형 8. 문자, 이미지, 모양에 레이어 스타일 적용

1. **T** Horizontal Type Tool **T**로 화면을 클릭하여 《조건》에 지시된 "맛있는 계절 과일" 문자를 입력한다. 옵션바에서 지정된 서체와 크기(궁서, 40pt)를 정확히 적용한다.

2. 옵션바의 Create warped text 버튼(⬛)을 클릭하여 [Arch] 스타일을 선택하고 《출력형태》와 비슷하게 세부 사항을 조절한다.

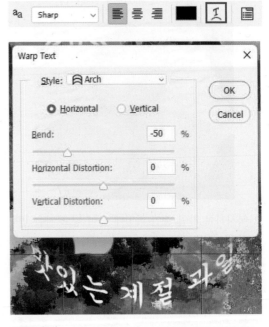

참고 한글 서체 이름이 영문으로 표시되어 불편하다면 21page를 참고하여 영문 표기를 비활성화합니다.

3. 텍스트 레이어를 더블클릭하여 레이어 스타일을 열고 Gradient Overlay 효과에서 색상 정지점 3개에 각각 #cc3333, #339933, #3333cc 색상을 적용한다. 색상 정지점이 없으면 필요한 부분에 클릭하여 생성하고, 삭제할 경우 색상 정지점을 선택 후 아래로 드래그하여 삭제한다.

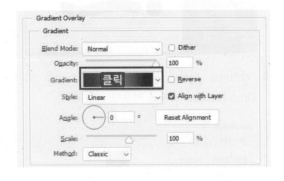

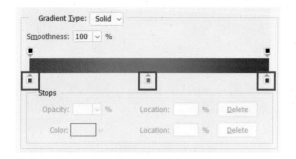

4. Stroke(2px, #ffffff) 효과를 적용한다.

▼

🔍 **인희 쌤의 빠른 합격 Tip**

#ffffff는 흰색, #000000은 검정색이므로 두 가지 색상 코드는 외워두고 색상 피커에서 흰색 또는 검정색을 바로 적용합니다.

5. 작업하지 않은 부분은 없는지 확인하고 메뉴바 [File] 〉 [Export] 〉 [Export As]에서 포맷을 jpg 로 선택하여 저장한다.

6. [Image] 〉 [Image Size] ([Alt] + [Ctrl] + [I]) 메뉴 를 클릭하고 Width(폭)를 40, Height(높이)를 50 으로 입력 후 [OK] 한다.

7. [File] 〉 [Save As]하여 psd 포맷으로 저장한다.

8. 실제 시험장에서는 문제 편집 작업이 모두 완료될 때마다 jpg와 psd 파일을 답안 작성요령에 맞게 저장한 후, [KOAS 수험자용] 프로그램의 [답안 전 송하기] 버튼을 눌러 감독관 PC로 전송한다. 전송 후 답안 파일을 수정하였다면 저장 후 다시 답안 전송을 누른다.

문제 ③ **[실무응용] 포스터 제작**

1. [File] 〉 [New] ([Ctrl] + [N])하여 새 문서를 생성한 다. 파일명은 G12345678-성명-3으로 입력한다. [Width] 600, [Height] 400, [Resolution] 72, [Color Mode] RGB Color, 8bit, [Background Contents] White로 지정한 후 [Create] 한다.

2. [File] 〉 [Save As] ([Ctrl] + [Shift] + [S])하여 psd 파일로 저장한다.

3. [File] 〉 [Open] ([Ctrl] + [O])하여 📁실전문제2회 WImage 폴더에서 1급-7.jpg, 1급-8.jpg, 1급 -9.jpg, 1급-10.jpg, 1급-11.jpg 이미지를 선택 하여 [Open] 한다.

유형 10. 배경색 칠

1. 색상 피커의 전경색을 #88bb44로 지정하고 [Alt] + [Delete]를 눌러 작업 파일의 [Background Layer]에 색을 칠한다.

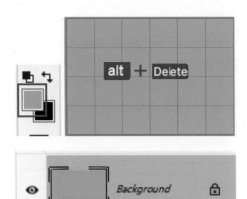

유형 12. 레이어 Blending Mode(혼합 모드) 지정

유형 13. 레이어 Opacity(불투명도) 조절

1. 1급-7.jpg 이미지에서 [Ctrl] + [A] 하여 전체 선택하고 [Ctrl] + [C] 하여 복사 후 새로 만든 G12345678-성명-3.psd 작업 파일에 [Ctrl] + [V]로 붙여 넣는다.

인희 쌤의 빠른 합격 Tip

열어 놓은 이미지 파일들은 작업이 끝나면 바로바로 닫아 다음 작업 이미지 파일 선택을 빠르게 합니다.

1급-7.jpg @ 100% (RGB/8#) ✕	1급-8.jpg @ 100% (RGB/8*) ✕

2. 자유 변형([Ctrl] + [T])으로 《출력형태》에 맞게 배치하고 [Layer] 패널에서 [Blending Mode]는 Hard Light, [Opacity]를 60%로 적용한다.

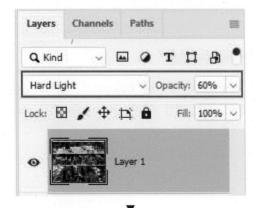

유형 1. 이미지에 필터 적용

유형 11. 레이어 마스크 사용하여 이미지 일부를 가리기

1. 1급-8.jpg 이미지에서 [Ctrl] + [A] 하여 전체 선택하고 [Ctrl] + [C] 하여 복사 후 작업 중인 파일에 [Ctrl] + [V]로 붙여 넣고 자유 변형([Ctrl] + [T])으로 《출력형태》에 맞게 배치한다.

2. [Filter] 〉 [Filter Gallery]에서 Artistic 그룹의 Paint Daubs를 적용한다.

3. [Layer] 패널에서 레이어 마스크 버튼을 클릭하여 마스크를 씌운 뒤 Gradient Tool G로 색상 정지점은 흰색, 검정색으로 선택하여 가려질 곳은 검정색, 나타낼 곳은 흰색으로 칠해지도록 세로 방향으로 드래그한다.

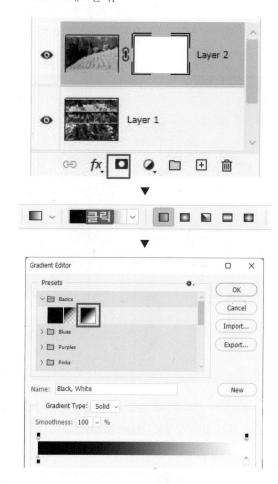

유형 1. 이미지에 필터 적용

유형 2. 이미지 오려내기

유형 8. 문자, 이미지, 모양에 레이어 스타일 적용

1. 1급-9.jpg 이미지에서 Quick Selection Tool W로 감자 영역을 드래그하여 선택한다.

2. 복사하여 작업 중인 파일에 붙여 넣고 자유 변형으로 《출력형태》에 맞게 배치한다. [Filter] 〉 [Filter Gallery]에서 Artistic 그룹의 Sponge를 적용한다.

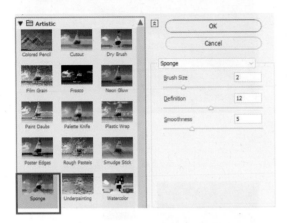

3. 레이어를 더블클릭하여 레이어 스타일을 열고 Inner Shadow 효과를 적용한다.

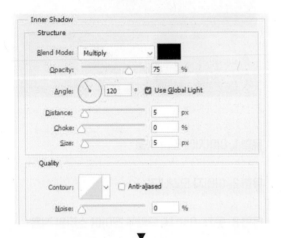

▼

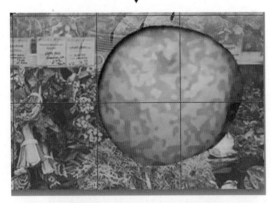

유형 4. 이미지 색상 보정

1. 1급-10.jpg Quick Selection Tool W로 컵 영역을 드래그하여 선택한다. 복사 후 작업 중인 파일에 Ctrl + V로 붙여 넣고 자유 변형(Ctrl + T)으로 《출력형태》에 맞게 배치한다.

2. 불필요한 부분은 Eraser Tool E로 우클릭하여 사전 설정 창에서 [Hard Round] 브러시를 선택하고 지운다.

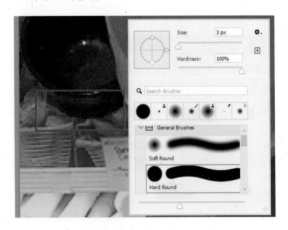

3. Quick Selection Tool W로 연두색 컵 영역만
드래그하여 선택한다.

4. [Layer] 패널에서 조정 레이어 버튼을 누르고
[Hue/Saturation]을 선택한다.

5. [Properties] 패널에서 [Hue] 슬라이더를 드래그
하여 색상을 파란색 계열로 보정한다. 먼저 선택 영
역을 지정하였기 때문에 자동으로 레이어 마스크가
지정되어 연두색 컵 부분만 색 보정이 적용된다.

▼

6. 컵 레이어를 더블클릭하여 레이어 스타일을 열고
Stroke(6px, #ff6666) 효과를 적용한다.

▼

유형 2. 이미지 오려내기

유형 3. 이미지 또는 모양 변형

유형 8. 문자, 이미지, 모양에 레이어 스타일 적용

1. 1급-11.jpg ⟨🖌⟩Quick Selection Tool W로 스푼을 드래그하여 선택한다.

2. 복사 후 작업 중인 파일에 Ctrl + V로 붙여 넣고 불필요한 부분은 ⟨🪢⟩Polygonal Lasso Tool L로 선택하여 Delete를 눌러 지운다.

3. Ctrl + T 하여 자유 변형 상태에서 우클릭 메뉴 [Flip Horizontal]로 좌우 반전한다. 크기 조절 후 《출력형태》에 맞게 배치한다.

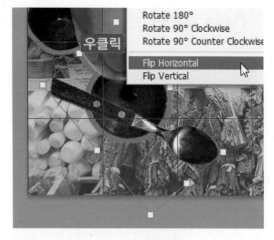

4. 레이어를 더블클릭하여 레이어 스타일을 열고 Stroke(5px, 그라디언트(#333366, #33ffcc)) 효과를 적용한다.

▼

유형 5. 모양 도구(Shape Tool) 사용

1. ✿ Custom Shape Tool U로 옵션바에서 《출력형태》와 같은 모양을 선택한다.

2. [Fill] 항목을 아무 색상이나 지정하고 Shift 눌러 《출력형태》에 맞게 그려 넣는다. 레이어를 더블클릭하여 레이어 스타일을 열고 Gradient Overlay 효과를 적용한다.

3. ✿ Custom Shape Tool U로 옵션바에서 《출력형태》와 같은 모양을 선택한다.

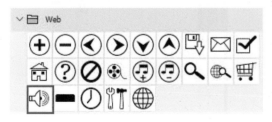

4. [Fill] 색상은 #ffffff로 지정하고 레이어 스타일을 열어 Outer Glow 효과를 적용한다.

5. ☐ Rectangle Tool U로 《출력형태》에 맞게 사각형을 그린 다음 [Fill] 색상을 #66ccff로 적용한다.

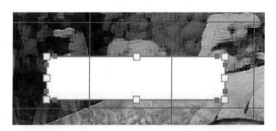

6. Properties] 패널에서 모서리 라운드 수치를 10px로 변경한다. (◻ Rounded Rectangle Tool U을 사용하여도 무관하다.)

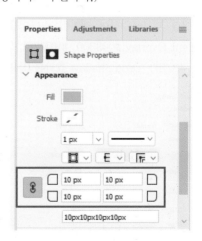

7. 레이어를 더블클릭하여 레이어 스타일을 열고 Inner Glow 효과를 적용한다.

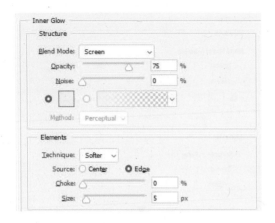

유형 9. 텍스트 뒤틀기(Text Warp)

유형 8. 문자, 이미지, 모양에 레이어 스타일 적용

1. **T** Horizontal Type Tool T로 화면을 클릭하여 《조건》에 지시된 "식생활 건강 세미나" 문자를 입력한다. 옵션바에서 지정된 서체와 크기(돋움, 24pt)를 정확히 적용한다.

2. 레이어를 더블클릭하여 레이어 스타일을 열고 Gradient Overlay(#003300, #ff0033), Stroke (2px, #ffffff), Drop Shadow 효과를 적용한다.

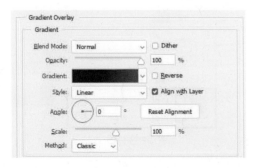

▼

3. **T** Horizontal Type Tool T로 화면을 클릭하여 "HEALTHY EATING SEMINAR" 문자를 입력한다. 옵션바에서 지정된 서체와 크기, 텍스트 색상 (Arial, Bold, 16pt, #ff6600)을 정확히 적용한다.

4. 옵션바의 Create warped text 버튼(）을 클릭하여 [Arch] 스타일을 선택하고 《출력형태》와 비슷하게 세부 사항을 조절한다.

5. 텍스트 레이어를 더블클릭하여 레이어 스타일을 열고 Inner Shadow, Outer Glow 효과를 적용한다.

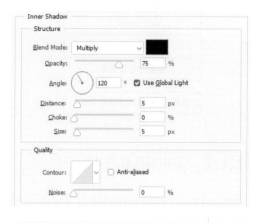

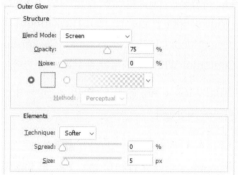

6. "영양가이드를 무료 배포합니다" 문자를 입력하고 옵션바에서 지정된 서체와 크기, 텍스트 색상(궁서, 30pt, #ffffff)을 정확히 적용한다.

7. 옵션바의 Create warped text 버튼( )을 클릭하여 [Flag] 스타일을 선택하고 《출력형태》와 비슷하게 세부 사항을 조절한다.

8. 레이어 스타일을 열고 Stroke(2px, 그라디언트(#990099, #006600)) 효과를 적용한다.

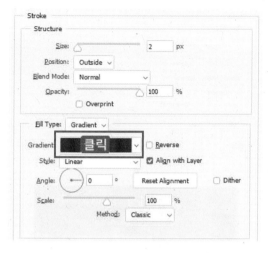

▼

9. "장소 : 문화회관강당 일시 : 2030.05.20 / 오후5시" 문자를 입력하고 옵션바에서 지정된 서체와 크기, 텍스트 색상((돋움, 18pt, #663300)을 정확히 적용한다.

10. 레이어 스타일을 열고 Stroke(2px, 그라디언트 (#990099, #006600)) 효과를 적용한다.

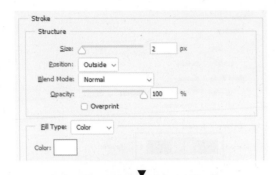

11. 작업하지 않은 부분은 없는지 확인하고 메뉴바 [File] 〉 [Export] 〉 [Export As]에서 포맷을 jpg로 선택하여 저장한다.

12. [Image] 〉 [Image Size] (Alt + Ctrl + I) 메뉴를 클릭하고 Width(폭)를 60, Height(높이)를 40으로 입력 후 [OK] 한다.

13. [File] 〉 [Save As]하여 psd 포맷으로 저장한다.

14. 실제 시험장에서는 문제 편집 작업이 모두 완료될 때마다 jpg와 psd 파일을 답안 작성요령에 맞게 저장한 후, [KOAS 수험자용] 프로그램의 [답안 전송하기] 버튼을 눌러 감독관 PC로 전송한다. 전송 후 답안 파일을 수정하였다면 저장 후 다시 답안 전송을 누른다.

문제 4 [실무응용] 웹 페이지 제작

1. [File] 〉 [New] (Ctrl + N)하여 새 문서를 생성한다. 파일명은 G12345678-성명-4로 입력한다. [Width] 600, [Height] 400, [Resolution] 72, [Color Mode] RGB Color, 8bit, [Background Contents] White로 지정한 후 [Create] 한다.

2. [File] 〉 [Save As] (Ctrl + Shift + S)하여 psd 파일로 저장한다.

3. [File] 〉 [Open] (Ctrl + O)하여 📁실전문제2회 ₩Image 폴더에서 1급-12.jpg, 1급-13.jpg, 1급-14.jpg, 1급-15.jpg, 1급-16.jpg, 1급-17.jpg 이미지를 선택하여 [Open] 한다.

유형 10. 배경색 칠

1. 색상 피커의 전경색을 #88bb44로 지정하고 Alt + Delete를 눌러 작업 파일의 [Background Layer]에 색을 칠한다.

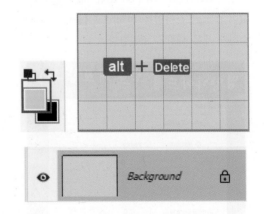

유형 12. 레이어 Blending Mode(혼합 모드) 지정

유형 13. 레이어 Opacity(불투명도) 조절

유형 11. 레이어 마스크 사용하여 이미지 일부를 가리기

1. 1급-12.jpg 이미지에서 Ctrl + A 하여 전체 선택하고 Ctrl + C 하여 복사 후 새로 만든 G12345678-성명-4.psd 작업 파일에 Ctrl + V로 붙여 넣고 자유 변형(Ctrl + T)으로 《출력형태》에 맞게 배치한다.

2. [Layer] 패널에서 [Blending Mode]를 Luminosity로 지정하고 레이어 마스크를 씌운다.

3. ■ Gradient Tool G로 색상 정지점은 흰색, 검정색으로 선택하여 가려질 곳은 검정색, 나타낼 곳은 흰색으로 칠해지도록 가로 방향으로 드래그한다.

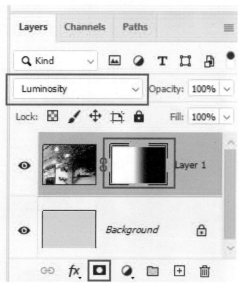

유형 2. 이미지 오려내기

유형 1. 이미지에 필터 적용

1. 1급-13.jpg 이미지에서 ✨ Magic Wand Tool W로 배경 흰색 부분을 클릭하여 선택하고 가장자리가 선명하게 선택되지 않은 팻말 부분은 ⛢ Polygonal Lasso Tool L로 Alt 누르고 영역을 지정하여 제외한다.

2. 메뉴바 [Select] 〉 [Inverse] (Ctrl + Shift + I)를 눌러 선택 영역을 반전한 뒤, 복사하여 작업 중인 파일에 붙여 넣는다.

3. 자유 변형으로 《출력형태》에 맞게 배치하고 [Filter] 〉 [Filter Gallery]에서 Texture 그룹의 Texturizer를 적용한다.

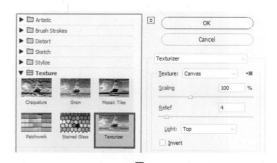

▼

유형 2. 이미지 오려내기

유형 1. 이미지에 필터 적용

1. 1급-14.jpg 이미지에서 ✐ Pen Tool P로 옵션바의 [Path] 모드를 선택한다. 컵과 쟁반을 따라 그려 패스를 생성한다.

▼

2. 패스를 그린 다음 Ctrl + Enter↵를 눌러서 선택영역으로 변환한다.

3. 복사하여 작업 중인 파일에 붙여 넣고 자유 변형으로 《출력형태》에 맞게 배치한다.

4. [Filter] 〉 [Filter Gallery]에서 Artistic 그룹의 Dry Brush를 적용한다.

▼

유형 2. 이미지 오려내기

유형 4. 이미지 색상 보정

1. 1급-15.jpg 이미지에서 ✎ Magic Wand Tool W로 흰색 배경을 클릭하여 선택하고 선택되지 않는 부분은 추가로 Shift 누르고 클릭하여 배경에 해당하는 부분은 모두 선택한다.

2. Ctrl + Shift + I 눌러서 선택 영역을 반전한다.

3. 복사하여 작업 중인 파일에 붙여 넣고 자유 변형으로 《출력형태》에 맞게 배치한다. ✎ Quick Selection Tool W로 콜랜더의 안쪽 초록색 영역만 드래그하여 선택한다.

4. [Layer] 패널에서 조정 레이어 버튼을 누르고 [Hue/Saturation]을 선택한다.

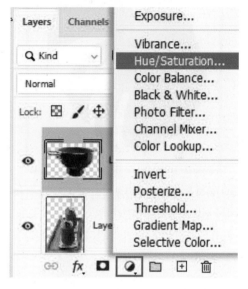

5. [Properties] 패널에서 [Hue] 슬라이더를 드래그하여 색상을 보라색 계열로 보정한다. 먼저 선택 영역을 지정하였기 때문에 자동으로 레이어 마스크가 지정되어 안쪽 부분만 색 보정이 적용된다.

유형 12. 레이어 Blending Mode(혼합 모드) 지정

유형 13. 레이어 Opacity(불투명도) 조절

1. 1급-16.jpg 이미지에서 ✨Magic Wand Tool W로 흰색 배경을 클릭하여 선택하고 Ctrl + Shift + I 를 눌러 선택 영역을 반전한다.

2. 복사하여 작업 중인 파일에 붙여 넣고 Ctrl + T 하여 자유 변형 상태에서 우클릭 메뉴 [Flip Horizontal] 로 좌우 반전한다. 크기 조절 후 《출력형태》에 맞게 배치한다.

3. [Layer] 패널에서 [Blending Mode]는 Multiply, [Opacity]를 80%로 적용한다.

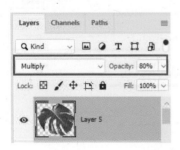

4. 1급-16.jpg 이미지에서 ✏️Quick Selection Tool W로 손과 절구 영역을 드래그하여 선택한 다. 경계가 뚜렷하지 않아 함께 선택되는 배경 부분은 그대로 둔다.

5. 복사하여 붙여 넣고 자유 변형으로 크기 조절 후 《출력형태》에 맞게 배치한다. ✏️Eraser Tool E 로 우클릭하여 사전 설정 창에서 [Hard Round] 브러시를 선택하고 불필요한 배경을 드래그하여 지운다.

6. [Layer] 패널에서 [Blending Mode]는 Multiply, [Opacity]를 80%로 적용한다.

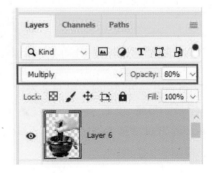

유형 5. 모양 도구(Shape Tool) 사용

유형 8. 문자, 이미지, 모양에 레이어 스타일 적용

1. ◯Ellispse Tool U로 도구 옵션바에서 [Shape] 모드를 선택한다. [Fill] 항목은 아무 색상이나 지정하고 [Stroke] 항목은 No Color(▨)로 색상 없음을 지정한다.

2. 드래그하여 타원을 그린다.

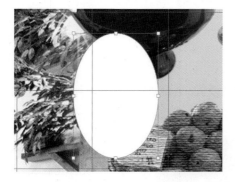

3. 위쪽과 아래쪽의 고정점을 ⟍Anchor Point Tool로 드래그하여 모양을 수정한다.

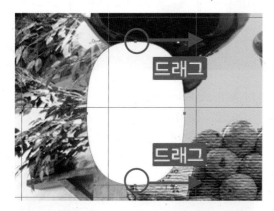

참고 고정점 수정 시 보통 패스로 변환 안내 창이 뜨면 [Yes]를 누릅니다.

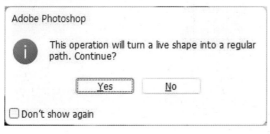

4. Esc를 한 번 눌러 편집 상태를 벗어난 후, ✒Pen Tool P로 옵션바에서 모드를 [Shape]으로 변경하고 Path Operations 항목은 [Combine Shapes]로 선택한 뒤 호박의 왼쪽 형태를 그린다.

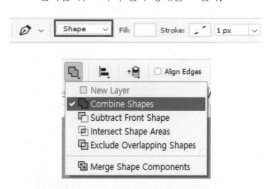

5. 반대쪽에 똑같이 반전하기 위해 ▸ Path Selection Tool A로 Alt를 누르고 드래그하여 복사하고 Enter↵를 눌러 적용한다. 다시 Ctrl + T 하여 자유 변형 상태에서 우클릭 메뉴 [Flip Horizontal]로 좌우 반전한다. 크기 조절 후 《출력형태》에 맞게 배치한다.

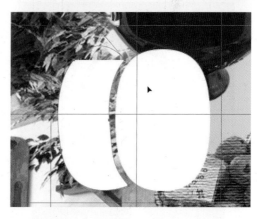

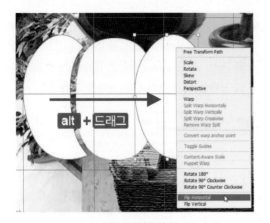

6. Esc를 한 번 눌러 편집 상태를 벗어난 후, ◯Ellispse Tool U로 꼭지의 원을 추가하여 그린다. Enter↵를 누르고 적용한 뒤 다시 Ctrl + T 하여 회전한다.

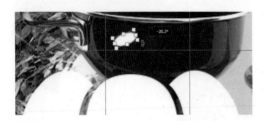

7. Esc를 한 번 눌러 편집 상태를 벗어난 후, ✐ Pen Tool P로 옵션바에서 ath Operations 항목은 [Combine Shapes]로 선택한 뒤 꼭지 아랫부분을 그린다.

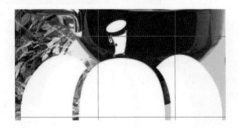

8. ▶ Path Selection Tool A로 전체를 드래그하여 선택하고 자유 변형으로 회전하여 《출력형태》에 맞게 배치한다.

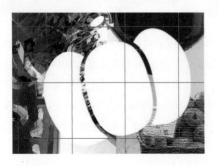

9. 레이어를 더블클릭하여 레이어 스타일을 열고 Gradient Overlay(#ff0000, #ffff00) 효과를 적용한다.

▶ 패스 그리는 법 동영상으로 확인하기

10. ✐ Pen Tool P로 옵션바에서 Path Operations 항목을 [New Layer]로 선택한 뒤 잎 형태를 그린다.

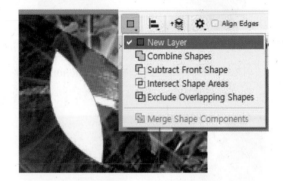

11. ▶ Path Selection Tool A로 Alt 를 누르고 드래그하여 복사하고 Enter↵를 눌러 적용한다. 다시 Ctrl + T 하여 자유 변형으로 회전하고 《출력형태》에 맞게 배치한다.

12. 레이어 스타일을 열고 Gradient Overlay(#ffcc33, #006600), Outer Glow 효과를 적용한다.

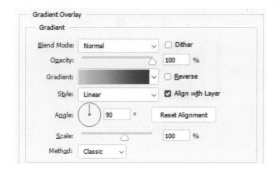

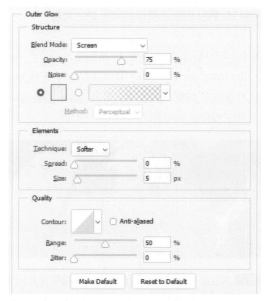

13. ▢Rectangle Tool U로 옵션바에서 Path Operations 항목을 [New Layer]로 선택한 뒤 하단 사각형을 그린다.

14. [Properties] 패널에서 링크 버튼(⧉)을 눌러 비활성화한 뒤 상단 왼쪽과 오른쪽 모서리 라운드 값은 15px, 하단 왼쪽과 오른쪽 라운드 값은 0px을 입력한다.

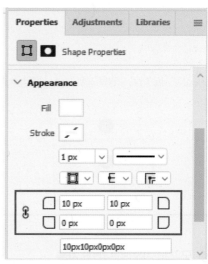

15. 레이어를 더블클릭하여 레이어 스타일을 열고 Gradient Overlay(#ffffff, #ffcc33), Drop Shadow 효과를 적용한다.

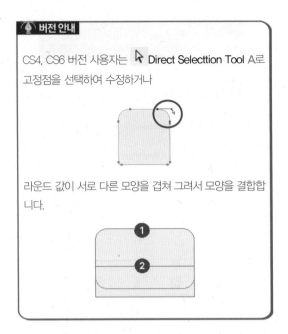

버전 안내

CS4, CS6 버전 사용자는 Direct Selecttion Tool A로 고정점을 선택하여 수정하거나

라운드 값이 서로 다른 모양을 겹쳐 그려서 모양을 결합합니다.

유형 5. 모양 도구(Shape Tool) 사용

유형 13. 레이어 Opacity(불투명도) 조절

1. Custom Shape Tool U로 옵션바에서 《출력형태》와 같은 모양을 선택하고 [Fill] 색상을 #ff0000로 지정한 뒤 Shift를 누르고 그려 넣는다.

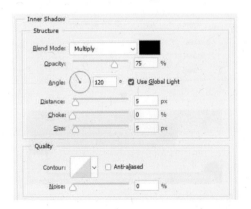

2. 레이어를 더블클릭하여 레이어 스타일을 열고 Inner Shadow 효과를 적용한 뒤, [Layer] 패널에서 [Opacity]를 70%로 변경한다.

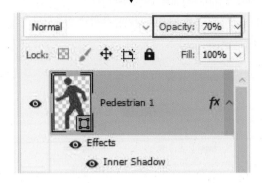

유형 14. 패턴 만들고 특정 영역에 패턴 적용

1. 《출력형태》를 보고 패턴 한 조각의 크기만큼 Rectangular Marquee Tool M로 사각형 영역을 지정한다. 대략 크기를 확인하고 Ctrl + D를 눌러 선택 영역을 해제한다.

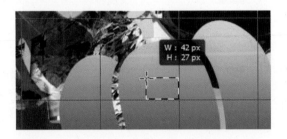

참고 패턴을 너무 크게 그리면 많이 채워지지 않고 너무 작게 그리면 사이즈를 키울 때 해상도가 떨어지므로 대략적인 크기를 가늠하여 그립니다.

2. Ctrl + N을 눌러 1번에서 확인한 사이즈로 새 문서를 생성한다. [Background Contents]는 Transparent 로 지정하여 투명한 새 문서에서 작업한다.

3. ✿ Custom Shape Tool U로 옵션바 [Shape] 항목에서 《출력형태》에 맞는 모양을 선택한다. 화면을 확대하여 #66ccff 색상으로 별 모양을 그리고 #ff9999 색상으로 달 모양을 그린다.

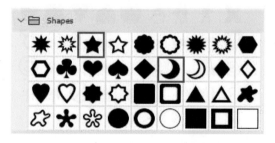

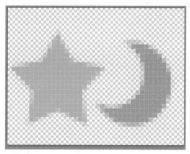

4. 메뉴바 [Edit] 〉 [Define Pattern]을 눌러 패턴으로 등록한다.

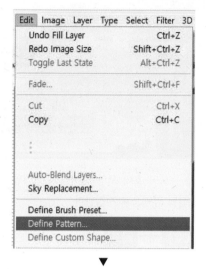

5. 작업 중인 파일에서 Alt + Ctrl + Shift + N을 눌러 새 레이어를 추가한다.

6. 메뉴바 [Edit] 〉 [Fill] (Shift + F5)에서 [Contents] 항목을 Pattern으로 선택하고 저장한 패턴을 선택한다.

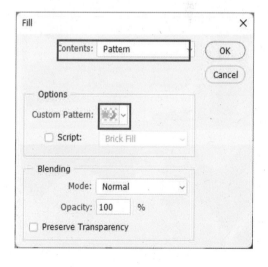

7. Ctrl + T를 눌러 자유 변형으로 크기를 조절한다.

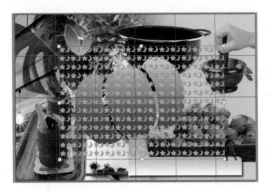

8. Ctrl을 누르고 호박 모양 레이어의 섬네일을 클릭하여 선택 영역으로 지정한다.

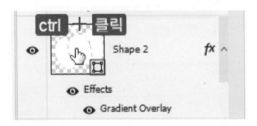

9. 패턴 레이어에서 Ctrl + Shift + I를 눌러 선택 영역을 반전하고 Delete를 눌러 삭제한다. 꼭지 부분에는 패턴이 없으므로 ✏️Eraser Tool E로 지운다.

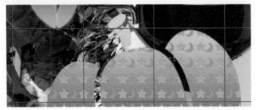

10. [Layer] 패널에서 《출력형태》에 맞게 레이어의 위 아래 순서를 정리한다.

▼

11. ✿ Custom Shape Tool U로 옵션바에서 《출력형태》와 같은 모양을 선택한다. [Fill] 색상을 #660033으로 지정하여 그린다.

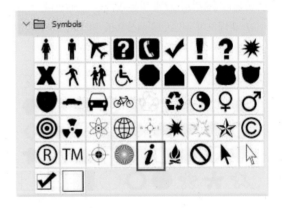

12. 레이어를 더블클릭하여 레이어 스타일을 열고 Bevel and Emboss 효과를 적용한다.

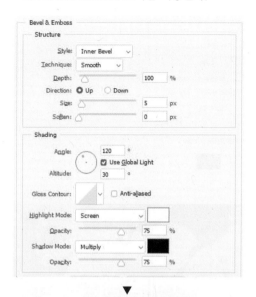

유형 9. 텍스트 뒤틀기(Text Warp)

유형 8. 문자, 이미지, 모양에 레이어 스타일 적용

1. T Horizontal Type Tool T로 화면을 클릭하여 "Korean Food Guide" 문자를 입력한다. 옵션바에서 지정된 서체와 크기(Arial, Bold, 18pt)를 정확히 적용한다.

2. 레이어 스타일을 열고 Stroke(2px, #ffffff), Gradient Overlay(#ff00cc, #ccccff, #00cc99) 효과를 적용한다.

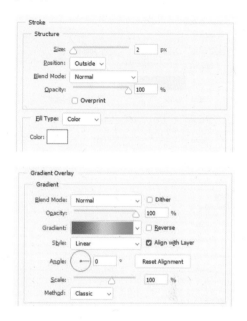

3. 옵션바의 Create warped text 버튼(工)을 클릭하여 [Arc] 스타일을 선택하고 《출력형태》와 비슷하게 세부 사항을 조절한다.

4. "영양코칭신청 / 쿠킹클래스 / 영양사강의" 문자를 입력한다. 옵션바에서 지정된 서체와 크기(돋움, 16pt)를 정확히 적용한다.

5. 레이어 스타일을 열고 Gradient Overlay(#ff3333, #0066cc), Stroke(2px, #ffffff), Drop Shadow 효과를 적용한다.

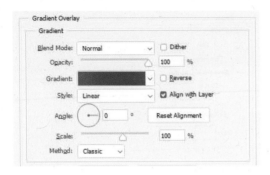

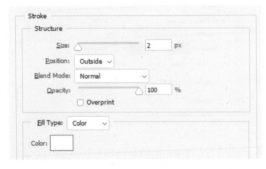

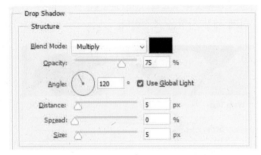

6. "국민식품영양가이드" 문자를 입력하고 옵션바에서 지정된 서체와 크기, 텍스트 색상(돋움, 28pt, #ffffff)을 정확히 적용한다.

7. 레이어 스타일을 열고 Stroke(3px, #663300) 효과를 적용한다.

▼

8. "균형잡힌 식생활을 위한 기초 영양 지식" 문자를 입력한다. 옵션바에서 지정된 서체와 크기, 텍스트 색상(굴림, 15pt, #ccffff)을 정확히 적용한다.

9. 옵션바의 Create warped text 버튼( )을 클릭하여 [Arc Upper] 스타일을 선택하고 《출력형태》와 비슷하게 세부 사항을 조절한다.

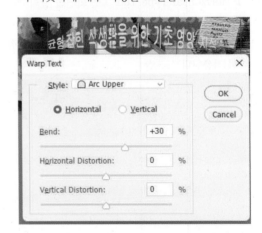

10. 레이어 스타일을 열고 Stroke(2px, #663399) 효과를 적용한다.

▼

11. 작업하지 않은 부분은 없는지 확인하고 메뉴바 [File] 〉 [Export] 〉 [Export As]에서 포맷을 jpg로 선택하여 저장한다.

12. [Image] 〉 [Image Size] ($\boxed{Alt}$ + $\boxed{Ctrl}$ + $\boxed{I}$) 메뉴를 클릭하고 Width(폭)를 60, Height(높이)를 40으로 입력 후 [OK] 한다.

13. [File] 〉 [Save As]하여 psd 포맷으로 저장한다.

14. 실제 시험장에서는 문제 편집 작업이 모두 완료될 때마다 jpg와 psd 파일을 답안 작성요령에 맞게 저장한 후, [KOAS 수험자용] 프로그램의 [답안 전송하기] 버튼을 눌러 감독관 PC로 전송한다. 전송 후 답안 파일을 수정하였다면 저장 후 다시 답안 전송을 누른다.

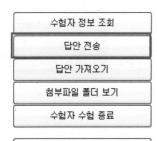

문제 ①　[기능평가] 고급 Tool(도구) 활용 20점

다음의 《조건》에 따라 아래의 《출력형태》와 같이 작업하시오.

조건

출력형태

원본 이미지	문서₩GTQ₩Image₩1급-1.jpg, 1급-2.jpg, 1급-3.jpg		
파일저장 규칙	JPG	파일명	문서₩GTQ₩수험번호-성명-1.jpg
		크기	400 × 500 pixels
	PSD	파일명	문서₩GTQ₩수험번호-성명-1.psd
		크기	40 × 50 pixels

1. 그림 효과
① 1급-1.jpg : 필터 – Watercolor(수채화 효과)
② Save Path(패스 저장) : 컵 모양
③ Mask(마스크) : 컵 모양, 1급-2.jpg를 이용하여 작성
레이어 스타일 – Stroke(선/획)(5px, 그라디언트(#3300cc, #00ffff)),
Inner Glow(내부 광선)
④ 1급-3.jpg : 레이어 스타일 – Outer Glow(외부 광선)
⑤ Shape Tool(모양 도구) :
– 새 모양(#663366, #ff6600, 레이어 스타일 – Inner Shadow(내부 그림자))
– 나뭇잎 모양(#669933, 레이어 스타일 – Bevel and Emboss(경사와 엠보스))

2. 문자 효과
① Zero waste(Arial, Regular, 40pt, 레이어 스타일 – 그라디언트 오버레이
(#cc6666, #009900), Stroke(선/획)(3px, #ffffff))

문제 ②　[기능평가] 사진편집 응용 20점

다음의 《조건》에 따라 아래의 《출력형태》와 같이 작업하시오.

조건

출력형태

원본 이미지	문서₩GTQ₩Image₩1급-4.jpg, 1급-5.jpg, 1급-6.jpg		
파일저장 규칙	JPG	파일명	문서₩GTQ₩수험번호-성명-2.jpg
		크기	400 × 500 pixels
	PSD	파일명	문서₩GTQ₩수험번호-성명-2.psd
		크기	40 × 50 pixels

1. 그림 효과
① 1급-4.jpg : 필터 – Paint Daubs(페인트 덥스/페인트 바르기)
② 색상 보정 : 1급-5.jpg – 파란색 계열로 보정
③ 1급-5.jpg : 레이어 스타일 – Inner Shadow(내부 그림자)
④ 1급-6.jpg : 레이어 스타일 – Outer Glow(외부 광선)
⑤ Shape Tool(모양 도구) :
– 나비 모양(#eee777, 레이어 스타일 – Drop Shadow(그림자 효과))
– 새 모양(#33cc66, 레이어 스타일 – Stroke(선/획)(3px, #663366))

2. 문자 효과
① 자연주의 홈케어(돋움, 45pt, 레이어 스타일 – 그라디언트 오버레이
(#ff9900, #ffffff, #00ffcc), Drop Shadow(그림자 효과))

다음의 《조건》에 따라 아래의 《출력형태》와 같이 작업하시오.

조건

원본 이미지		문서\GTQ\Image\1급-7.jpg, 1급-8.jpg, 1급-9.jpg, 1급-10.jpg, 1급-11.jpg	
파일저장규칙	JPG	파일명	문서\GTQ\수험번호-성명-3.jpg
		크기	600 × 400 pixels
	PSD	파일명	문서\GTQ\수험번호-성명-3.psd
		크기	60 × 40 pixels

1. 그림 효과

① 배경 : #ffff99
② 1급-7.jpg : Blending Mode(혼합 모드) – Darken(어둡게 하기), Opacity(불투명도)(60%)
③ 1급-8.jpg : 필터 – Palette Knife(팔레트 나이프), 레이어 마스크 – 가로 방향으로 흐릿하게
④ 1급-9.jpg : 필터 – Film Grain(필름 그레인), 레이어 스타일 – Inner Shadow(내부 그림자)
⑤ 1급-10.jpg : 레이어 스타일 – Stroke(선/획)(6px, 그라디언트(#ff0000, #00cc66))
⑥ 1급-11.jpg : 색상 보정 – 빨간색 계열로 보정, 레이어 스타일 – Stroke(선/획)(7px, #ff00cc)
⑦ 그 외 《출력형태》 참조

2. 문자 효과

① 자연과 사람을 생각하는(궁서, 20pt, #ff6666, 레이어 스타일 – Inner Shadow(내부 그림자), Outer Glow(외부 광선))
② 리사이클링 세미나(돋움, 30pt, 레이어 스타일 – 그라디언트 오버레이(#ff00cc, #0033ff),
    Stroke(선/획)(2px, #ffffcc), Drop Shadow(그림자 효과))
③ 우리 모두 함께해요!(궁서, 20pt, #ffff99, 레이어 스타일 – Stroke(선/획)(2px, 그라디언트(#993399, #ff6600))
④ 2030.01.20. 오후7시 환경센터 대강당(바탕, 15pt, #ffffff, 레이어 스타일 – Stroke(선/획)(2px, #333399))

출력형태

Shape Tool(모양 도구) 사용
#ff3333, 레이어 스타일 –
Inner Shadow(내부 그림자),
Opacity(불투명도)(70%)

Shape Tool(모양 도구) 사용
#ff00cc, 레이어 스타일 –
Outer Glow(외부 광선)

Shape Tool(모양 도구) 사용
레이어 스타일 – 그라디언트 오버레이(#ff0000, #ffff00),
Inner Shadow(내부 그림자)

다음의 《조건》에 따라 아래의 《출력형태》와 같이 작업하시오.

▶ 조건

원본 이미지	문서₩GTQ₩Image₩1급-12.jpg, 1급-13.jpg, 1급-14.jpg, 1급-15.jpg, 1급-16.jpg, 1급-17.jpg		
파일저장규칙	JPG	파일명	GTQ₩수험번호-성명-4.jpg
		크기	600 × 400 pixels
	PSD	파일명	문서₩GTQ₩수험번호-성명-4.psd
		크기	60 × 40 pixels

1. 그림 효과
① 배경 : #cccc99
② 패턴(물방울, 전구 모양) : #3366ff, #ff3366, Opacity(불투명도)(70%), 레이어 마스크 – 세로 방향으로 흐릿하게
③ 1급-12.jpg : Blending Mode(혼합 모드) – Hard Light(하드 라이트), 레이어 마스크 – 세로 방향으로 흐릿하게
④ 1급-13.jpg : 색상 보정 – 녹색 계열로 보정, 레이어 스타일 – Drop Shadow(그림자 효과)
⑤ 1급-14.jpg : 레이어 스타일 – Bevel and Emboss(경사와 엠보스), Outer Glow(외부 광선)
⑥ 1급-15.jpg : 필터 – Film Grain(필름 그레인)
⑦ 1급-16.jpg, 1급-17.jpg : 필터 – Texturizer(텍스처화), 레이어 스타일 – Drop Shadow(그림자 효과)
⑧ 그 외 《출력형태》 참조

2. 문자 효과
① Welcome to Eco Market(Arial, Bold, 16pt, 레이어 스타일 – Stroke(선/획)(2px, #ffffff), 그라디언트 오버레이(#993300, #ff99cc, #0099cc))
② 에코마켓(돋움, 30pt, 레이어 스타일 – 그라디언트 오버레이(#ff3333, #339900), Stroke(선/획)(3px, #ffffff))
③ 작은 실천이 지구를 살립니다(궁서, 20pt, #ccffff, 레이어 스타일 – Stroke(선/획)(2px, #333399))
④ 리사이클링이란 친환경소재 에코제품(돋움, 14pt, #ffffff, 레이어 스타일 – Stroke(선/획)(2px, #cc6699))

▶ 출력형태

Shape Tool(모양 도구) 사용
#ff6666, 레이어 스타일 –
Inner Shadow(내부 그림자),
Opacity(불투명도)(80%)

Shape Tool(모양 도구) 사용
#33cccc, 레이어 스타일 –
Bevel and Emboss
(경사와 엠보스),
Outer Glow(외부 광선)

Pen Tool(펜 도구) 사용
레이어 스타일 – 그라디언트
오버레이(#ffff33, #00ff66),
레이어 마스크 .
세로 방향으로 흐릿하게

Pen Tool(펜 도구) 사용
레이어 스타일 – 그라디언트
오버레이(#ff3333, #ffff00),
Drop Shadow(그림자 효과)

Shape Tool(모양 도구) 사용
레이어 스타일 – 그라디언트
오버레이(#6699ff, #33ff99),
Drop Shadow(그림자 효과)

0. 먼저 작업의 최적화를 위해 포토샵을 세팅한다.
   가이드 – 시험장 환경설정을 참고하여 격자 & 눈
   금자와 작업 내역을 설정한다.

문제 1   [기능평가] 고급 Tool(도구) 활용

1. [File] 〉 [New] (Ctrl + N)하여 새 문서를 생성한다.
   수험번호는 임의로 지정하여 파일명은 G12345678
   –성명–1로 입력한다. [Width(폭)] 400, [Height
   (높이)] 500, [Resolution(해상도)] 72, [Color
   Mode(색상 모드)] RGB Color, 8bit, [Background
   Contents] White로 지정한 후 [Create] 한다.

2. [File] 〉 [Save As] (Ctrl + Shift + S)하여 psd 파
   일로 저장한다. (저장 위치는 임의대로 설정한다.)

3. [File] 〉 [Open] (Ctrl + O)하여 📁실전문제3회
   ₩Image 폴더에서 1급–1.jpg, 1급–2.jpg, 1급
   –3.jpg 이미지를 선택하여 [Open] 한다.

유형 1. 이미지에 필터 적용

1. 1급–1.jpg 이미지에서 Ctrl + A 하여 전체 선택하
   고 Ctrl + C 하여 복사 후 새로 만든 G12345678–
   성명–1.psd 작업 파일에 Ctrl + V로 붙여 넣는다.

2. Ctrl + T 하여 자유 변형으로 크기 조절 후 문제의
   《출력형태》에 맞게 배치한다.

3. [Filter] 〉 [Filter Gallery]에서 Artistic 그룹의
   Watercolor를 적용한다.

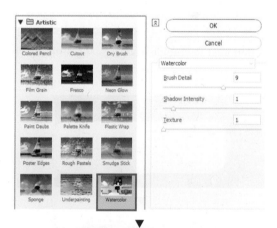

유형 6. 펜 툴 사용하여 패스 그리고 패스 저장(Save Path)

1. 컵 모양을 그리기 위해 □Rectangle Tool U로 도구 옵션바에서 [Shape] 모드를 선택한다. [Fill] 항목은 아무 색상이나 지정하고 [Stroke] 항목은 No Color(□)로 색상 없음을 지정한다.

2. 드래그하여 사각형을 그리고 [Properties] 패널에서 모서리 라운드 값을 15px로 변경한다. (○ Rounded Rectangle Tool U을 사용하여도 무관하다.)

CS4, CS6 버전 사용자는 [Properties] 패널이 없으므로 ○Rounded Rectangle Tool U를 선택하고 그리기 전 화면을 클릭하여 대화상자에서 먼저 라운드 값을 입력하거나, 옵션바에서 Radius 값을 입력하고 그립니다.

3. Esc를 눌러 편집 상태를 벗어난 뒤 옵션바 Path Operations 항목을 [Combine Shapes]로 지정하고 사각형을 하나 더 그린다.

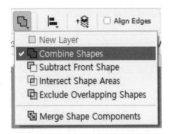

4. [Properties] 패널에서 모서리 라운드 수치를 7.5px로 입력한다. 7.5px을 적용하기에 도형의 높이가 낮은 경우 자동으로 값이 변경된다. 완전히 둥글지 않으면 값을 더 높여 입력한다.

5. ⬉ Path Selection Tool A로 Alt 누르고 아래로 드래그하여 복제한다.

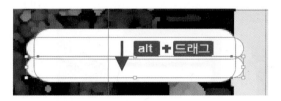

6. 한 번 더 ⬉ Path Selection Tool A로 Alt 누르고 아래로 드래그하여 복제한다.

7. Esc를 한 번 눌러 편집 상태를 벗어난 후, ⬉ Pen Tool P로 옵션바에서 모드를 [Shape]으로 변경하고 Path Operations 항목은 [Combine Shapes]로 선택한 뒤 컵의 입구 형태를 그린다.

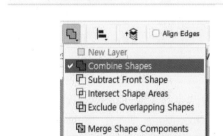

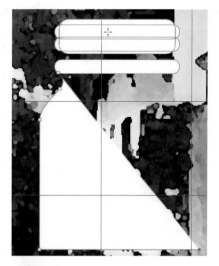

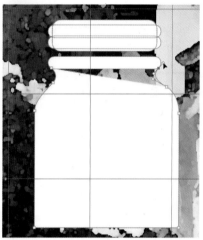

8. ⬉ Direct Selecttion Tool A로 부분 선택하여 어색한 부분의 모양을 수정한다.

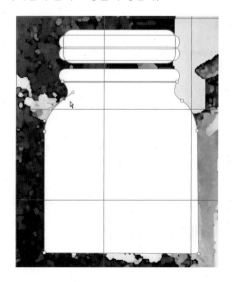

참고 만약 레이어가 합쳐지지 않고 새로 그려진다면 합칠 레이어를 모두 선택하고 Ctrl + E를 눌러 병합합니다. 이후 작업들도 하나의 모양 레이어에서 계속 작업이 이루어져야 합니다.

9. ◯Ellispse Tool U로 도구로 옵션바 Path Operations 항목을 [Combine Shapes]로 선택하고 드래그하여 컵 하단의 둥근 형태를 추가한다.

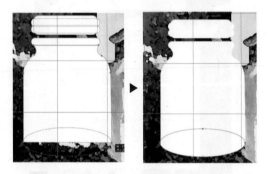

10. ▶ Path Selection Tool A로 전체를 드래그하여 선택하고 옵션바 정렬 메뉴에서 수평 가운데 정렬 버튼을 눌러 정렬한다.

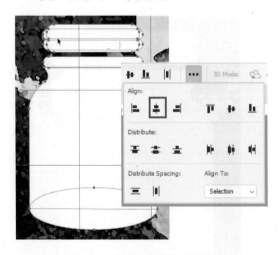

11. ▭Rectangle Tool U로 도구 옵션바에서 Path Operations 항목을 [Combine Shapes]로 선택하고 컵 손잡이를 만들 사각형을 추가하여 그린다.

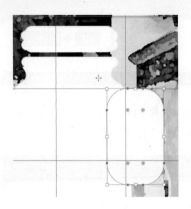

12. [Properties] 패널에서 모서리 라운드 값을 30px로 입력한다.

13. Esc를 한 번 눌러 편집 상태를 벗어난 후, 옵션바 Path Operations 항목을 [Subtract Front Shape]로 변경한 뒤 손잡이 부분을 뚫을 사각형을 그린다.

14. [Properties] 패널에서 링크 버튼(🔗)을 눌러 비활성화한 뒤 상단 오른쪽과 하단 오른쪽 라운드 값을 10px로 입력한다.

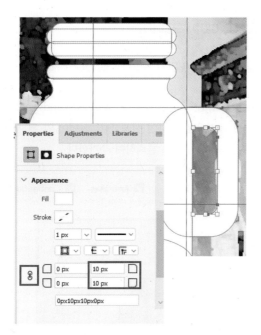

15. 패스 저장을 위해 [Path] 패널에서 패스 레이어
　　를 더블클릭하여 《조건》에 언급된 "컵" 이름으로
　　저장한다.

참고 ▶ Path Selection Tool A로 모양이 모두 포함되
도록 드래그하면 전체 모양이 한 번에 선택되고 일부분
의 모양만 클릭하면 단독 모양이 한 번에 선택이 됩니다.
하나의 레이어에 있는 모양도 단독 선택하여 개별 변형
이 가능합니다. 세밀하게 위치를 조절할 때는 키보드 방
향키를 사용합니다.

중요! 오류를 대비하여 작업중 수시로 Ctrl + S를 눌러
저장하는 습관을 들입니다.

🔍 인희 쌤의 빠른 합격 Tip

1번 문제에 분배된 시간 내에 패스를 정확히 그려야 하지
만, 똑같이 그리려다 시간을 너무 많이 할애하여 다른 조
건 사항을 아예 작업하지 못한다면 감점이 더 많이 됩니
다. 패스를 그릴 시간이 부족하다면 형태를 크게 벗어나
지 않는 선에서 조금 단순화하여 그립니다.

유형 7. 패스 또는 특정 영역에 이미지를 Mask(클리핑 마스크)

유형 8. 문자, 이미지, 모양에 레이어 스타일 적용

1. 1급-2.jpg 이미지에서 Ctrl + A 하여 전체 선택하
　고 Ctrl + C 하여 복사 후 작업 중인 파일에 Ctrl +
　V로 붙여 넣는다.

2. Ctrl + T 하여 자유 변형으로 크기 조절 후 문제의
　《출력형태》에 맞게 배치한다. 레이어에서 우클릭
　하여 [Create Clipping Mask]를 클릭하거나 단축
　키 Ctrl + Alt + G 하여 아래의 저울 컵 모양 레이
　어에 클리핑 마스크 한다.

참고 저장된 패스의 선이 화면에 계속 보인다면 [Path]
패널에서 패스 주변의 빈 공간을 클릭하여 패스 선택을
해제하세요.

3. 컵 모양 레이어를 더블클릭하여 레이어 스타일을
　열고 Stroke 효과의 [Size(크기)]를 5px, [Fill
　Type]을 Gradient로 선택 후 그라디언트 에디터
　에서 색상 정지점을 더블클릭하여 《조건》에 지정
　된 #3300cc, #00ffff 색상을 각각 입력한다. 그라
　디언트의 [Style]과 [Angle(각도)] 값을 《출력형
　태》와 비슷하게 지정한다.

Chapter 3. 최신 기출유형 모의고사 • **279**

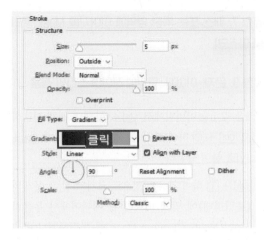

4. Inner Glow 효과를 적용한다.

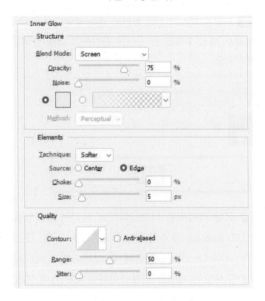

유형 8. 문자, 이미지, 모양에 레이어 스타일 적용

1. 1급-3.jpg 이미지에서 ✒️ Magic Wand Tool W 로 배경을 클릭하여 선택한다. 선택이 안 된 부분 은 Shift 누르고 클릭하여 추가한다.

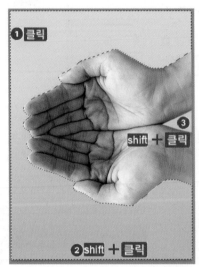

참고 격자가 불편할 경우 Ctrl + ˙(따옴표)를 눌러 숨기 기하고 필요할 때 다시 Ctrl + ˙(따옴표)를 눌러 표시합 니다.

2. 메뉴바 [Select] 〉 [Inverse] (Ctrl + Shift + I) 를 눌러 선택 영역을 반전한 뒤 복사하여 작업 중 인 파일에 붙여 넣는다.

3. Ctrl + T를 눌러 자유 변형으로 회전하여 《출력형 태》에 맞게 배치하고 레이어를 더블클릭하여 레이 어 스타일을 열고 Outer Glow 효과를 적용한다.

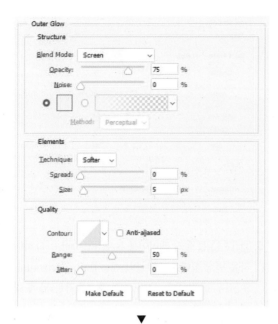

▼

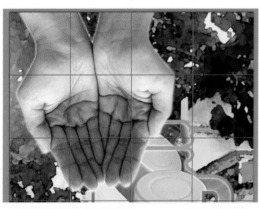

4. [Layer] 패널에서 손 레이어를 컵 모양 레이어의 아래로 내려 레이어의 순서를 정리한다.

유형 8. 문자, 이미지, 모양에 레이어 스타일 적용

1. **T** Horizontal Type Tool T로 화면을 클릭하여 《조건》에 지시된 "Zero waste" 문자를 입력한다. 옵션바에서 지정된 서체와 크기((Arial, Regular, 40pt)를 정확히 적용한다.

2. 레이어를 더블클릭하여 레이어 스타일을 열고 Gradient Overlay(#cc6666, #009900), (Stroke (선/획)(3px, #ffffff)) 효과를 적용한다.

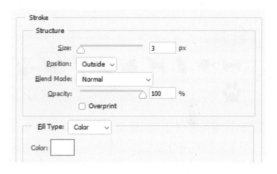

▼

유형 5. 모양 도구(Shape Tool) 사용

유형 8. 문자, 이미지, 모양에 레이어 스타일 적용

유형 3. 이미지 또는 모양 변형

1. 🦋 Custom Shape Tool U로 옵션바에서 [Shape]
   모드 선택 후 《출력형태》와 같은 모양을 선택한다.

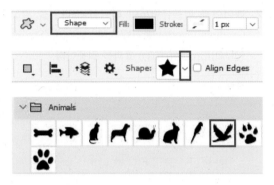

2. [Fill] 항목의 색상 피커를 클릭하여 《조건》에 언급
   된 #663366 색상 코드를 입력한다. [Stroke] 항목
   은 No Color(☑)로 색상 없음을 지정한다.

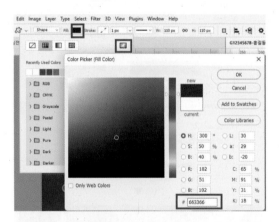

3. 화면에서 Shift 누르고 드래그하여 비율에 맞게
   그려 넣는다. Ctrl + T 하여 자유 변형으로 《출력
   형태》에 맞게 크기 조절하여 배치한다.

4. 레이어를 더블클릭하여 레이어 스타일을 열고 Inner
   Shadow 효과를 적용한다.

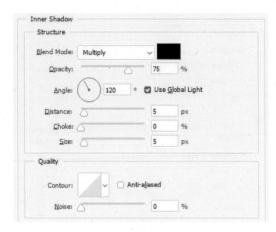

5. Ctrl + J를 눌러 레이어를 복사하고 Ctrl + T 하여
   자유 변형 상태에서 우클릭 메뉴 [Flip Horizontal]
   로 좌우 반전한다. 크기 조절 후 《출력형태》에 맞
   게 배치한다.

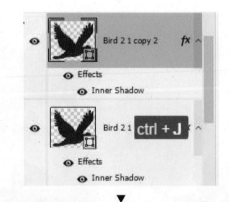

6. [Fill] 색상을 #ff6600으로 변경한다.

참고 모양 레이어의 색상을 변경할 옵션바 항목이 나타
나지 않을 경우 **모양 도구** U나 **패스 선택 도구** A 또는 **펜
도구** P를 선택합니다.

7. ⚙ Custom Shape Tool U로 《출력형태》와 같은
   모양을 선택하고 [Fill] 색상을 #669933으로 지정
   하여 그린다.

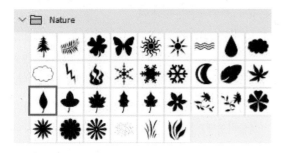

8. 레이어 스타일을 열고 Bevel and Emboss 효과를
   적용한다.

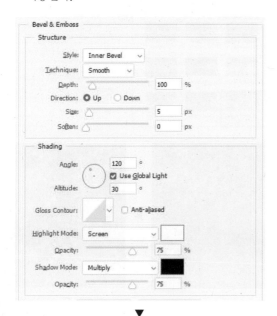

▼

🔊 버전 안내

CC 버전은 기본 모양 그룹이 이전 버전과 다르기 때문에
모양이 없는 경우 71page를 참고하여 지난 버전의 모양을
모두 불러옵니다.

9. 작업하지 않은 부분은 없는지 확인하고 메뉴바
   [File] > [Export] > [Export As]에서 포맷을 jpg
   로 선택하여 저장한다. (시험에서는 내 PCW문서
   ₩GTQ 폴더에 저장하여야 제출이 되므로 GTQ 폴
   더를 만들어 두고 연습한다.)

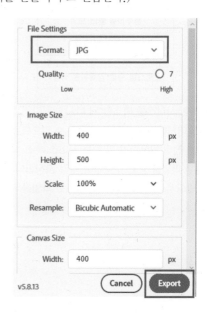

CS4, CS6 버전 사용자는 [Save As]에서 jpg 형식으로 저장합니다.

10. [Image] 〉 [Image Size] (Alt + Ctrl + I) 메뉴를 클릭하고 Width(폭)를 40, Height(높이)를 50으로 입력 후 [OK] 한다.

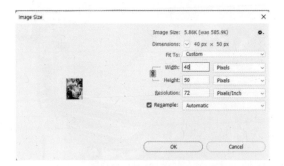

11. [File] 〉 [Save As]하여 psd 포맷으로 저장한다.

12. 실제 시험장에서는 문제 편집 작업이 모두 완료될 때마다 jpg와 psd 파일을 답안 작성요령에 맞게 저장한 후, [KOAS 수험자용] 프로그램의 [답안 전송하기] 버튼을 눌러 감독관 PC로 전송한다. 전송 후 답안 파일을 수정하였다면 저장 후 다시 답안 전송을 누른다.

중요! 혹여 사이즈를 축소한 뒤 다시 늘린다면 해상도가 상당히 떨어지며 원본 상태로 되돌릴 수 없으므로 사이즈를 줄이기 전의 원본 파일과 최종 사이즈 축소 파일은 저장 위치나 파일명 등을 구분하여 각각 저장합니다. 시험에서는 반드시 지정된 사이즈로 축소한 파일을 제출하여야 합니다.

문제 ② [기능평가] 사진편집 응용

1. [File] 〉 [New] (Ctrl + N)하여 새 문서를 생성한다. 파일명은 G12345678-성명-2로 입력한다. [Width] 400, [Height] 500, [Resolution] 72, [Color Mode] RGB Color, 8bit, [Background Contents] White로 지정한 후 [Create] 한다.

2. [File] 〉 [Save As] (Ctrl + Shift + S)하여 psd 파일로 저장한다.

3. [File] 〉 [Open] (Ctrl + O)하여 📁실전문제3회 ₩Image 폴더에서 1급-4.jpg, 1급-5.jpg, 1급-6.jpg 이미지를 선택하여 [Open] 한다.

유형 1. 이미지에 필터 적용

1. 1급-4.jpg 이미지에서 Ctrl + A 하여 전체 선택하고 Ctrl + C 하여 복사 후 새로 만든 G12345678-성명-2.psd 작업 파일에 Ctrl + V로 붙여 넣는다.

2. Ctrl + T 하여 자유 변형으로 크기 조절 후 문제의 《출력형태》에 맞게 배치한다.

3. [Filter] 〉 [Filter Gallery]에서 Artistic 그룹의 Paint Daubs를 적용한다.

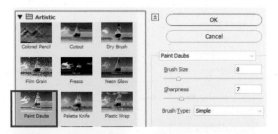

 ▶

유형 2. 이미지 오려내기

유형 4. 이미지 색상 보정

1. 1급-5.jpg 이미지에서 ✨Magic Wand Tool W
을 선택한다. 선택 색상 허용 범위를 낮추기 위해
옵션바의 Tolerance 값을 5로 변경하고 흰색 배경
영역을 클릭하여 선택한다.

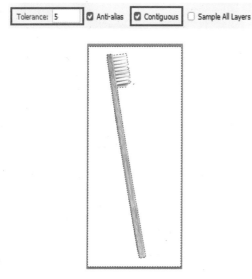

2. Ctrl + Shift + I 하여 선택 영역을 반전하고 복사
하여 작업 중인 파일에 붙여 넣는다.

3. 불필요한 부분은 ✏Eraser Tool E로 우클릭하여
사전 설정 창에서 [Hard Round] 브러시를 선택하
고 지운다.

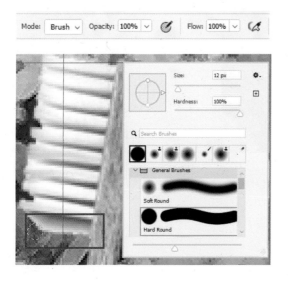

4. 🖌Quick Selection Tool W로 칫솔모 부분만 드
래그하여 선택한다.

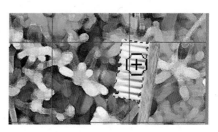

5. [Layer] 패널에서 조정 레이어 버튼을 누르고
[Hue/Saturation]을 선택한다.

6. 무채색인 칫솔모 부분에 색조를 적용하기 위하여
[Properties] 패널에서 하단 Colorize 항목을 체
크한다.

7. [Hue], [Saturation], [Lightness] 슬라이더를
모두 적절히 드래그하여 색상을 파란색 계열로 보
정한다. 먼저 선택 영역을 지정하였기 때문에 자동
으로 레이어 마스크가 지정되어 칫솔모 부분만 색
보정이 적용된다.

8. 레이어를 더블클릭하여 레이어 스타일을 열고 Inner Shadow 효과를 적용한다.

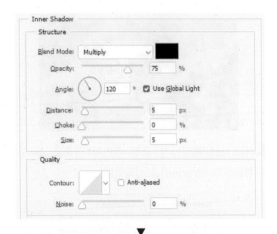

유형 2. 이미지 오려내기

1. 1급-6.jpg 이미지에서 ⮞Polygonal Lasso Tool L로 새집 형태의 가장자리를 따라 클릭하여 선택한다.

2. 복사하여 작업 중인 파일에 붙여 넣고 자유 변형으로 《출력형태》에 맞게 배치한다. 레이어 스타일을 열고 Outer Glow 효과를 적용한다.

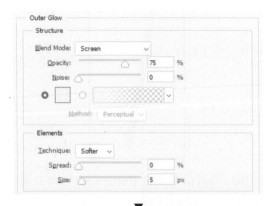

유형 5. 모양 도구(Shape Tool) 사용

1. ✿ Custom Shape Tool U로 옵션바 [Shape] 항목에서 《출력형태》와 같은 모양을 선택하고 [Fill] 색상을 #33cc66로 지정한다.

2. Shift 누르고 드래그하여 그려 넣고 레이어를 더블클릭하여 레이어 스타일을 열고 Stroke(3px, #663366) 효과를 적용한다.

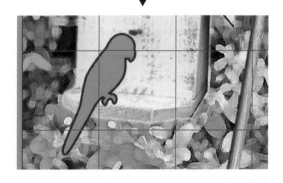

3. ✿ Custom Shape Tool U로 옵션바 [Shape] 항목에서 《출력형태》와 같은 모양을 선택하고 [Fill] 색상을 #eee777로 지정한다.

4. Shift 누르고 드래그하여 그려 넣고 레이어를 더블클릭하여 레이어 스타일을 열고 Drop Shadow 효과를 적용한다. 자유 변형으로 회전하여 《출력형태》에 맞게 배치한다.

▼

유형 9. 텍스트 뒤틀기(Text Warp)

유형 8. 문자, 이미지, 모양에 레이어 스타일 적용

1. T Horizontal Type Tool T로 화면을 클릭하여 《조건》에 지시된 "자연주의 홈케어" 문자를 입력한다. 옵션바에서 지정된 서체와 크기(돋움, 45pt)를 정확히 적용한다.

2. 옵션바의 Create warped text 버튼(✿)을 클릭하여 [Arc] 스타일을 선택하고 《출력형태》와 비슷하게 세부 사항을 조절한다.

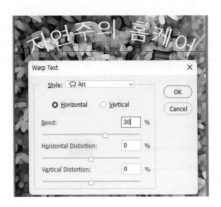

3. 레이어를 더블클릭하여 레이어 스타일을 열고 Gradient Overlay(#ff9900, #ffffff, #00ffcc), Drop Shadow 효과를 적용한다.

참고 한글 서체 이름이 영문으로 표시되어 불편하다면 21page를 참고하여 영문 표기를 비활성화합니다.

📖 민희 쌤의 빠른 합격 Tip

#ffffff는 흰색, #000000은 검정색이므로 두 가지 색상 코드는 외워두고 색상 피커에서 흰색 또는 검정색을 바로 적용합니다.

4. 작업하지 않은 부분은 없는지 확인하고 메뉴바 [File] 〉 [Export] 〉 [Export As]에서 포맷을 jpg로 선택하여 저장한다.

5. [Image] 〉 [Image Size] (Alt + Ctrl + I) 메뉴를 클릭하고 Width(폭)를 40, Height(높이)를 50으로 입력 후 [OK] 한다.

6. [File] 〉 [Save As]하여 psd 포맷으로 저장한다.

7. 실제 시험장에서는 문제 편집 작업이 모두 완료될 때마다 jpg와 psd 파일을 답안 작성요령에 맞게 저장한 후, [KOAS 수험자용] 프로그램의 [답안 전송하기] 버튼을 눌러 감독관 PC로 전송한다. 전송 후 답안 파일을 수정하였다면 저장 후 다시 답안 전송을 누른다.

1. [File] 〉 [New] (Ctrl + N)하여 새 문서를 생성한다. 파일명은 G12345678-성명-3으로 입력한다. [Width] 600, [Height] 400, [Resolution] 72, [Color Mode] RGB Color, 8bit, [Background Contents] White로 지정한 후 [Create] 한다.

2. [File] 〉 [Save As] (Ctrl + Shift + S)하여 psd 파일로 저장한다.

3. [File] 〉 [Open] (Ctrl + O)하여 📁실전문제3회 WImage 폴더에서 1급-7.jpg, 1급-8.jpg, 1급-9.jpg, 1급-10.jpg, 1급-11.jpg 이미지를 선택하여 [Open] 한다.

유형 10. 배경색 칠

1. 색상 피커의 전경색을 #88bb44로 지정하고 Alt + Delete를 눌러 작업 파일의 [Background Layer]에 색을 칠한다.

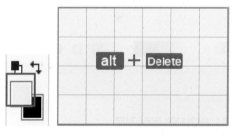

유형 12. 레이어 Blending Mode(혼합 모드) 지정

유형 13. 레이어 Opacity(불투명도) 조절

유형 11. 레이어 마스크 사용하여 이미지 일부를 가리기

1. 1급-7.jpg 이미지에서 Ctrl + A 하여 전체 선택하고 Ctrl + C 하여 복사 후 새로 만든 G12345678-성명-3.psd 작업 파일에 Ctrl + V로 붙여 넣는다.

민희 쌤의 빠른 합격 Tip

열어 놓은 이미지 파일들은 작업이 끝나면 바로바로 닫아 다음 작업 이미지 파일 선택을 빠르게 합니다.

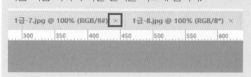

2. 자유 변형(Ctrl + T)으로 《출력형태》에 맞게 배치하고 [Layer] 패널에서 [Blending Mode]는 Darken, [Opacity]를 60%로 적용한다.

▼

유형 1. 이미지에 필터 적용

1. 1급-8.jpg 이미지에서 Ctrl + A 하여 전체 선택하고 Ctrl + C 하여 복사 후 작업 중인 파일에 Ctrl + V로 붙여 넣고 자유 변형(Ctrl + T)으로 《출력형태》에 맞게 배치한다.

2. [Filter] 〉 [Filter Gallery]에서 Artistic 그룹의 Palette Knife를 적용한다.

3. [Layer] 패널에서 레이어 마스크 버튼을 클릭하여 마스크를 씌운 뒤 ▨Gradient Tool G로 색상 정지점은 흰색, 검정색으로 선택하여 가려질 곳은 검정색, 나타낼 곳은 흰색으로 칠해지도록 가로 방향으로 드래그한다.

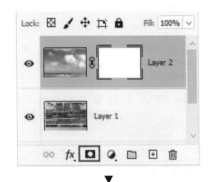

▼

▼

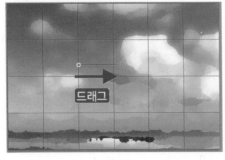

▼

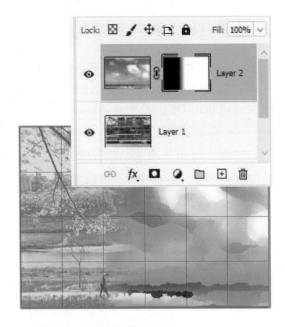

🔍 민희 쌤의 빠른 합격 Tip

옵션바에서 [Reverse] 항목에 체크하면 색상 정지점 순서가 반전됩니다.

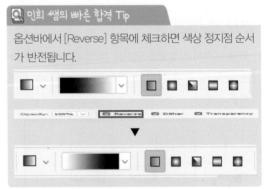

유형 1. 이미지에 필터 적용

유형 2. 이미지 오려내기

유형 8. 문자, 이미지, 모양에 레이어 스타일 적용

1. 1급-9.jpg 이미지에서 ◎Quick Selection Tool W로 분리수거함 영역을 드래그하여 선택한다.

2. 복사하여 작업 중인 파일에 붙여 넣고 자유 변형으로 《출력형태》에 맞게 배치한다. [Filter] 〉 [Filter Gallery]에서 Artistic 그룹의 Film Grain을 적용한다.

3. 레이어를 더블클릭하여 레이어 스타일을 열고 Inner Shadow 효과를 적용한다.

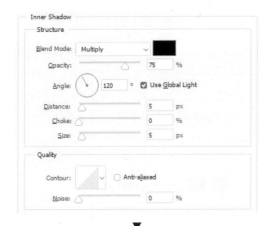

▼

유형 2. 이미지 오려내기

유형 4. 이미지 색상 보정

1. 1급-10.jpg 이미지에서 🪄Magic Wand Tool W을 선택한다. 선택 색상 허용 범위를 높이기 위해 옵션바의 Tolerance 값을 60으로 변경하고 흰색 배경 영역을 클릭하여 선택한다. 선택되지 않은 부분은 Shift 누르고 클릭하여 추가한다.

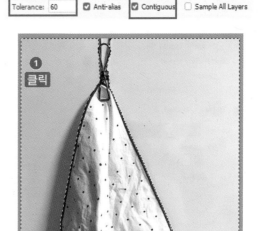

2. 불필요한 부분은 ◢Eraser Tool E로 우클릭하여 사전 설정 창에서 [Hard Round] 브러시를 선택하고 지운다.

3. 레이어를 더블클릭하여 레이어 스타일을 열고 Stroke (6px, 그라디언트(#ff0000, #00cc66)) 효과를 적용한다.

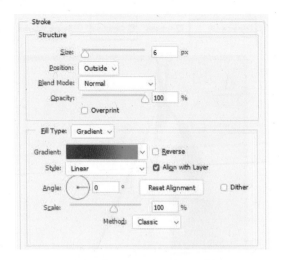

4. 1급-11.jpg 이미지에서 Magic Wand Tool W 을 선택한다. 선택 색상 허용 범위를 기본값인 32 로 변경하고 흰색 배경 영역을 클릭하여 선택한다.

5. Ctrl + Shift + I 눌러 선택 영역을 반전하고 복 사하여 작업 중인 파일에 붙여 넣는다. 자유 변형 으로 《출력형태》에 맞게 배치한다.

6. Quick Selection Tool W로 병뚜껑 영역을 드 래그하여 선택한다.

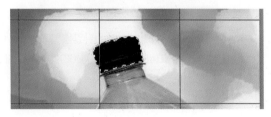

7. [Layer] 패널에서 조정 레이어 버튼을 누르고 [Hue/Saturation]을 선택한다.

8. [Properties] 패널에서 [Hue] 슬라이더를 드래그 하여 색상을 빨간색 계열로 보정한다. 먼저 선택 영역을 지정하였기 때문에 자동으로 레이어 마스 크가 지정되어 병뚜껑 부분만 색 보정이 적용된다.

9. 레이어를 더블클릭하여 레이어 스타일을 열고 Stroke(7px, #ff00cc) 효과를 적용한다.

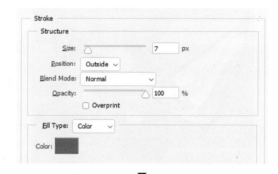

▼

유형 5. 모양 도구(Shape Tool) 사용

1. ✂ Custom Shape Tool U로 옵션바에서 《출력형태》와 같은 모양을 선택하고 Shift 를 눌러 그려 넣는다.

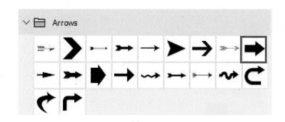

2. 레이어를 더블클릭하여 레이어 스타일을 열고 Gradient Overlay(#ff0000, #ffff00), Inner Shadow 효과를 적용한다.

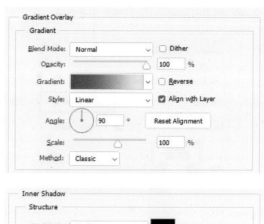

유형 13. 레이어 Opacity(불투명도) 조절

1. ✂ Custom Shape Tool U로 옵션바에서 《출력형태》와 같은 모양을 선택하고 [Fill] 색상을 #ff3333으로 지정하여 Shift 를 누르고 그려 넣는다.

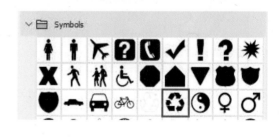

2. 레이어의 [Opacity]를 70%로 적용한다.

유형 5. 모양 도구(Shape Tool) 사용

1. ☐Rectangle Tool U로 #ff00cc 색상의 사각형을 그린다.

2. 레이어를 더블클릭하여 레이어 스타일을 열고 Outer Glow 효과를 적용한다.

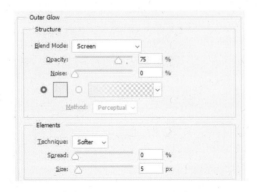

3. [Layer] 패널에서 사각형 레이어를 아래로 내려 레이어의 순서를 정리한다.

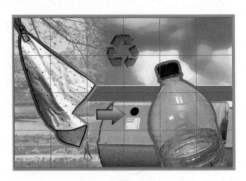

유형 9. 텍스트 뒤틀기(Text Warp)

유형 8. 문자, 이미지, 모양에 레이어 스타일 적용

1. T Horizontal Type Tool T로 화면을 클릭하여 《조건》에 지시된 "2030.01.20. 오후7시 환경센터 대강당" 문자를 입력한다. 옵션바에서 지정된 서체와 크기, 텍스트 색상(바탕, 15pt, #ffffff)을 정확히 적용한다.

2. 레이어 스타일을 열고 Stroke(2px, #333399) 효과를 적용한다.

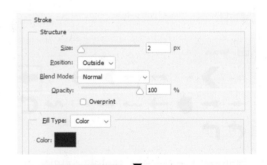

294 • 내일은 GTQ 포토샵

3. "자연과 사람을 생각하는" 문자를 입력하고 옵션
   바에서 지정된 서체와 크기, 텍스트 색상(궁서,
   20pt, #ff6666)을 정확히 적용한다.

4. 옵션바의 Create warped text 버튼(工)을 클릭
   하여 [Flag] 스타일을 선택하고 《출력형태》와 비
   슷하게 세부 사항을 조절한다.

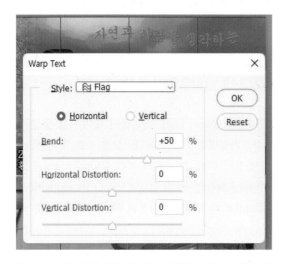

5. "리사이클링 세미나" 문자를 입력하고 옵션바에서 지
   정된 서체와 크기(돋움, 30pt)를 정확히 적용한다.

6. 레이어 스타일을 열고 Gradient Overlay(#ff00cc,
   #0033ff), Stroke(2px, #ffffcc), Drop Shadow
   효과를 적용한다.

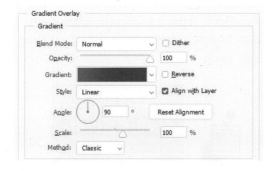

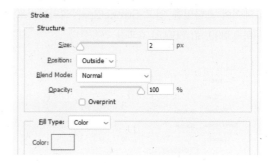

7. "우리 모두 함께해요!" 문자를 입력하고 옵션바에
   서 지정된 서체와 크기, 텍스트 색상(궁서, 20pt,
   #ffff99)을 정확히 적용한다.

8. 옵션바의 Create warped text 버튼(工)을 클릭
   하여 [Arc] 스타일을 선택하고 《출력형태》와 비슷
   하게 세부 사항을 조절한다.

9. 레이어 스타일을 열고 Stroke(2px, 그라디언트 (#993399, #ff6600)) 효과를 적용한다.

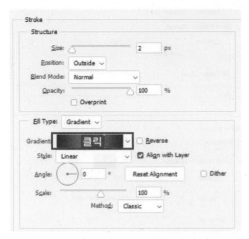

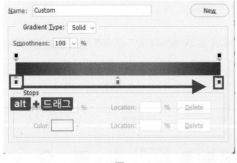

▼

10. 작업하지 않은 부분은 없는지 확인하고 메뉴바 [File] 〉 [Export] 〉 [Export As]에서 포맷을 jpg로 선택하여 저장한다.

11. [Image] 〉 [Image Size] ([Alt] + [Ctrl] + [I]) 메뉴를 클릭하고 Width(폭)를 60, Height(높이)를 40으로 입력 후 [OK] 한다.

12. [File] 〉 [Save As]하여 psd 포맷으로 저장한다.

13. 실제 시험장에서는 문제 편집 작업이 모두 완료될 때마다 jpg와 psd 파일을 답안 작성요령에 맞

게 저장한 후, [KOAS 수험자용] 프로그램의 [답안 전송하기] 버튼을 눌러 감독관 PC로 전송한다. 전송 후 답안 파일을 수정하였다면 저장 후 다시 답안 전송을 누른다.

문제 4 [실무응용] 웹 페이지 제작

1. [File] 〉 [New] ([Ctrl] + [N])하여 새 문서를 생성한다. 파일명은 G12345678-성명-4로 입력한다. [Width] 600, [Height] 400, [Resolution] 72, [Color Mode] RGB Color, 8bit, [Background Contents] White로 지정한 후 [Create] 한다.

2. [File] 〉 [Save As] ([Ctrl] + [Shift] + [S])하여 psd 파일로 저장한다.

3. [File] 〉 [Open] ([Ctrl] + [O]) 하여 📁실전문제3 회\Image 폴더에서 1급-12.jpg, 1급-13.jpg, 1급-14.jpg, 1급-15.jpg, 1급-16.jpg, 1급-17.jpg 이미지를 선택하여 [Open] 한다.

유형 10. 배경색 칠

1. 색상 피커의 전경색을 #88bb44로 지정하고 [Alt] + [Delete]를 눌러 작업 파일의 [Background Layer]에 색을 칠한다.

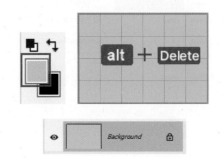

유형 12. 레이어 Blending Mode(혼합 모드) 지정

유형 11. 레이어 마스크 사용하여 이미지 일부를 가리기

1. 1급-12.jpg 이미지에서 Ctrl + A 하여 전체 선택하고 Ctrl + C 하여 복사 후 새로 만든 G12345678-성명-4.psd 작업 파일에 Ctrl + V로 붙여 넣고 자유 변형(Ctrl + T)으로《출력형태》에 맞게 배치한다.

2. [Layer] 패널에서 [Blending Mode]를 Hard Light로 지정하고 레이어 마스크를 씌운다.

3. ■Gradient Tool G로 색상 정지점은 흰색, 검정색으로 선택하여 가려질 곳은 검정색, 나타낼 곳은 흰색으로 칠해지도록 세로 방향으로 드래그한다.

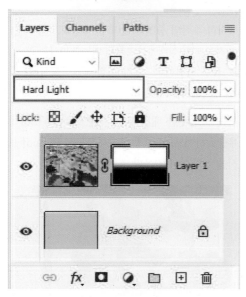

유형 2. 이미지 오려내기

유형 4. 이미지 색상 보정

1. 1급-13.jpg 이미지에서 ✎Quick Selection Tool W로 텀블러 영역을 드래그하여 선택한다.

2. 잘 선택되지 않은 부분은 ⌖Polygonal Lasso Tool L로 Shift 누르고 영역을 지정하여 추가한다.

3. [Layer] 패널에서 조정 레이어 버튼을 누르고 [Hue/Saturation]을 선택한다.

4. [Properties] 패널에서 [Hue] 슬라이더를 드래그하여 색상을 녹색 계열로 보정한다. 무채색인 뚜껑 부분은 색상 변화가 없다. 조정 레이어는 하위 모든 레이어에 영향을 주므로 텀블러 레이어에만 색상 보정을 나타내기 위해 Clip to the Layer 버튼(⌐□)을 눌러 클리핑 마스크를 적용한다.

5. 텀블러 레이어를 더블클릭하여 레이어 스타일을 열고 Drop Shadow 효과를 적용한다.

▼

유형 2. 이미지 오려내기

유형 8. 문자, 이미지, 모양에 레이어 스타일 적용

1. 1급-14.jpg 이미지에서 ⟋Quick Selection Tool W로 화분 영역을 드래그하여 선택한다.

2. 복사하여 작업 중인 파일에 붙여 넣고 Ctrl + T 하여 자유 변형 상태에서 우클릭 메뉴 [Flip Horizontal]로 좌우 반전한다. 크기 조절 후 《출력형태》에 맞게 배치한다.

3. 제거되지 못한 배경 부분은 ⟋Eraser Tool E로 우클릭하여 사전 설정 창에서 [Hard Round] 브러시를 선택하고 지운다.

4. 레이어 스타일을 열고 Bevel and Emboss, Outer Glow 효과를 적용한다.

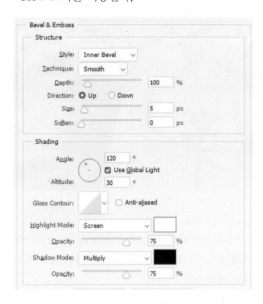

유형 2. 이미지 오려내기

유형 1. 이미지에 필터 적용

1. 1급-15.jpg 이미지에서 🦋Polygonal Lasso Tool L로 쟁반 형태의 가장자리를 따라 클릭하여 선택한다.

2. 복사하여 작업 중인 파일에 붙여 넣고 자유 변형으로 《출력형태》에 맞게 배치한다.

3. [Filter] 〉 [Filter Gallery]에서 Artistic 그룹의 Film Grain을 적용한다.

4. 1급-16.jpg 이미지에서 ✨Magic Wand Tool W을 선택한다. 선택 색상 허용 범위를 높이기 위해 옵션바의 Tolerance 값을 60으로 변경하고 파우치의 영역을 클릭하여 선택한다. 선택되지 않은 부분은 [Shift] 누르고 클릭하여 추가한다.

5. 복사하여 작업 중인 파일에 붙여 넣고 자유 변형으로 《출력형태》에 맞게 배치한다.

6. [Filter] 〉 [Filter Gallery]에서 Texture 그룹의 Texturizer를 적용한다.

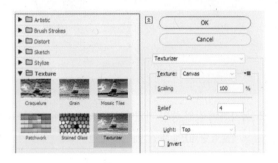

7. 레이어 스타일을 열고 Drop Shadow 효과를 적용한다.

▼

8. [Layer] 패널에서 파우치 레이어를 아래로 내려 레이어의 순서를 정리한다.

9. 1급-17.jpg 이미지에서 Quick Selection Tool W로 스폰지 영역을 드래그하여 선택한다. 배경이 선택되면 Alt 를 누르고 배경을 드래그하여 제외한다.

10. 복사하여 작업 중인 파일에 붙여 넣고 자유 변형으로 《출력형태》에 맞게 배치한다.

11. [Filter] 〉 [Filter Gallery]에서 Texture 그룹의 Texturizer를 적용한다.

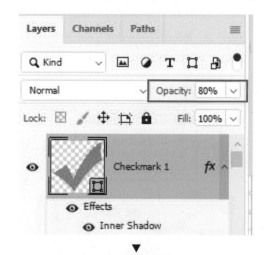

3. [Layer] 패널에서 [Opacity]를 80%로 적용한다.

직전에 작업했던 Filter와 같은 효과를 적용할 때는 메뉴바에서 필터 반복 메뉴를 선택합니다.

유형 5. 모양 도구(Shape Tool) 사용

유형 8. 문자, 이미지, 모양에 레이어 스타일 적용

유형 13. 레이어 Opacity(불투명도) 조절

유형 11. 레이어 마스크 사용하여 이미지 일부를 가리기

1. ✂ Custom Shape Tool U로 옵션바에서 《출력 형태》와 같은 모양을 선택하고 [Fill] 색상을 #ff6666로 지정한 뒤 [Shift] 눌러 그려 넣는다.

2. 레이어 스타일을 열고 Inner Shadow 효과를 적용한다.

4. ◯Ellispse Tool U로 도구 옵션바에서 [Shape] 모드를 선택한다. [Fill] 항목은 아무 색상이나 지정하고 [Stroke] 항목은 No Color(☑)로 색상 없음을 지정한다.

5. [Shift]를 눌러 드래그하여 정원을 그린다.

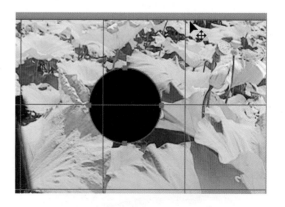

6. Esc를 한 번 눌러 편집 상태를 벗어난 후, 옵션바 Path Operations 항목을 [Combine Shapes]로 선택한 뒤, ▶Path Selection Tool A로 Alt 누르고 드래그하여 복제한다.

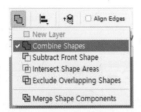

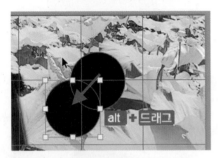

7. 오른쪽에도 대칭이 될 위치에 Alt 누르고 드래그하여 복제한다.

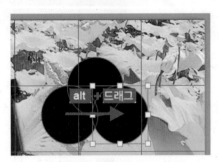

8. 한번 더 Alt 누르고 드래그하여 복제한 뒤 Enter↵를 눌러 적용하고 Ctrl + T를 눌러 자유 변형으로 크기를 키운다.

9. 오른쪽에도 대칭이 될 위치에 Alt 누르고 드래그하여 복제한다.

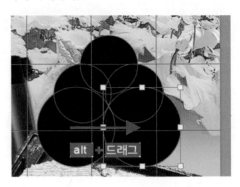

10. Esc를 한 번 눌러 편집 상태를 벗어난 후, ☐ Rectangle Tool U로 옵션바 Path Operations 항목을 [Combine Shapes]로 선택한 뒤, 나무 기둥 형태의 사각형을 그린다.

11. 나무 모양 레이어를 더블클릭하여 레이어 스타일을 열고 Gradient Overlay(#ffff33, #00ff66) 효과를 적용한다.

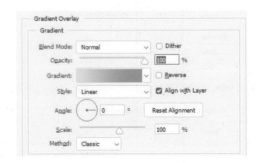

12. [Layer] 패널에서 레이어 마스크 버튼을 눌러 마스크를 씌우고 ■Gradient Tool G로 색상 정지점은 흰색, 검정색으로 선택하여 가려질 곳은 검정색, 나타낼 곳은 흰색으로 칠해지도록 세로 방향으로 드래그한다.

▼

▼

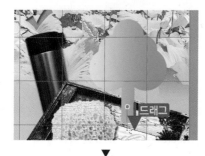

▼

▼

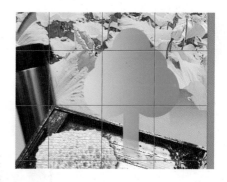

13. ✐Pen Tool P로 옵션바에서 Path Operations 항목을 [New Layer]로 선택한 뒤 잎 형태를 그린다.

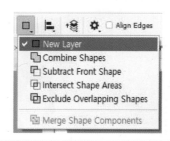

▼

▼

▼

▼

▼

14. 레이어를 더블클릭하여 레이어 스타일을 열고 Gradient Overlay(#ff3333, #ffff00), Drop Shadow 효과를 적용한다.

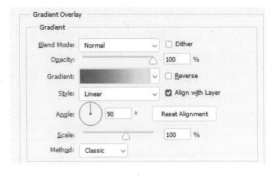

▼

15. ☐Rectangle Tool U로 하단에 사각형을 그리고 [Properties] 패널에서 모서리 라운드 값을 5px로 변경한다. (⃝Rounded Rectangle Tool U을 사용하여도 무관하다.)

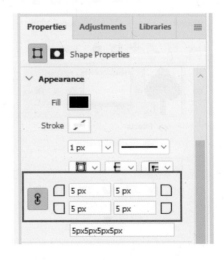

16. 레이어 스타일을 열고 Gradient Overlay(#6699ff, #33ff99), Drop Shadow 효과를 적용한다.

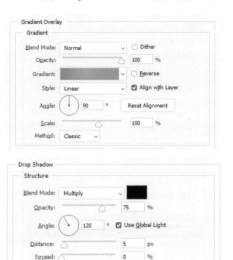

17.  Custom Shape Tool U로 옵션바에서 《출력형태》와 같은 모양을 선택하고 [Fill] 색상을 #33cccc, 로 지정한 뒤 Shift 를 누르고 그려 넣는다.

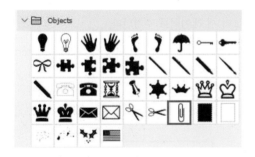

18. 레이어 스타일을 열고 Bevel and Emboss, Outer Glow 효과를 적용한 뒤, 자유 변형으로 회전하여 《출력형태》에 맞게 배치한다.

▼

유형 14. 패턴 만들고 특정 영역에 패턴 적용

유형 11. 레이어 마스크 사용하여 이미지 일부를 가리기

1. 《출력형태》를 보고 패턴 한 조각의 크기만큼 Rectangular Marquee Tool M로 사각형 영역을 지정한다. 대략 크기를 확인하고 Ctrl + D를 눌러 선택 영역을 해제한다.

참고 패턴을 너무 크게 그리면 많이 채워지지 않고 너무 작게 그리면 사이즈를 키울 때 해상도가 떨어지므로 대략적인 크기를 가늠하여 그립니다.

2. Ctrl + N을 눌러 1번에서 확인한 사이즈로 새 문서를 생성한다. [Background Contents]는 Transparent 로 지정하여 투명한 새 문서에서 작업한다.

3.  Custom Shape Tool U로 옵션바 [Shape] 항목에서 《출력형태》에 맞는 모양을 선택한다. 화면을 확대하여 #3366ff 색상으로 물방울 모양을 그리고 #ff3366 색상으로 전구 모양을 그린다.

참고 모양을 그리고 여백이 남는다면 패턴을 저장할 부분만큼 [::] Rectangular Marquee Tool M로 영역을 지정한 뒤 패턴을 등록한다.

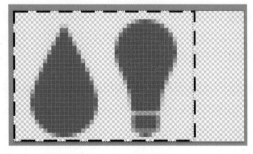

4. 메뉴바 [Edit] 〉 [Define Pattern]을 눌러 패턴으로 등록한다.

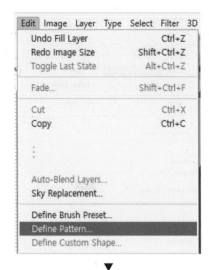

5. 작업 중인 파일에서 [Alt] + [Ctrl] + [Shift] + [N]을 눌러 새 레이어를 추가한다.

6. 메뉴바 [Edit] 〉 [Fill] ([Shift] + [F5])에서 [Contents] 항목을 Pattern으로 선택하고 저장한 패턴을 선택한다.

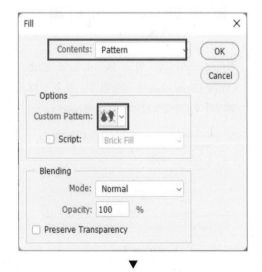

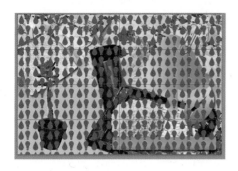

7. [Layer] 패널에서 레이어 마스크 버튼을 눌러 마스크를 씌운다.

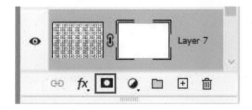

8. ■Gradient Tool G로 색상 정지점은 흰색, 검정색으로 선택하여 가려질 곳은 검정색, 나타낼 곳은 흰색으로 칠해지도록 가로 방향으로 드래그한다.

9. [Layer] 패널에서 [Opacity]를 70%로 적용한다.

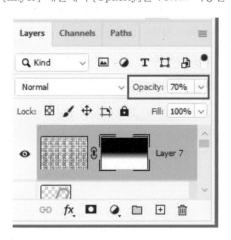

10. [Layer] 패널에서 패턴 레이어를 아래로 내려 레이어의 순서를 정리한다.

유형 9. 텍스트 뒤틀기(Text Warp)

유형 8. 문자, 이미지, 모양에 레이어 스타일 적용

1. **T** Horizontal Type Tool T로 화면을 클릭하여 "에코마켓" 문자를 입력한다. 옵션바에서 지정된 서체와 크기(돋움, 30pt)를 정확히 적용한다.

2. 레이어를 더블클릭하여 레이어 스타일을 열고 Gradient Overlay(#ff3333, #339900), Stroke (3px, #ffffff) 효과를 적용한다.

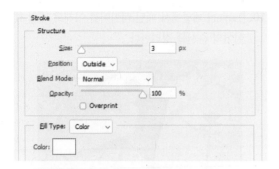

3. "Welcome to Eco Market" 문자를 입력하고 옵
   션바에서 지정된 서체와 크기(Arial, Bold, 16pt)
   를 정확히 적용한다.

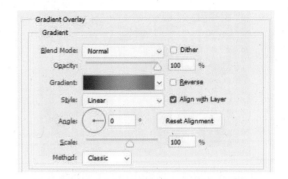

4. 옵션바의 Create warped text 버튼(⊥)을 클릭
   하여 [Arch] 스타일을 선택하고 《출력형태》와 비
   슷하게 세부 사항을 조절한다.

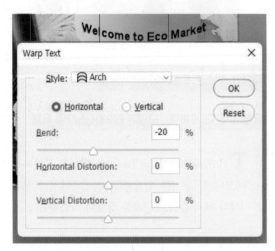

6. "작은 실천이 지구를 살립니다" 문자를 입력하고
   옵션바에서 지정된 서체와 크기, 텍스트 색상(궁
   서, 20pt, #ccffff)을 정확히 적용한다.

7. 옵션바의 Create warped text 버튼(⊥)을 클릭
   하여 [Flag] 스타일을 선택하고 《출력형태》와 비
   슷하게 세부 사항을 조절한다.

5. 레이어를 더블클릭하여 레이어 스타일을 열고
   Gradient Overlay(#993300, #ff99cc, #0099cc),
   Stroke(2px, #ffffff) 효과를 적용한다.

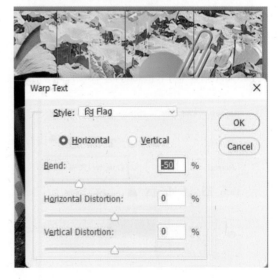

8. 레이어 스타일을 열고 Stroke(2px, #333399) 효과를 적용한다.

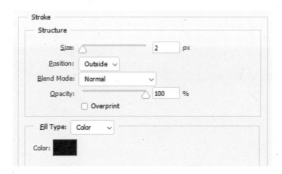

9. 자유 변형으로 회전하여 《출력형태》에 맞게 배치한다.

10. "리사이클링이란 친환경소재 에코제품" 문자를 입력하고 옵션바에서 지정된 서체와 크기, 텍스트 색상(돋움, 14pt, #ffffff)을 정확히 적용한다.

11. 레이어 스타일을 열고 Stroke(2px, #cc6699) 효과를 적용한다.

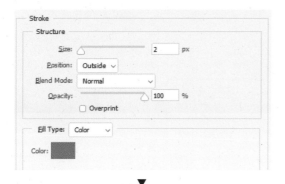

▼

12. 작업하지 않은 부분은 없는지 확인하고 메뉴바 [File] 〉 [Export] 〉 [Export As]에서 포맷을 jpg로 선택하여 저장한다.

13. [Image] 〉 [Image Size] (Alt + Ctrl + I) 메뉴를 클릭하고 Width(폭)를 60, Height(높이)를 40으로 입력 후 [OK] 한다.

14. [File] 〉 [Save As]하여 psd 포맷으로 저장한다.

15. 실제 시험장에서는 문제 편집 작업이 모두 완료될 때마다 jpg와 psd 파일을 답안 작성요령에 맞게 저장한 후, [KOAS 수험자용] 프로그램의 [답안 전송하기] 버튼을 눌러 감독관 PC로 전송한다. 전송 후 답안 파일을 수정하였다면 저장 후 다시 답안 전송을 누른다.

내일은 GTQ 포토샵

CHAPTER

04

자율학습 모의고사

자율학습 1회

문제 1   [기능평가] 고급 Tool(도구) 활용   20점

다음의 《조건》에 따라 아래의 《출력형태》와 같이 작업하시오.

▶ 출력형태

▶ 조건

원본 이미지	문서₩GTQ₩Image₩1급-1.jpg, 1급-2.jpg, 1급-3.jpg		
파일저장 규칙	JPG	파일명	문서₩GTQ₩수험번호-성명-1.jpg
		크기	400 × 500 pixels
	PSD	파일명	문서₩GTQ₩수험번호-성명-1.psd
		크기	40 × 50 pixels

1. 그림 효과
   ① 1급-1.jpg : 필터 – Ocean Ripple(바다 물결)
   ② Save Path(패스 저장) : 운동화 모양
   ③ Mask(마스크) : 운동화 모양, 1급-2.jpg를 이용하여 작성
   레이어 스타일 – Inner Shadow(내부 그림자), Outer Glow(외부 광선)
   ④ 1급-3.jpg : 레이어 스타일 – Drop Shadow(그림자 효과)
   ⑤ Shape Tool(모양 도구)
   – 발바닥 모양(레이어 스타일 – Inner Shadow(내부 그림자), 그라디언트 오버
   레이(#ff0033, #33ff66))
   – 시계 모양(#ff3300, 레이어 스타일 – Drop Shadow(그림자 효과),
   Opacity(불투명도)(50%))

2. 문자 효과
   ① 매일 운동(돋움, 40pt, 레이어 스타일
   – 그라디언트 오버레이(#6633cc, #ff6600), Stroke(선/획)(2px, #ffffff))

문제 2   [기능평가] 사진편집 응용   20점

다음의 《조건》에 따라 아래의 《출력형태》와 같이 작업하시오.

▶ 출력형태

▶ 조건

원본 이미지	문서₩GTQ₩Image₩1급-4.jpg, 1급-5.jpg, 1급-6.jpg		
파일저장 규칙	JPG	파일명	문서₩GTQ₩수험번호-성명-2.jpg
		크기	400 × 500 pixels
	PSD	파일명	문서₩GTQ₩수험번호-성명-2.psd
		크기	40 × 50 pixels

1. 그림 효과
   ① 1급-4.jpg : 필터 – Crosshatch(그물눈)
   ② 색상 보정 : 1급-5.jpg – 파란색 계열로 보정
   ③ 1급-5.jpg : 레이어 스타일 – Inner Glow(내부 광선)
   ④ 1급-6.jpg : 레이어 스타일 – Outer Glow(외부 광선)
   ⑤ Shape Tool(모양 도구) : – 사각형 모양(레이어 스타일 – 그라디언트 오버레이
   (#993300, #ffcc00), Outer Glow(외부 광선))– 나비 모양(#ff9999, 레이어 스타
   일 – Inner Glow(내부 광선))

2. 문자 효과
   ① Body time(궁서, 28pt, 레이어 스타일 – Drop Shadow(그림자 효과),Outer
   Glow(외부 광선), 그라디언트 오버레이(#ffffff, #ffff00))

다음의 《조건》에 따라 아래의 《출력형태》와 같이 작업하시오.

조건

원본 이미지			문서₩GTQ₩Image₩1급-7.jpg, 1급-8.jpg, 1급-9.jpg, 1급-10.jpg, 1급-11.jpg
파일저장규칙	JPG	파일명	문서₩GTQ₩수험번호-성명-3.jpg
		크기	600 × 400 pixels
	PSD	파일명	문서₩GTQ₩수험번호-성명-3.psd
		크기	60 × 40 pixels

1. 그림 효과

① 배경 : #cc3399
② 1급-7.jpg : 필터 - Angled Strokes(각진 획), Blending Mode(혼합 모드) - Overlay(오버레이)
③ 1급-8.jpg : 레이어 마스크 - 세로 방향으로 흐릿하게
④ 1급-9.jpg : 필터 - Film Grain(필름 그레인), 레이어 스타일 - Stroke(선/획)(4px, #ffffff))
⑤ 1급-10.jpg : 레이어 스타일 - Drop Shadow(그림자 효과)
⑥ 1급-11.jpg : 색상 보정 - 녹색 계열로 보정, 레이어 스타일 - Drop Shadow(그림자 효과)
⑦ 그 외 《출력형태》 참조

2. 문자 효과

① [건강한 여름나기](굴림, 20pt, 레이어 스타일 - 그라디언트 오버레이(#ffff00, #ffffff), Stroke(선/획)(3px, #66cccc), Drop Shadow(그림자 효과))
② Summer Guide(궁서, 26pt, 레이어 스타일 - Outer Glow(외부 광선), 그라디언트 오버레이(#ff3300, #0099ff))
③ 참가자 전원 식사권 증정!!(궁서, 14pt, 20pt, #ffff00, #ffffff, 레이어 스타일 - Drop Shadow(그림자 효과))
④ 강연일시 : 6월 8일 2시 소강당에서(굴림, 16pt, #99ff00, 레이어 스타일 - Stroke(선/획)(2px, #9933cc))

출력형태

Shape Tool(모양 도구) 사용#66cccc
레이어 스타일 -
Drop Shadow(그림자 효과)

Shape Tool(모양 도구) 사용
레이어 스타일 - 그라디언트
오버레이(#ffff66, #66ffff),
Drop Shadow(그림자 효과)

Shape Tool(모양 도구) 사용레
이어 스타일 - 그라디언트
오버레이(#6600cc, #ff0000),
Opacity(불투명도)(60%)

다음의 《조건》에 따라 아래의 《출력형태》와 같이 작업하시오.

조건

원본 이미지			문서₩GTQ₩Image₩1급-12.jpg, 1급-13.jpg, 1급-14.jpg, 1급-15.jpg, 1급-16.jpg, 1급-17.jpg
파일저장규칙	JPG	파일명	GTQ₩수험번호-성명-4.jpg
		크기	600 × 400 pixels
	PSD	파일명	문서₩GTQ₩수험번호-성명-4.psd
		크기	60 × 40 pixels

1. 그림 효과
① 배경 : #9966cc, 필터 - Texturizer(텍스처화)
② 패턴(사각형 모양) : #ffffff, #ffff00, 레이어 마스크 - 세로 방향으로 흐릿하게, Opacity(불투명도)(60%)
③ 1급-12.jpg : 레이어 마스크 - 가로 방향으로 흐릿하게
④ 1급-13.jpg : Blending Mode(혼합 모드) - Multiply(곱하기)
⑤ 1급-15.jpg : 필터 - Film Grain(필름 그레인), 레이어 스타일 - Drop Shadow(그림자 효과)
⑥ 1급-16.jpg : 레이어 스타일 - Outer Glow(외부 광선)
⑦ 1급-17.jpg : 색상 보정 - 파란색 계열로 보정, 레이어 스타일 - Outer Glow(외부 광선)
⑧ 그 외 《출력형태》 참조

2. 문자 효과
① Energy Fitness Center(Arial, Regular, 18pt, #ccff33)
② 건강미인 헬스센터(돋움, 36pt, 24pt, 레이어 스타일 - Drop Shadow(그림자 효과), 그라디언트 오버레이(#ffff00, #00ffcc))
③ 코치소개 프로그램 식단가이드(돋움, 16pt, #3333cc, 레이어 스타일 - Stroke(선/획)(2px, #ffffff))
④ ☎ 센터대표전화 : 02-123-4567(돋움, 14pt, #000000, Stroke(선/획)(2px, #ffffcc))

출력형태

Shape Tool(모양 도구) 사용
#33ff00, 레이어 스타일 -
Stroke(선/획)(3px, #ff3399)

Shape Tool(모양 도구) 사용
#ff3399, 레이어 스타일 -
Drop Shadow(그림자 효과),
Bevel and Emboss
(경사와 엠보스)

Shape Tool(모양 도구) 사용
#ff3300, 레이어 스타일 -
Inner Shadow(내부 그림자),
Inner Glow(내부 광선)

Pen Tool(펜 도구) 사용
레이어 스타일 - 그라디언트 오버레이
(#ffff00, #33cccc),
레이어 마스크 - 세로 방향으로 흐릿하게

Pen Tool(펜 도구) 사용
레이어 스타일 -
그라디언트 오버레이(#ff0000, #ffff00),
Inner Shadow(내부 그림자)

해설영상

자율학습 2회 02

문제 ❶ [기능평가] 고급 Tool(도구) 활용 20점

다음의 《조건》에 따라 아래의 《출력형태》와 같이 작업하시오.

조건

원본 이미지	문서\GTQ\Image\1급-1.jpg, 1급-2.jpg, 1급-3.jpg		
파일저장 규칙	JPG	파일명	문서\GTQ\수험번호-성명-1.jpg
		크기	400 × 500 pixels
	PSD	파일명	문서\GTQ\수험번호-성명-1.psd
		크기	40 × 50 pixels

출력형태

1. 그림 효과
① 1급-1.jpg : 필터 – Cutout(오려내기)
② Save Path(패스 저장) : 새싹 모양
③ Mask(마스크) : 새싹 모양, 1급-2.jpg를 이용하여 작성
레이어 스타일 – Stroke(선/획)(4px, 그라디언트(#3366cc, #ff6666)),
Inner Shadow(내부 그림자)
④ 1급-3.jpg : 레이어 스타일 – Outer Glow(외부 광선)
⑤ Shape Tool(모양 도구) :
– 물결 모양(#cc99cc, 레이어 스타일 – Bevel and Emboss(경사와 엠보스))
– 나비 모양(#ff6600, #006666, 레이어 스타일 – Outer Glow(외부 광선))

2. 문자 효과
① 봄을 담다(궁서, 50pt, 레이어 스타일
– 그라디언트 오버레이(#ff66ff, #99ff66), Stroke(선/획)(2px, #333333))

문제 ❷ [기능평가] 사진편집 응용 20점

다음의 《조건》에 따라 아래의 《출력형태》와 같이 작업하시오.

조건

원본 이미지	문서\GTQ\Image\1급-4.jpg, 1급-5.jpg, 1급-6.jpg		
파일저장 규칙	JPG	파일명	문서\GTQ\수험번호-성명-2.jpg
		크기	400 × 500 pixels
	PSD	파일명	문서\GTQ\수험번호-성명-2.psd
		크기	40 × 50 pixels

출력형태

1. 그림 효과
① 1급-4.jpg : 필터 – Crosshatch(그물눈)
② 색상 보정 : 1급-5.jpg . 보라색, 노란색 계열로 보정
③ 1급-5.jpg : 레이어 스타일 – Bevel and Emboss(경사와 엠보스)
④ 1급-6.jpg : 레이어 스타일 – Drop Shadow(그림자 효과)
⑤ Shape Tool(모양 도구) :
– 태양 모양(#ffff99, 레이어 스타일 – Inner Shadow(내부 그림자))
– 튀긴 자국 모양(#33cc66, #ff9900, 레이어 스타일 – Drop Shadow(그림자 효과))

2. 문자 효과
① Hot Summer(Arial, Bold, 45pt, 레이어 스타일 – 그라디언트 오버레이(#6600ff, #ff0066, #ffcc00), Stroke(선/획)(3px, #ffffcc))

다음의 《조건》에 따라 아래의 《출력형태》와 같이 작업하시오.

조건

원본 이미지	문서₩GTQ₩Image₩1급−7.jpg, 1급−8.jpg, 1급−9.jpg, 1급−10.jpg, 1급−11.jpg		
파일저장규칙	JPG	파일명	문서₩GTQ₩수험번호−성명−3.jpg
		크기	600 × 400 pixels
	PSD	파일명	문서₩GTQ₩수험번호−성명−3.psd
		크기	60 × 40 pixels

1. 그림 효과
   ① 배경 : #cccc66
   ② 1급−7.jpg : Blending Mode(혼합 모드) − Hard Light(하드 라이트), Opacity(불투명도)(60%)
   ③ 1급−8.jpg : 필터 − Film Grain(필름 그레인), 레이어 마스크 − 세로 방향으로 흐릿하게
   ④ 1급−9.jpg : 필터 − Dry Brush(드라이 브러시), 레이어 스타일 − Inner Shadow(내부 그림자)
   ⑤ 1급−10.jpg : 레이어 스타일 − Drop Shadow(그림자 효과), Stroke(선/획)(3px, 그라디언트(#cccc33, #330000))
   ⑥ 1급−11.jpg : 색상 보정 − 노란색 계열로 보정, 레이어 스타일 − Drop Shadow(그림자 효과)
   ⑦ 그 외 《출력형태》 참조

2. 문자 효과
   ① 가을 풍경 그리기(돋움, 35pt, 20pt, 레이어 스타일 − 그라디언트 오버레이(#ff6600, #ffff00, #cccccc), Stroke(선/획)(3px, #333333))
   ② Picture moments in the autumn(Arial, Bold, 18pt, 레이어 스타일 − 그라디언트 오버레이(#ff0000, #339966), Stroke(선/획)(2px, #ffffcc), Drop Shadow(그림자 효과))
   ③ 11월 강좌 : 매주 토요일 2시(궁서, 20pt, #66cc66, #ffcc00, 레이어 스타일 − Stroke(선/획)(2px, #333333))
   ④ 한국근린공원 2주차장 입구(굴림, 18pt, #ffcccc, 레이어 스타일 − Stroke(선/획)(2px, #993333))

출력형태

Shape Tool(모양 도구) 사용
#ff3333, #99ff33, 레이어 스타일
− Drop Shadow(그림자 효과),
Opacity(불투명도)(70%)

Shape Tool(모양 도구) 사용
#333333, 레이어 스타일 −
Bevel and Emboss(경사와
엠보스), Opacity(불투명도)(50%)

Shape Tool(모양 도구) 사용
레이어 스타일 − 그라디언트
오버레이(#663300, #cc99cc),
Bevel and Emboss(경사와 엠보스)

다음의 《조건》에 따라 아래의 《출력형태》와 같이 작업하시오.

조건

원본 이미지	문서₩GTQ₩Image₩1급-12.jpg, 1급-13.jpg, 1급-14.jpg, 1급-15.jpg, 1급-16.jpg, 1급-17.jpg		
파일저장규칙	JPG	파일명	GTQ₩수험번호-성명-4.jpg
		크기	600 × 400 pixels
	PSD	파일명	문서₩GTQ₩수험번호-성명-4.psd
		크기	60 × 40 pixels

1. 그림 효과

① 배경 : #ccccff

② 패턴(물결, 원 모양) : #66ccff, #ffffff

③ 1급-12.jpg : Blending Mode(혼합 모드) – Multiply(곱하기), 레이어 마스크 – 세로 방향으로 흐릿하게

④ 1급-13.jpg : 필터 – Texturizer(텍스처화), 레이어 마스크 – 대각선 방향으로 흐릿하게

⑤ 1급-14.jpg : 레이어 스타일 – Bevel and Emboss(경사와 엠보스)

⑥ 1급-15.jpg : 필터 – Wind(바람), 레이어 스타일 – Drop Shadow(그림자 효과)

⑦ 1급-16.jpg : 색상 보정 – 녹색 계열로 보정, 레이어 스타일 – Drop Shadow(그림자 효과)

⑧ 그 외 《출력형태》 참조

2. 문자 효과

① Online Hobby Class(Times New Roman, Bold, 40pt, 레이어 스타일 – 그라디언트 오버레이(#003399, #66cc99), Stroke(선/획)(2px, #ffffcc), Drop Shadow(그림자 효과))

② 추운 겨울 집콕 취미 만들기 (궁서, 23pt, 레이어 스타일 – 그라디언트 오버레이(#ff99ff, #ffff99, #ff6666), Stroke(선/획)(3px, #663366))

③ Find your hobby and winter story (Arial, Regular, 20pt, #000000, 레이어 스타일 – Stroke(선/획)(2px, #ffffcc))

④ 홈카페 만들기 스웨터 만들기 장식품 만들기 (돋움, 15pt, 20pt, #ffffff, 레이어 스타일 – Stroke(선/획)(2px, #9900cc, #993333))

출력형태

Shape Tool(모양 도구) 사용
#ff0000, 레이어 스타일 –
Stroke(선/획)(2px, #663366)

Pen Tool(펜 도구) 사용
#663366, #9999ff,
레이어 스타일 –
Drop Shadow(그림자 효과)

Shape Tool(모양 도구) 사용
#333333, 레이어 스타일 –
Outer Glow(외부 광선),
Opacity(불투명도)(60%)

Shape Tool(모양 도구) 사용
레이어 스타일 – 그라디언트 오버레이(#ff66cc, #ffffff),
Stroke(선/획)(3px, #993333, #9900cc), Opacity(불투명도)(70%)

자율학습 3회

문제 1 [기능평가] 고급 Tool(도구) 활용 20점

다음의 《조건》에 따라 아래의 《출력형태》와 같이 작업하시오.

조건			
원본 이미지	문서\GTQ\Image\1급-1.jpg, 1급-2.jpg, 1급-3.jpg		
파일저장 규칙	JPG	파일명	문서\GTQ\수험번호-성명-1.jpg
		크기	400 × 500 pixels
	PSD	파일명	문서\GTQ\수험번호-성명-1.psd
		크기	40 × 50 pixels

1. 그림 효과
① 1급-1.jpg : 필터 – Poster Edges(포스터 가장자리)
② Save Path(패스 저장) : VR 모양
③ Mask(마스크) : VR 모양, 1급-2.jpg를 이용하여 작성.
　레이어 스타일 – Stroke(선/획)(4px, 그라디언트(#ffcc00, #339933)),
　Inner Shadow(내부 그림자)
④ 1급-3.jpg : 레이어 스타일 – Outer Glow(외부 광선)
⑤ Shape Tool(모양 도구) :
　– 전구 모양(#336666, 레이어 스타일 – Outer Glow(외부 광선))
　– 검색 모양(#ffffff, #ffcc33, 레이어 스타일 – Drop Shadow(그림자 효과))

2. 문자 효과
① Metaverse Platform(Times New Roman, Regular, 42pt, 레이어 스타일 – 그라디언트 오버레이(#99ff33, #ff9900), Stroke(선/획)(2px, #663366))

문제 2 [기능평가] 사진편집 응용 20점

다음의 《조건》에 따라 아래의 《출력형태》와 같이 작업하시오.

조건			
원본 이미지	문서\GTQ\Image\1급-4.jpg, 1급-5.jpg, 1급-6.jpg		
파일저장 규칙	JPG	파일명	문서\GTQ\수험번호-성명-2.jpg
		크기	400 × 500 pixels
	PSD	파일명	문서\GTQ\수험번호-성명-2.psd
		크기	40 × 50 pixels

1. 그림 효과
① 1급-4.jpg : 필터 – Dry Brush(드라이 브러시)
② 색상 보정 : 1급-5.jpg – 파란색, 노란색 계열로 보정
③ 1급-5.jpg : 레이어 스타일 – Outer Glow(외부 광선)
④ 1급-6.jpg : 레이어 스타일 – Bevel and Emboss(경사와 엠보스)
⑤ Shape Tool(모양 도구) :
　– 세계 모양(#006699, 레이어 스타일 – Stroke(선/획)(2px, #ff6600), Opacity(불투명도)(50%))
　– 비행기 모양(#ffffcc, 레이어 스타일 – Inner Shadow(내부 그림자))

2. 문자 효과
① 메타버스 플랫폼 서비스(굴림, 32pt, 레이어 스타일 – 그라디언트 오버레이(#00ccff, #ffff99, #cc66cc), Stroke(선/획)(2px, #000033))

다음의 《조건》에 따라 아래의 《출력형태》와 같이 작업하시오.

조건

원본 이미지	문서₩GTQ₩Image₩1급-7.jpg, 1급-8.jpg, 1급-9.jpg, 1급-10.jpg, 1급-11.jpg		
파일저장규칙	JPG	파일명	문서₩GTQ₩수험번호-성명-3.jpg
		크기	600 × 400 pixels
	PSD	파일명	문서₩GTQ₩수험번호-성명-3.psd
		크기	60 × 40 pixels

1. 그림 효과

① 배경 : #6699cc
② 1급-7.jpg : Blending Mode(혼합 모드) – Overlay(오버레이), 레이어 마스크 – 가로 방향으로 흐릿하게
③ 1급-8.jpg : 필터 – Texturizer(텍스처화), 레이어 마스크 – 세로 방향으로 흐릿하게
④ 1급-9.jpg : 필터 – Film Grain(필름 그레인), 레이어 스타일 – Stroke(선/획)(4px, 그라디언트(#003300, #ffffff))
⑤ 1급-10.jpg : 레이어 스타일 – Inner Glow(내부 광선), Drop Shadow(그림자 효과)
⑥ 1급-11.jpg : 색상 보정 – 녹색 계열로 보정, 레이어 스타일 – Drop Shadow(그림자 효과)
⑦ 그 외 《출력형태》 참조

2. 문자 효과

① 메타버스, 새로운 시대를 열다(굴림, 46pt, 33pt, 레이어 스타일 – 그라디언트 오버레이(#ff9900, #006666, #cc33ff), Stroke(선/획)(2px, #ffffff), Drop Shadow(그림자 효과))
② Popularization of Metaverse Platforms(Arial, Regular, 18pt, #003366, 레이어 스타일 – Stroke(선/획)(2px, #cccccc))
③ 라이프로깅 메타버스가 대중화되다(돋움, 16pt, #3300ff, 레이어 스타일 – Stroke(선/획)(2px, 그라디언트(#66ffff, #ff6633)))
④ AR / VR / XR(Times New Roman, Regular, 20pt, #ffffff, #ff9900, 레이어 스타일 – Stroke(선/획)(2px, #330066))

출력형태

Shape Tool(모양 도구) 사용 레이어 스타일 – 그라디언트 오버레이(#99ff33, #ff6600), Drop Shadow(그림자 효과)

Shape Tool(모양 도구) 사용 #333333, 레이어 스타일 – Outer Glow(외부 광선)

Shape Tool(모양 도구) 사용 #ffff00, #ffffff, 레이어 스타일 – Drop Shadow(그림자 효과), Opacity(불투명도)(60%)

다음의 《조건》에 따라 아래의 《출력형태》와 같이 작업하시오.

조건

원본 이미지	문서₩GTQ₩Image₩1급-12.jpg, 1급-13.jpg, 1급-14.jpg, 1급-15.jpg, 1급-16.jpg, 1급-17.jpg		
파일저장규칙	JPG	파일명	GTQ₩수험번호-성명-4.jpg
		크기	600 × 400 pixels
	PSD	파일명	문서₩GTQ₩수험번호-성명-4.psd
		크기	60 × 40 pixels

1. 그림 효과

① 배경 : #99cccc

② 패턴(전구, 장식 모양) : #ffffff, #336699

③ 1급-12.jpg : Blending Mode(혼합 모드) – Hard Light(하드 라이트), 레이어 마스크 – 대각선 방향으로 흐릿하게

④ 1급-13.jpg : 필터 – Paint Daubs(페인트 덥스/페인트 바르기), 레이어 마스크 – 세로 방향으로 흐릿하게

⑤ 1급-14.jpg : 레이어 스타일 – Inner Shadow(내부 그림자), Outer Glow(외부 광선)

⑥ 1급-15.jpg : 필터 – Poster Edges(포스터 가장자리), 레이어 스타일 – Inner Glow(내부 광선)

⑦ 1급-16.jpg : 색상 보정 – 녹색 계열로 보정, 레이어 스타일 – Bevel and Emboss(경사와 엠보스)

⑧ 그 외 《출력형태》 참조

2. 문자 효과

① 메타버스 타고 떠나는 과학여행(굴림, 20pt, 레이어 스타일 – 그라디언트 오버레이(#3300ff, #ff6600), Stroke(선/획)(2px, #ffff99))

② https://science.seoul.go.kr(Times New Roman, Bold, 16pt, #330066, 레이어 스타일 – Stroke(선/획)(2px, #ccffff))

③ 메타버스 플랫폼 게더타운에서 만나요~(궁서, 15pt, 27pt, #993300, #003333, 레이어 스타일 – Stroke(선/획)(2px, #ffffcc))

④ 관람안내 교육안내 과학행사(돋움, 18pt, #000000, 레이어 스타일 – Stroke(선/획)(2px, #ffffff, #ff9900))

출력형태

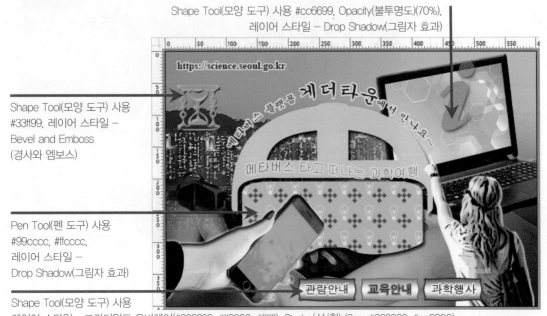

Shape Tool(모양 도구) 사용 #cc6699, Opacity(불투명도)(70%), 레이어 스타일 – Drop Shadow(그림자 효과)

Shape Tool(모양 도구) 사용 #33ff99, 레이어 스타일 – Bevel and Emboss (경사와 엠보스)

Pen Tool(펜 도구) 사용 #99cccc, #ffcccc, 레이어 스타일 – Drop Shadow(그림자 효과)

Shape Tool(모양 도구) 사용 레이어 스타일 – 그라디언트 오버레이(#996699, #ff9900, #ffffff), Stroke(선/획) (2px, #663366, #cc6600)

부록

01 자주 사용하는 단축키

90분이란 짧은 시간 동안 수십 가지의 작업을 완료하려면 자주 사용하는 도구의 단축키는 암기하는 것이 좋습니다.

포토샵 설정 초기화

alt + ctrl + shift 동시에 누르고 포토샵 실행

도구

이동/선택 도구	V
사각형 선택 윤곽 도구	M
올가미 도구	L
자동 선택 도구	W
지우개 도구	E
그라디언트 도구	G
펜 도구	P
문자 도구	T
패스 선택 도구	A
모양 도구	U

파일 및 이미지

새 파일 만들기	ctrl + N
저장	ctrl + S
다른 이름으로 저장	ctrl + shift + S
파일 열기	ctrl + O
파일 닫기	ctrl + W
캔버스 크기	alt + ctrl + C

편집

환경 설정	ctrl + K
작업 내역 취소	ctrl + Z
(CS4, CS6 버전은 ctrl + alt + Z)	
작업 내역 재실행	ctrl +shift + Z
복사하기	ctrl + C
붙여넣기	ctrl + V
잘라내기	ctrl + X
자유변형	ctrl + T
전경색 채우기	alt + Delete

배경색 채우기	ctrl + Delete
10px씩 이동	shift + 방향키

보기

확대하기	ctrl + +(더하기 키)
축소하기	ctrl + −(빼기 키)
화면 자율 조정	alt + 스크롤
화면 이동	스페이스 바 + 드래그
100%로 보기	ctrl + 1
화면크기에 맞춰보기	ctrl + 0
눈금자 표시/숨기기	ctrl + R
안내선(Guide) 표시/숨기기	ctrl + ;
격자(Grid) 표시/숨기기	ctrl + '

레이어

새 레이어	alt + ctrl + shift + N
레이어 복제	ctrl + J
레이어 분리(오려 붙이기)	ctrl + shift + J
선택한 레이어 병합	ctrl + E
보이는 레이어 병합	ctrl + shift + E
모든 레이어 새로 병합	alt + ctrl + shift + E
레이어 그룹생성	ctrl + G
레이어 그룹해제	ctrl + shift + G
클리핑 마스크 적용/해제	alt + ctrl + G
레이어 배열 한 단계 위로 이동	ctrl +]
레이어 배열 한 단계 아래로 이동	ctrl + [
레이어 배열 제일 위로 이동	ctrl + shift +]
레이어 배열 제일 아래로 이동	ctrl + shift + [
맨 위의 레이어 선택	alt + .(마침표)
맨 아래 레이어 선택	alt + ,(쉼표)
레이어 내용 선택 영역 지정	ctrl키 누르고 섬네일 클릭

선택

전체 선택	ctrl + A
선택 영역 해제	ctrl + D
선택 영역 반전	ctrl + shift + I
선택 영역 추가	shift + 클릭 or 드래그
선택 영역 제외	alt + 클릭 or 드래그

브러시

브러시 크기 축소	[
브러시 크기 증가	]
브러시 경도 감소	{
브러시 경도 증가	}

참고 알파벳으로만 설정된 도구 단축키들은 한/영 사용이 한글로 되어 있을 경우 알파벳이 아닌 한글이 입력되어 단축키 기능이 적용되지 않습니다. 그럴 때는 한/영 키를 눌러 문자 입력을 영어로 변환합니다.

Q 레이어 마스크와 클리핑 마스크를 구분해서 써야 하나요?

A 시험지의 《조건》에 저장된 패스를 사용하여 마스크라고 지시되어 있는 경우에는 클리핑 마스크를, 레이어 마스크라고 지시되어 있는 경우에는 레이어 마스크를 사용하고 그 외의 부분에는 수험자가 편한 방법으로 적용하여도 무관합니다.

Q 작업중 지우개나 브러시의 모양이 보이지 않습니다.

A CapsLock 키가 활성화되어 있는 경우 브러시 모양의 미리보기가 되지 않습니다. CapsLock 키를 눌러 비활성화합니다.

 ▶

Q 개체를 움질일 때 자꾸 격자선에 붙습니다.

A Snap 기능이 활성화되어 있으면 격자나 안내선 등에 붙게 됩니다. 불편한 경우 [View] 〉 [Snap] 메뉴를 클릭하여 비활성화합니다. [Snap to] 메뉴에서 각각의 Snap 항목을 따로따로 설정할 수도 있습니다.

Q 작업화면에서 클릭하여 선택할 때 클릭하지 않은 레이어가 움직입니다.

A ✛Move Tool V의 옵션바 메뉴에서 [Auto Selection] 항목에 체크가 되어 있지 않으면 레이어
패널에 선택되어 있는 레이어가 움직입니다. 자동 선택하려면 체크하여 사용하고, 기준이
[Layer]인 경우 개별 레이어가 선택되고 [Group]인 경우 그룹 전체가 선택됩니다.

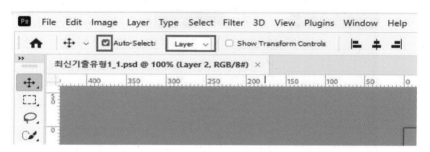

Q 글자가 잘려서 다 써지지 않습니다.

A 글자를 처음 쓸 때 **T** Horizontal Type Tool T로 화면을 드래그하여 텍스트 영역을 지정한 경
우, 영역의 크기보다 문자의 양이 많을 때 문자가 보이지 않게 됩니다. 드래그하지 않고 클릭하
여 Point Type으로 글자를 쓰거나 **T** Horizontal Type Tool T로 텍스트 박스를 드래그하여
크기를 키웁니다.

Q 레이어 스타일을 똑같이 해야 하나요?

A 《조건》에 값이 정해져 있는 경우를 제외한 나머지 부분을 똑같이 하기는 어려우므로 문제 풀이
를 하며 자주 제시되는 레이어 스타일의 기본값을 외워 두고, 《출력형태》와 비슷해 보이는 정도
로만 적용하여도 무관합니다.

Q 레이어를 선택했지만, 해당 레이어가 작업되지 않고 화면에 패스선이 보이며 패스가 조절됩니다.

A [Path] 패널에서 저장한 패스가 선택되어 활성화 상태인 경우, 레이어보다 패스가 우선적으로 작업됩니다. [Path] 패널에서 빈 공간을 클릭하여 패스 선택을 해제합니다.

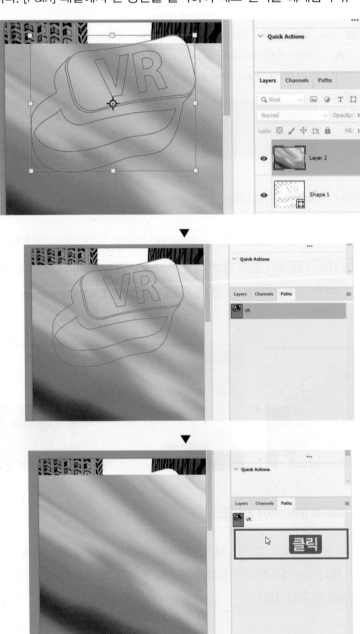

내일은 GTQ포토샵